오 종 비 유 경

깨달음의 경전 4

오종비유경

몽산 관일 번역

오종비유경을 번역하며

역자가 '법구비유경' 에 이어, 부처님의 가르침을 처음 접하는 분들이나, 주제가 분명하지 않은 설법을 듣는 데 익숙한 불자들이, 세 종류 '잡비유경' 4권, '구잡비유경' 2권, '중경찬집비유경' 2권 등 모두 다섯 종류 8권에 실린 187가지 단편을 읽으면 부처님께서 가르치신 육성를 확실히 알 수 있으리라는 생각으로 번역 출판합니다.

저본은 '고려대장경과 한글 대장경과 신수대장경' 이었으나, 경전의 나열 순서를 바꾸고, 합본하였기 때문에 내용이 중복되는 부분은 굳이 생략하고 177화만 등재했고, 역자는 중복되는 내용 4화를 더 발견하여 13화를 생략했으며, 또 문단을 자세히 분석하면서 도략집 '구잡비유경' 37화를 40화로, 강승회 번역한 '구잡비유경' 61화를 69화로, '중경찬집비유경'

에 3화를 추가하였으며, 한문본이나 한글 대장경에 없는 각 단락에 그 단락의 주제로 생각되는 내용이나 구절로써 소제목을 붙여 읽는 이가 제목만 보고 내용의 대각을 짐작하게 하였습니다.

특히 '중경찬집비유경' 의 한문 명칭은 '중경찬집비유' 인데 한글 대장경에서 '경' 자를 첨가하였고 역자도 타당하다고 생각하여 '경' 자를 첨부하였습니다. 또 '중경찬집비유경' 은 가장 중복이 심합니다. 한문본의 44화중에 10, 11, 13, 18~26, 36 등 13화가 앞의 비유경들에 있는 내용입니다. 만일 경전을 각각 독립하여 간행 한다면 생략이 있을 수 없겠지만 합본하는 경우 중복을 피함은 당연하다고 생각됩니다.

단락을 세분하면서 한문 문단 수보다 문단이 늘어난 것은 '구잡비유경' , 하권 42화는 분명히 '보시를 싫어한 과보' , '이루기 어려운 네 가지 일' , '음식으로써 도반을 만들지 마라' 등 세 가지인데도 한문에서는 1화로, 한글대장경에서도 1화로 번역을 했으나 신역(감히 이름을 붙일 수 있다면)에서는 세 가지로 내용을 세분화 하여 번호를 부여하였습니다.

이 비유경전들의 내용을 유추해보면 대승 불교가 거의 대중화 된 뒤에 저술 내지 편찬되었다고 생각되며, 이 다섯 경전들이 인연법과 보시법과 생천론이 대다수인 점으로 보아 본연부임이 확실합니다. 그러나 여러 군데에서 본연부가 아닌 내용을 볼 수 있습니다. '법신무변'과 같은 부분은 화엄부로, '보리심을 낸 공덕', '서원의 차이' 등은 법화부로, '대승경전을 비방해도 큰 이익을 얻는다', '믿지 않을까 봐' 등은 반야부로 보여집니다.

위의 경전들이 현대 불자들의 심금을 울릴 수 있을지는 모르겠으나, 역자는 이 경전을 읽은 불자라면 불자는 어떤 목표를 설정하고 신앙생활을 해야 하는가, 어떤 마음가짐을 해야 하는가, 어떻게 실천을 해야 하는가, 기도 등의 수행은 어떻게 해야 하는가를 알 수 있다고 생각합니다.

끝으로 이 경전을 출판하도록 도와주신 통도사 부산포교원 원장 상진 스님, 그리고 포교원 불자님들께 감사드리고, (주)은성프린터스 차준은 회장님과 직원 여러분, 물심양면으로 도움 준 이수림님, 씨앗 준 김태균님께 만강의 혈성을 드립니다.

또 저에게 이 경전을 번역하도록 가르쳐 주신 하늘보다 높으신 스승(운허)님께 계수하오며, 월운 사형님께 감사드립니다.

불기 2551년 5월 1일

재판을 내며 역 자 씀

잡비유경

잡비유경 上

잡비유경 下

잡비유경

구 잡비유경 上

구 잡비유경 下

중경찬집비유경 上

중경찬집비유경 下

어려운 말풀이

잡비유경

후한 월지 사문 지루가참(支婁迦讖) 한문 번역

몽산(夢山) 관일(觀一) 한글 번역

사다함의 비밀

옛날에 총명하고 지혜로운 어떤 비구가 병이 위중하였을 때, 그 제자가 물었습니다.

"스승님은 아라한阿羅漢이 되셨습니까?"

"되지 못했다. 불환과不還果도 증득하지 못했다."

"스님은 도가 '높으시다'고 이름이 멀리까지 퍼졌사온데 아직 아나함과阿那含果도 이루지 못하셨습니까?"

"빈래과頻來果는 이미 얻었으나, 위 두 과는 아직 이루지 아니 했느니라."

"이미 빈래과를 이루셨다면 무엇에 걸려 아라한이 되시지 않습니까?"

"미륵 부처님께서 오셔서 세 번 법회를 열면 이백팔십억 사람이 모두 아라한이 되고, 또 한량없는 보살님들이 계실 것이니, 그것이 보고 싶기 때문이다. 또 미륵 여래불의 지극히 높은 분의 키는 160발(1발은 한 길이고, 한 길은 지금의 키로 따질 때 176cm로 보면 미륵불의 키는 28,160cm임) 이시고, 그 때 백성들의 얼굴은 연두빛이고, 수명은 팔만사천 살이고, 땅은 평지며 옷과 음식은 생각만 하면 저절로 생기고, 잠부드비파 땅의 길이와 넓이는 각각 3만 리니, 나는 그것이 보고 싶어 아라한이 되지 않았느니라. 또 미륵불 때에는 두 분 뛰어난 제자가 있다. 첫째 분은 잡시雜施요, 둘째 분은 삭삭數數인데, 나는 그 분들도 뵙고 싶다. 네가 어떻게 나의 마음속을 알 수 있겠느냐?"

"그것을 어떻게 아십니까?"

"부처님의 경전에서 보았느니라."

"스승님, 나고 죽음은 괴로운 것입니다. 미륵불에게는 석가모니 부처님과 다른 법이 있기 때문에 기다리십니까?"

"다른 것이 없느니라."

"여섯 가지 바라밀과 네 가지 평등한 마음과 네 가지 은혜와 네 가지 진리에 혹시 다른 것이 있습니까?"

"아니니라."

"만일 꼭 같고 다른 것이 조금도 없다면 기다리실 이유가 무엇입니까? 지금 부처님께 가르침의 은혜를 받으시고 미륵부처님께 귀의하려 하십니까? 그 분을 기다리지 마시고 재빨리 열반을 증득하십시오."

화상이 제자에게 말했습니다.

"너는 그만하고 밖으로 나가거라. 나는 생각을 좀 해봐야겠다."

제자가 방문을 나가 대문에 이르지도 아니 했는데 화상은 이미 아라한眞人이 되었습니다. 기미를 느낀 제자가 도로 들어가 스승에게 여쭈었습니다.

"스승님, 어떻게 되신 것입니까?"

"나는 이미 아라한이 되었느니라."

제자가 큰 절을 드리고 생각하였습니다.

'아! 잠깐 사이에 벌써 아라한과를 증득하셨구나.'

선정에 든 몸

옛날 들판에서 정진하던 비구가 선정禪定에 들어 있었습니다. 그 때에 들에 불이 일어나 비구가 있는 주위가 모두 탔으나, 그 비구는 타지 않았습니다.

사람들은 그를 보고 귀신이라 하였습니다. 그들이 칼로써 쳤으나 칼이 들어가지 않고 부러졌습니다. 마음 씀이 한결 같은 까닭에 칼이 부러지고 들어가지 않았고, 몸이 유연柔軟하기 때문에 불에 타지 않았습니다.

어떤 스님이 선정에 들어 있을 때, 그 제자가 진지를 드시라고 스승을 불렀으나 그는 선정에서 깨어나지 않았습니다. 제자가 그의 팔을 끌어당기자 스승의 팔이 한 발이나 길어졌습니다. 제자는 겁이 나 노끈으로써 잡아 묶으면서도 다시 풀지 못할 것이 두려워 헐겁게 묶었습니다.

스승이 선정에서 깨어나 팔이 아프자 그 까닭을 제자에게 물었습니다.

제자가 그 사정을 자세히 말하였습니다.

"너는 선정에 든 나를 깨울 줄 몰라 나의 팔을 부러트렸구나."

사람이 선정에 들면 몸이 솜같이 부드러우니, 어머니의 배 안에 있을 때도 또한 그러합니다.

법을 보라

옛날 계빈국에 어떤 보살이 처음 태어났는데 발이 땅에 닿자 땅이 크게 진동하여 그 부모가 매우 놀랐습니다. 그 때에 어떤 성자眞人가 아기에게 머리 숙여 절하고 꽃을 뿌리며 일산을 드리웠습니다.

아이가 장성하여 출가하더니 현명한 지혜와 변재가 뛰어났지만 행동이 방탕하며 법도가 없었습니다. 그러나 그의 설법을 듣는 이들은 모두 도를 얻었습니다. 그 때에 두 비구가 계율을 잘 지키며, 오랫동안 열심히 수행했으나 마음의 문을 열지 못했습니다.

그것을 본 하늘 사람이 두 비구에게 말씀드렸습니다.

"스님, 계빈국에 어떤 스님이 계신데 그 분의 가르침을 받은 사람은 누구나 모두 '도를 얻는다.' 합니다."

두 스님은 먼 곳에 가서 귀의하고 법을 청했습니다.

그 때에 저 나라의 비구는 매음녀와 정을 통하고 있었지만 두 비구들은 그 곳을 찾아 한 비구가 먼저 들어가, 예배하고 자리를 잡고 앉았습니다. 음녀는 일부러 비스듬히 누웠는데 아름답기가 세상에서 견줄 여자가 없었습니다. 그러나 설법을 듣는 스님은 마음을 오직 법을 듣는 데만 집중하고 다른 생각을 내지 않더니, 드디어 도의 자취를 증득하고는 예배하고 자리에서 물러났습니다. 다음 스님이 들어가 예배하고 자리를 잡고 앉아 설법을 들으면서, 누워있는 음녀를 보고 마음속으로 이러한 생각을 하였습니다. '더럽고, 더럽다. 쓸데없이 이 먼 곳까지 왔구나.' 그는 곧 방에서 나왔습니다. 함께 갔던 비구가 말을 걸었습니다.

"왜 근심스런 표정이냐? 삿된 소견이 있음을 알았는가?"

"그래. 우리들을 잘못 지도하고 있어. 고생고생하며 이곳까지 왔는데 스승 되는 분이 방탕하게 행동하고 있구나."

"너의 행위는 공부하는 사람의 법에 크게 어긋나는구나. 배우는 이는 다만 바른 마음으로써 듣고 받아들여서 슬기롭게 아는 데 있거늘, 어찌 헐뜯고 옳고 그르다는 마음을 스스로 내어 그 생각 때문에 얻는 것이 없게 하려고 하느냐? 다시 마음을 깨끗이 하고 들어가서 설법을 듣고 다시 도의 자취를 얻게."

한 스님도 아라한이 되자 스승은 축하연을 마련해 주었고, 아라한이 된 스님들은 본국으로 돌아갔습니다. 뒤에 그 스승은 절의 재산을 주관하되 스님들의 재물로써 여자와 막 놀아나자 여러 스님들이 그를 내쫓아 버리려고 의논하였습니다. 어떤 아라한 스님이 말하였습니다.

"그를 배척하여 내쫓지 말라. 비록 절 재산을 축냈지만 많은 사람을 교화하는 능력이 있지 않느냐."

대중들은 아라한의 말을 존중하여 논의를 그쳤습니다. 아라한 스님과 친분이 깊고 친한 스님들이 그에게 말했습니다.

"스님은 예전에 그의 제자였으니 그에게 가서 여러 물건을 얻어 와서 대중 스님네가 쓰게 하시오."

아라한 스님은 스승에게 가서 많은 보물을 얻어 여러 스님들이 나누어 쓰게 하였습니다.

죽은 소는 풀을 먹지 않습니다

옛날에 어떤 어진 사람이 불법을 받들고 애써 정진하다가, 병이 나더니 손쓸 사이도 없이 갑자기 죽었습니다. 그 가족들은 너무나 애통하여 삶의 의미를 잃었습니다. 그를 화장하여 뼈를 묻고, 촛불을 켜거나 향을 피우거나 경전을 읽지도 않았습니다. 재산이 넉넉했던 까닭에 초하루와 보름에는 짐승을 잡고 음식을 푸짐하게 장만하여 무덤 앞에 차려놓고, 온 가족이 울고불고 슬픔에 짓이겨져 까무라치기가 일쑤였습니다.

죽은 사람은 계율을 지킨 공덕으로써 하늘에 태어나, 하늘의 눈으로써 멀리서 그러한 가족들을 보고 가엾이 여기면서 그 어리석음에 웃었습니다.

그는 소를 먹이는 어린 소년으로 변하여 풀을 뜯는 소 곁에 있었습니다. 소가 갑자기 죽자 소년은 소리 내어 울며 풀을 베어 소의 입에 들이밀며 먹으라고 소리 지르더니, 소를 때리며 일으키려고 하다가 제 몸을 치면서 소리 높게 울었습니다. 오랫동안 이렇게 하자 그 집 사람들은 모두 웃으며 소년에게 가서 타일렀습니다.

"너는 누구 집의 소년이냐? 소가 죽었으면 집에 돌아가서 어른들께 알려야지 울고 때리고 풀을 먹이려 한들 무슨 소용이 있겠느냐? 또 죽은 소가 어찌 알기나 하겠느냐?"

"저는 미련하거나 어리석지 않습니다. 소가 비록 죽었지만 아직 가망이 있습니다. 여러분들의 아버님은 벌써 돌아가셨는데 당신들은 지금도 온갖 음식을 차려놓고 모두 울부짖고 있습니다. 더구나 타버려 가루가 된 뼈 앞에서…."

그 말을 들은 식구들은 겸연쩍어 하면서 어린 소년을 피하여 집으로 돌아가려 하였습니다.

"그대들은 잘 들어라. 나는 원래 그대들의 아버지이니라. 부처님의 힘을 입어 하늘에 태어나 최고의 삶을 사는데, 너희들의 어리석음을 깨우쳐 주기 위하여 왔다. 나는 바로 하늘로 돌아 갈 것이다. 만일 나를 만나려 하거든 바른 도력이 있는 분께 공양을 올리고 정진하여라."

그 소년과 죽은 소는 홀연히 자취를 감췄습니다. 그 가족들은 모두 다섯 가지 계율을 받아 지키고 보시하고 정진하여 남을 위한 삶을 자기 삶으로 살며 다시는 돌아가신 이나 산 사람들에 대하여 근심하지 않더니, 모두 도의 자취를 얻고 다음 생에 하늘에 태어났습니다.

분발심

바다 가운데 사하첩이란 나라가 있었는데 그 나라에는 많은 보물이 생산되었지만 석청石淸(최고로 좋은 꿀)만은 없었습니다. 그 때에 약삭빠른 상인이 오백여 대의 수레에 석청을 싣고 가서 왕에게 바치려하며 생각하였습니다.

'받는 돈은 반드시 시장에서 파는 가격보다 많을 것이다.'

석청을 왕궁 문 앞에 가져다 두고 스스로 선전하였습니다. 그러나 여러 달이 지났으나 어떤 사람도 묻는 이조차 없자 그는 화를 내며 중얼거렸습니다.

'왕도 사람이고 나도 사람으로서 눈과 귀와 코와 입이 있고 사대가 구족하다. 그런데 나는 왕을 뵙고 함께 이야기도 못하는구나. 왕은 복덕이 보통사람보다 훌륭하기 때문이다. 나는 복을 지어 왕으로 하여금 자신도 모르게 나에게 귀의하도록 하겠다.'

그는 석청을 삼보에 올리고, 출가하여 고요한 곳에서 '이 몸은 괴롭고 공空하니 나의 몸이 아니다.' 라고 생각하였습니다. 그렇게 하기를 채 반 시간도 하지 아니 했는데 뜻을 알고 속박됨이 없어지면서 신통을 얻었고, 다른 자리로 옮기지도 않고 아라한이 되었습니다. 때문에 땅이 진동하자, 제석천의 여러 하늘 사람들이 와서 위문하고, 그 아라한에게 예배하고 기뻐하자 그 비구가 제석천에게 물었습니다.

"여러분들은 하늘에서 무엇을 하고 있습니까?"

"하늘에는 네 개의 공원이 있습니다. 세 곳은 다섯 가지 쾌락이 있는 곳이고, 한 곳은 도덕道德이 있는 곳입니다. 그 곳에서는 부처님의 귀중한 경전을 논의하기도 하고, 어떤 때는 온 세상의 네 부류 대중이 정진하고 법을 지키려고 논의하기도 합니다."

"법을 지키는 이가 제일인데, 거기에 깊고 얕은 것이 있습니까?"

"널리 좋은 사람을 이야기 할 따름입니다. 부처님께서 열반하신 이후에 세 분이 있었습니다. 여러 하늘 사람들은 언제나 그 분들을 모시고 논의하되 한 번도 빠뜨린 적이 없습니다."

"그 분들은 어떤 분이신지 저를 위하여 낱낱이 설명해 주십시오."

제석천이 말했습니다.

"바라나시에 어떤 사람이 스님이 되어 스스로 맹세했습니다.

'나는 항상 거닐되, 아라한이 되지 못하면 끝내 쉬거나 눕지 않겠다.'

이렇게 밤낮으로 거닐었기 때문에 발에 상처가 나서 피가 흐르면 온갖 새들이 와서 쪼았습니다. 그 분이 3년 만에 아라한 도를 얻었을 때에는 여러 하늘 사람들이 그 상황을 알고 찬탄하면서 그 분을 받들어 섬겼습니다. 또 한 분은 라자그리하에서 스님이 되어 풀을 깔고 자리를 만들더니 그 위에 앉아 맹세하였습니다.

'도를 얻지 못하면 끝까지 일어나지 않을 것이다.'

밤이 되어 졸리면 사람에게 부탁하여 여덟 치 되는 송곳을 만들어 두었다가, 졸음이 올 때마다 송곳으로써 양쪽 허벅지를 찔러 졸지 않았습니다. 그렇게 하여 일 년 만에 아라한이 되었을 때 하늘 사람들은 처음 보는 일이라고 찬탄하였습니다.

또 한 분은 고다냐에서 스님이 되어 험준한 산 속의 돌집에 살았기 때문에 아무도 오가는 이가 없었습니다. 그 때에 악마 파피야스가 그가 정진하는 것을 보고 물소로 변하여 그의 앞에서 코를 씰룩거리며 눈을 부릅뜨고 뿔로써 떠받으려 하였습니다. 스님은 매우 두려워하며 생각했습니다.

'이 곳에는 저놈이 올 수 없는 곳이다. 어떻게 왔을까?'

'너는 악마가 아니냐?'

악마는 '나를 알아본다.'라고 생각하고 본래의 형상으로 돌아갔습니다.

"너는 내가 무서워 한다면 무엇을 얻느냐?"

"도인이 정진하는 것을 보면 내 경계에서 벗어날까 걱정되기 때문에 와서 무섭게 하는 것이다."

"내가 스님이 된 것은 세상을 구제하기 위함이며, 부처님의 상호를 뵙고 싶다. 부처님이 가신 이후 아무도 부처님을 뵈어 온 분이 없었다. 내가 들으니 그대는 부처님 몸으로 변화할 수 있다 하니 나를 위해 부처님 상호를 나타내 보이면 나는 다시 정진하지 않겠다."

"그렇게 하겠소."

곧 부처님으로 변화하여 그 스님 앞에 나타났습니다. 그 스님은 부처님의 거룩하신 상호를 뵙고 깊이 생각하다가 곧 아라한이 되었습니다. 여러 하늘 사람들은 공중에서 한량없이 찬탄하였습니다. 악마는 그것을 보고 뉘우치고 괴로와 하더니 곧 사라져 버렸습니다.

제석천은 계속하여 말했습니다.

"이 세 분 스님들을 여러 하늘 사람들이 찬탄하며 지금도 쉬지 않고 찬탄합니다."

스님이 제석천에게 말했습니다.

"그 세 스님은 괴로움과 공함을 밝게 아신 그 까닭으로써 몸에 집착하지 않았기 때문에 도를 이뤘고, 나는 원래 남의 업신여김을 받을 생각이 없었기 때문에 끝까지 실행하고 도를 닦아 세 세계를 벗어나 아라한이 되었습니다."

여러 하늘 사람들은 그 스님께 예배하고 돌아가며 말했습니다.

"지금 하늘 세상에 가셔도 도인으로서 가장 뛰어 나실 것입니다."

그 때에 사하첩 국왕은 '석청의 주인이 스님이 되어 부지런히 수행한 결과 아라한이 되었습니다.'라는 소문을 듣고 곧 가서 머리를 숙여 절하며 사과하고 그를 나라의 스승으로 삼았고, 불법을 크게 일으키니 나라는 태평성대가 되었고, 얻은 복덕은 헤아릴 수가 없었습니다.

최고의 보시

옛날 어떤 환자가 있었는데 어떤 의원도 환자의 병을 고치지 못했습니다. 그는 재산도 동이나 결국 국왕 살화단薩和檀에게 하소연하였습니다.

"저의 병든 이 몸을 대왕님께 귀속시키오니, 자비로써 저의 병을 고쳐 주시옵소서."

왕은 여러 의원들에게 명령하여 그의 병을 고치라는 명령을 내리자, 의원들이 왕에게 말씀드렸습니다.

"저 사람의 병은 평범한 약으로 고칠 수 있는 병이 아니옵니다."

왕이 모든 의원들에게 물었습니다.

"저 병을 고칠 수 있는 약의 이름이 무엇인가?"

"이 세상에서 다섯 가지 독이 없는 사람의 생살을 베어 탕을 해서 먹으면 저 병은 낫습니다. 다섯 가지 독은 첫째 여자를 탐하는 마음이며, 둘째 성내는 마음이며, 셋째 어리석은 마음이며, 넷째 질투하는 마음이며, 다섯째 모진 마음이온데 만일 이러한 사람이 있어 약간의 생살을 얻을 수 있으면 저 환자의 병은 곧 나을 것입니다."

왕은 의원들에게 말했습니다.

"저 환자는 나의 백성으로서 국왕인 나를 의지하고 있으며, 이 세상에서 다섯 가지 욕심이 없는 사람은 나밖에 없다."

왕은 곧 자기의 살을 베어 탕을 만들게 하여 그 환자에게 먹였고, 환자는 씻은 듯이 병이 나았으며, 대승의 마음을 내었습니다.

평등심

옛날에 어떤 거사가 항상 문수보살을 친견하려고, 보시를 행하며, 높은 자리를 마련해 놓고, 문수사리 보살이 오셔서 앉기를 바랬습니다.

그 때에 눈에 눈곱이 끼었고, 코에서는 콧물이 질질 흐르고, 입에서는 연속 침을 흘리는 매우 추한 어떤 늙은이가 어느 날 거사가 마련한 높은 자리에 앉아 있었습니다. 이것을 본 거사는 언짢은 생각을 하면서 말했습니다.

"제가 오늘 높은 자리를 마련한 것은 뛰어난 스승님을 모시고자 한 것입니다. 노인장은 어떤 분이십니까?"

이렇게 말하고 그 노인을 끌어 내리고 노자를 드려 내보내고, 절에 가서 등불을 밝히고 향을 사르면서 마음속으로 서원했습니다.

'이 공덕으로 현세에 문수사리 보살을 친견하여지이다.'

집에 돌아오자 피로하여 잠깐 누웠다가 꿈을 꾸었습니다. 꿈에 어떤 사람이 거사에게 말했습니다.

'그대는 문수보살을 뵙고자 하면서, 그 분을 뵙고도 몰랐소. 아까 높은 자리에 앉았던 그 노인장이 바로 문수사리 보살이었는데 그대는 그 분을 땅으로 끌어 내리지 않았는가?'

이렇게 일곱 번이나 같은 꿈을 꾸었지만 문수사리보살을 뵐 수 있는 길을 몰랐습니다.

만일 누구나 보살의 도를 구하려 하면 반드시 모든 사람에게 평등한 마음을 가져야 합니다. 보살도를 구하는 사람이 있으면 문수사리 보살은 곧 가서 그를 시험하니, 그런 이치를 깨달아야 문수사리 보살을 친견합니다.

메마른 밭

"세상이 무상無常하다고 한탄하는 이를 위하여 비유로써 말하겠다.

큰 과일 나무 한 그루가 있었는데, 그 열매의 크기는 두 되들이 병만 하였다. 그 과일이 무르익었을 때, 어떤 까마귀가 날아와 나무에 앉았다. 그 탄력 때문에 과일이 떨어졌고, 그 나무 밑에 똬리를 틀고 있던 뱀이 위에서 떨어지는 열매에 맞아 머리가 깨어져 죽었다. 나무 신이 그 사실을 보고 시로써 말했다.

까마귀 죽이려 오지 않았고,
열매 떨어짐 까마귀 탓 아니고
열매 익자 까마귀 와서 뱀 죽었네.
그러한 인연이 모여 그렇게 되었네.

인간 세상에 죄와 복이 닥치는 것은 더디고 빠름에 순서가 있어 앞에 것을 물리칠 수 없다. 그러므로 지혜로운 사람은 죄를 받아도 원망하지 않고 복을 받아도 기뻐하지 않나니 그것은 부처님의 가르침을 굳게 믿고 받든 까닭이니라.

이 세 세계 안에는 '아흔여섯 가지 도(부처님 당시에 아흔 여섯 부류의 이교도들이 주장하던 도 : 역자주)가 있다.' 하고, 세상 사람들은 각각 그들이 섬기는 바 신들이 이익을 줄 것으로 바란다. 이 모든 작은 도道에서는 아직 복이 되는 도리를 밝히지 못하였으니 어찌 값는 덕을 성취할 수 있으랴? 그렇게 된 이유는 삼존三尊 : 三寶의 위없이 밝음을 모르고, 다섯 가지 계율이 청정하고 진실함을 마음에 두지 않고, 여덟 가지 바른 도가 깊음을 알지 못하였기 때문이니, 어찌 사람들을 도와서 건질 수 있겠는가? 이러한 이유 때문에 그 들을 메마른 밭이라 하느니라."

복밭

어떤 분이 삼보를 공경하고 세 세계를 잘 알아서, 천당에 태어날 복을 밝게 알고 태산지옥에 갈 죄를 살펴 알았습니다. 삼보를 지극히 믿음으로써 세 가지 나쁜 갈래에 떨어질 길을 차단하고, 굳건한 지혜의 힘으로써 세 세계의 어리석음과 어둠을 녹였으며, 여섯 가지를 닦은 청정하고 신령스런 물로써 여섯 가지 근심의 더러움을 씻었습니다.

이러한 까닭으로 재물을 가볍게 여겨 몸과 입으로 지은 나쁜 업을 줄이고, 평등한 보시를 시행하여 오는 세상의 근본을 심되 하나를 보시하면 만 가지 갚음이 메아리처럼 빨리 옵니다. 그러므로 큰 도는 세 세계의 훌륭한 밭입니다.

옛날 아쇼카왕이 어린 시절에 길에서 부처님을 뵙고 기쁨을 견디지 못하여 지극한 마음으로써 모래를 받들어 부처님께 올렸습니다. 이 복을 말미암아 후에 태어나 성왕이 되어 사십만 리나 되는 열여섯 개 큰 나라를 다스리는 주인이 되었으니, 이것으로써 부처님이 최고의 복 밭임은 증명되었습니다. 또 부처님의 아우 난다는 옛날 유위불惟衛佛때, 사람으로 태어나 많은 스님네를 한 번 목욕시킨 복의 공덕이 따라다녀, 그는 석씨 종족에 태어나 몸에 서른 가지 뛰어난 상호를 지녔고 신기하게 얼굴이 금빛같이 빛났습니다. 또 전생의 복으로써 부처님과 같은 세상에 태어나 부처님 도량에서 공부하여 여섯 가지 신통을 얻었습니다.

옛날 사람은 하나를 보시함로써 많은 갚음을 받았으니 하물며 지금 시주하는 사람이 많이 베푸는 것이겠습니까? 넓고 평등하게 베푸는 행동은 반드시 도를 얻는 데 미칠 것이니, 기뻐함을 더하고 일체중생을 널리 구제합니다.

밥은 아무나 먹는 게 아냐

부처님께서 말씀하셨습니다.

"물든 식識은 억겁億劫을 지나도 썩지 않고, 나고 죽음에 들볶이게 하다가 도를 얻어야 비로소 식의 작용이 그치느니라."

옛날 부처님께서 열반에 드시면서 말씀하셨습니다.

"뒷날 오백십 년이면 한 국왕이 있어, 용맹스럽게 정진함이 세상에 드물고, 또 육만 스님에게 세상에서 제일 뛰어나고 맛난 음식을 세 달 동안 한결같이 베풀며, 최고로 덕이 높은 스님을 모시고 널리 종합적으로 공부하되 옛날 것을 탐구하고 지금 것을 통달하여 아라한이 될 것이다.

그 나라에서 동쪽으로 사백팔십 리를 가면 한 국왕이 있어, 오백 명 바라문에게 그 세상에서 제일 맛난 음식을 베풀며, 백 가지 당幢과 번幡을 만들고 고운 비단과 깨끗한 무명과 황금 보배와 여러 가지 물건으로써 꾸미되 당 한 개의 값이 오백 냥이며 이와 같이 만드는 기예로써 즐기며 이것을 오락으로 삼을 것이다. 그리고 아래와 같이 광고할 것이다.

'이와 같이 뛰어난 기술로써 당을 만드는 이가 있다면 이 당을 그에게 주겠다.'

여러 나라의 가난한 사람들 오백 명은 그 국왕에게 이러한 보물이 있다는 소문을 듣고 사방에서 구름처럼 모여 들것이다. 그들은 모두 기예를 익혀 그 보물을 차지하려 가다가 양식이 떨어져 더 갈 수가 없을 것이다. 마침 가까이 있는 절을 발견하고, 곧 상좌 스님께 나아가 스님을 만들어 달라고 간청하게 될 것이다. 스님이 그들을 관찰하니, 그들은 유위부처님 때 어떤 거사賢者 집의 하인들로서 스님들을 위해 음식을 만들었고, 또 부처님 법을 들었다. 그 뒤로는 하늘 세상과 인간 세상에서 복을 받다가 지금 그 복이 다하였으나 법을 들은 인연이 있기 때문에 구제 될 수 있음을 안다. 상좌 스님은 곧 그들의 수염과 머리를 깎고 계를 주어 스님을 만들게 된다. 어느 때 그들을 데리고 궁중에 들어가 맛있는 밥을 먹고 돌아오면 그들은 기뻐할 것이다. 그들의 마음을 안 상좌 스님은 그들에게 말할 것이다.

'앞으로 그 밥은 함부로 먹을 수 없다. 지극한 정성으로 공부하는 마음 없이 그 밥을 먹으면 장차 여러 겁 동안 왕의 소나 말이나 하인이 된다.'

그들 신바리 비구 오백 명은 이 말을 듣고 두려워 뜻을 다잡고 정진에 정진을 거듭한 지 구십 일 만에 모두 아라한이 될 것이다.

그 비구들은 이미 도를 얻고 스스로 자기들의 과거를 이야기 하려고 왕궁으로 달려가 문을 두드리며 이렇게 이야기할 것이다.

'세 가지 독과, 열두 가지 인연과, 다섯 가지 쌓임과, 여섯 가지 쇠퇴함을 우리는 쳐 부셨다. 누가 우리를 상대할 수 있겠는가?'

그 자리의 대중들은 모두가 깜짝 놀라면서 말할 것이다.

'그게 무슨 말이오?'

비구들이 말할 것이다.

'우리들은 본래 기술을 익혀 저 보배를 취하려 했습니다. 지금은 스님이 되어 스스로 아라한의 도를 이루었고 스승님의 은혜를 입어 즐거움이 끝이 없으며, 세 세계의 온갖 삿된 것을 우리들은 이미 박멸 시켰습니다."

절대로 살생할 수 없습니다

파리불(부처님 이름)의 계명정사溪鳴精舍(절 이름)에서 멀지 않는 곳에 권세가 대단하고 부자며 고귀한 집안에 형제가 살고 있었는데 부모가 돌아가자 의지할 데가 없었습니다. 그들은 비록 형제였으나 생각과 행동은 각각이었습니다. 형은 의로웠고 불도를 좋아했으며, 동생은 집안 살림에 매달렸고 세상의 벼슬과 수입 따위와 부귀영화에 골몰하였습니다.

형은 학문에 힘쓰고 도를 묻고 수양에 전심전력을 다할 뿐 집안 살림에는 관계하지 않았고, 아우는 형이 집안일에 전념하지 않는 것을 보고 언제나 원망하였습니다.

"다 같이 형제가 되어 부모님이 일찍 돌아가셨으면 부지런히 노력하여 생활을 해 나갈 걱정을 해야 할 터인데, 가업을 돌보지 않고 스님들과 사귀어 부처님만 받들어 섬기니 스님들이 형님에게 옷이나 재물을 준답니까? 집안 살림은 갈수록 줄어 가난해 지니 남의 비웃음을 받게 되었습니다. 대개 사람의 자식이 되었으면 마땅히 나라에 공을 세워 부모님이 남기신 생업을 중지하지 않고 이어나가야 효자라 할 것입니다."

형이 대답하였습니다.

"다섯 가지 계율을 지키고, 열 가지 선행을 실천하며, 삼보에 공양을 올리고, 여섯 가지 바라밀을 실천하며, 좌선하여 선정에 들어 지혜를 증장시켜 도로써 어버이를 교화함이 진실한 효도일 따름이니, 출세간과 세간이 서로 차이가 나는 것은 자연스런 세상의 이치다. 출세간에서 즐겨하는 것은 세간이 싫어하고, 세간에서 귀하게 여기는 것을 출세간에서는 하찮게 여기기 때문이다. 지혜와 어리석음이 다르기 때문에 하려고 하는 것이 다르고, 밝음과 어둠이 다르니 같이 살 수가 없느니라. 그러므로 지혜로운 사람은 어둠을 버리고 밝음으로 나아가 참된 도를 이루는 것이다. 네가 즐겨하고 괴로와하는 것은 내게는 모두 헛되고 거짓으로서 진실이 아니다. 미혹하고 그릇되게 '있다' 고 헤아리는 데 어떻게 괴로움의 쓴 맛을 알겠느냐?"

그러나 아우는 머리를 저으며 형의 말을 믿지 않고 성내며 형을 원망하였고 형은 아우가 하는 짓을 보고 다시 말했습니다.

"너는 집안 일에 탐착하고 재물을 귀중하게 여기지만 나는 도를 좋아하고 지혜를 보배로 삼기 때문에 지금 집을 떠나 복밭에 귀의하겠다. 생각해 보면 목숨을 세상에서 유지하고 있는 것은 티끌과 같아 잠깐 사이다. 죽음이 갑자기 올 때도 죄업에 얽매여 있을 것이니, 그러므로 세상을 떠나 위태로움을 피하고 편안한 데로 나아가려 한다."

아우는 형의 마음이 도에 기운 것을 보고 잠자코 아무 대꾸도 하지 않았습니다. 형은 곧 집을 떠나 스님이 되어 밤낮으로 정진하면서 경을 외우고 도를 생각하며 일심으로 좌선하며 분별하고 생각하기를 쉬거나 게을리 하지 않았습니다. 그러더니 다섯 가지 뿌리와, 다섯 가지 힘과, 서른일곱 가지 도품을 빠뜨리지 않고, 실천함이 경의 법과 합치하여 과위를 증득하고 도를 이루었습니다.

아우에게 가서 법을 듣고 받들도록 권유하고 다섯 가지 계율과 열 가지 선행과, 하늘에 태어나는 근본과, 보시와 학문과 도와 지혜가 근본임을 거듭거듭 설명하였습니다.

그러나 아우는 형의 말을 듣고 더욱 화를 내며 대답하였습니다.

"형님은 가업을 팽개치고 손도 대지 않았으니 우리 가문은 망할 것입니다. 그런 일일랑 형님 혼자 하시고 다시 저에게 가르치지 마십시오. 빨리 집 밖으로 나가시오. 그리고 다시는 저의 일에 간섭하지 마십시오.”

형은 바로 가버렸습니다.

아우는 그 뒤로도 집안 살림에 애착하며, 마음속으로도 불법을 생각한 적이 한 번도 없더니, 목숨을 마치고 매우 크고 건장한 소가 되어 소금 장수를 만나 소금을 싣고 이곳저곳을 다녔습니다. 일에 시달려 소는 드디어 몹시 피로하여 다시 더 가지 못하고, 언덕을 올라 가다가 쓰러져 누워 일어나지 못하자 주인이 채찍으로 갈기니 겨우 움직였습니다. 그 때에 허공을 날던 형이 멀리서 이 광경을 보고 저 소의 전생은 무엇인가를 생각해 보았다. 소가 전생에 자신의 아우였던 것을 알고 그 곁에 가서 소에게 말하였습니다.

“아우야, 네가 전생에 살던 집과 농사와 허겁지겁 즐겨하던 일들은 지금 어디 두고 마음을 짐승에 던져 소가 되었느냐?”

그는 위신력으로 아우에게 본래의 모습을 비춰 보게 해주었습니다. 아우는 스스로 분별해 알고는 눈물을 흘리면서 자책하였습니다.

“나는 본래 행실이 착하지 못하여 간탐하고 질투하며, 불법을 믿지 않고 성현을 업신여기며, 마음대로 행동했고, 형의 말을 믿지 않고, 거룩한 가르침을 어기고 세속 일에만 힘썼기 때

문에 소로 태어나서 이처럼 피곤하니 후회한들 무슨 소용이 있겠습니까?'

형은 아우의 생각을 알고 곧 소 주인에게 일이 이렇게 된 사연을 이야기 하였습니다.

"이 소는 본래 나의 아우였는데 거룩한 삼보를 믿지 않고 진실을 등지고 거짓에 나아가, 아끼고 질투하고 방자하고 탐하면서 보시하지 않다가, 소로 태어났어도 피로하여 죽게 되었으니 참으로 가엾고 마음이 아프오. 소가 지금은 늙고 힘없어 쓸데가 없을 테니 나에게 주어서 다행히 그의 남은 목숨을 건지게 해 주시오."

주인은 그 스님의 말을 듣고 소를 스님께 주었습니다. 스님은 그 소를 끌고 절에 돌아가 삼보를 생각하게 하고 때 맞춰 풀을 주었으나 얼마 후에 목숨을 마치고 도리천에 태어났습니다. 그 때에 여러 상인들은 저희끼리 논의하였습니다.

"우리는 부지런히 애쓰고 집 안 일에만 집착하여 보시하지 않고 법을 받들지 않고 도와 의리를 모른다. 그러니 죽은 뒤에 저 소와 같지 않겠는가?"

곧 모두가 함께 좋아하던 것과 가족을 버리고 출가하여 스님이 되어 부지런히 공부하여 모두 도를 이뤘습니다.

이것으로서 보면 세간의 재물은 사람을 이롭게 하지 못하니 삼보를 공경하고 받들어 자신을 닦고 지혜를 배우고 널리 들어 도를 실행해야 세세생생에 편안함을 얻을 수 있는 것을 알 것입니다.

이루기 어려운 열일곱 가지

옛날 슈라바스티에 어떤 가난한 집이 있었습니다. 그 집 뜰에 포도나무가 있어 몇 송이 포도가 열렸고, 주인은 그 포도가 익으면 스님에게 보시하려고 했습니다. 그런데 그 때에 국왕이 먼저 그 스님을 초청하여 한 달 동안 공양을 베풀기로 하였습니다. 그 가난한 집 사람은 왕이 한 달 동안 공양을 베푼 뒤에 스님을 맞이하여 포도를 보시하면서 말했습니다.

"보시하려고 생각한 지 한 달이 지난 지금 그 소원을 이뤘습니다."

스님은 그 우파사카에게 말했습니다.

"한 달 동안 내내 이것으로써 보시하시오."

"저에게는 몇 송이 포도 뿐인데 어떻게 한 달 동안 보시할 수 있겠습니까?"

스님은 말했습니다.

"그저 한 달 동안 늘 보시하려고 생각하면 그것이 곧 한 달입니다. 사람이 이 세상에 살면서 시행하기 어려운 일이 열일곱 가지가 있습니다.

첫째 부처님 세상을 만나기 어렵고, 둘째 부처님 세상을 만나도 사람 되기 어렵고, 셋째 사람이 되어도 중앙에 태어나기 어렵고, 넷째 중앙에 태어났으나 큰 씨족의 집안에 나기 어렵고, 다섯째 좋은 집안에 태어났으나 몸과 정신이 완전하기 어렵고, 여섯째 몸과 정신이 완전무결해도 재산이 많기 어렵고, 일곱째 재산이 많더라도 선지식을 만나기 어렵고, 여덟째 선지식을 만났더라도 지혜를 얻기 어렵고, 아홉째 지혜를 얻더라도 마음이 착하기 어렵고, 열째 마음이 착하더라도 보시 잘 하기 어렵고, 열한째 보시를 잘 하더라도 덕이 있고 어질며 착한 사람을 만나기 어려우며, 열두째 덕이 있고 어질며 착한 사람을 만나더라도 그에게 가까이 하기 어렵고, 열세째 그에게 가더라도 알맞은 때를 만나기 어렵고, 열네째 적당한 때를 얻더라도 질문하여 적중하고 정직한 말을 듣기 어렵고, 열다섯째 적중하고 정직한 말을 듣더라도 그것을 아는 지혜를 얻기 어렵고, 열여섯째 그것을 아는 지혜를 얻었더라도 갖가지 뜻 깊은 경전을 받아들일 수 있기 어렵고 열일곱째 뜻이 깊은 경전을 받아들일 수 있더라도 의지해 실천하여 도 얻기가 어렵습니다."

잡비유경 上

한역미상

몽산(夢山) 관일(觀一) 한글 번역

유모와 같이

보살이 중생을 제도하는 것은 마치 능숙한 유모가 아기를 기르는 것과 같습니다.

모에게는 네 가지 일이 있습니다.

첫째 목욕을 시켜 깨끗하게 해 주는 것이요, 둘째 젖을 먹여 배고프지 않게 해 주는 것이요, 셋째 편안하게 잠자게 해 주는 것이요, 넷째 안고 다니며 항상 기쁘게 해주는 것입니다. 이 네 가지 일로써 아이를 길러 장성하게 하는 것 같이, 보살도 네 가지 일로써 중생을 가르치고 성장하게 합니다.

첫째 바른 법으로써 마음의 때를 씻어 주는 것이요, 둘째 바른 법밥으로써 배부르게 해 주는 것이요, 셋째 때에 따라 선정삼매에 들게 해주는 것이요, 넷째 네 가지 은혜로써 모든 중생을 이롭게 하여, 항상 기쁘게 해 주는 것입니다. 이 네 가지 일로써 모든 중생에게 권유하고 가르쳐 깨우치고 지극한 도를 얻게 해야 합니다.

선지식

세상에는 두 가지 지식이 있어 항상 사람들과 인연이 되어 사람들로 하여금 큰 죄를 짓게 하기도 하고 큰 복을 짓게 하기도 합니다.

첫째 나쁜 지식惡知識이고, 둘째 좋은 지식善知識입니다.

나쁜 지식은 도리에 어긋나고 불순하게 하나니, 임금과 부모를 죽여 세상을 어지롭게 하면, 중생들이 독을 입어 받지 않는 재앙이 없나니, 그를 따르고 섬기는 사람들이 큰 죄를 지어 받게 합니다.

석가모니 부처님과 같이 뜻을 세워 도를 구하여 중생을 구호하되, 네 가지 은혜로써 일체중생을 이끌고 구원하면, 세 세계의 다섯 갈래 나쁜 길의 중생들이 많이 구제됩니다. 이런 분은 좋은 지식이니 이런 분을 따르고 섬기면 큰 복을 받습니다.

왕을 귀의시킨 노파

옛날 남인도 바닷가에 사하결이라는 나라가 있었고, 도읍의 성 둘레는 가로와 세로가 팔십 여 리였습니다. 그 나라에 인접한 다른 나라에 아룡이라는 할머니가 난리를 당하여 떠돌다가 사하결의 수도에 머물렀습니다. 외로운 몸이 의지할 곳이 없어 구걸로 생활하던 어느 날, 어떤 장자의 집에 가서 의탁하려고 했습니다. 장자의 부인이 그 할머니의 딱한 사정을 듣고 가엾이 여겨 집에 있게 하자 고마움에 감격한 할머니가 말했습니다.

"저에게 몸을 쉴 은혜를 베푸셨으나, 갚을 능력이 조금도 없습니다. 잔심부름이나 허드렛일을 시키면 무엇이나 마다하지 않겠습니다."

즉시 그 곳에 머물러 안정되기는 했으나 그러나 슬프고 서러웠습니다.

'옛날에 여러 스님들께 공양을 올릴 때는 마음대로 음식을 준비했지만 지금은 갑자기 곤궁하여 보시를 하고 싶은 마음

이 간절해도 보시할 수 있는 길이 없구나.'

마침 많은 스님들이 바루를 들고 집 앞을 지나가시자 문안을 드리고 말했습니다.

"스님들께서는 아침 공양을 드셨습니까?"

"아침 내내 성안을 돌아다니며 밥을 얻으려 했으나 우리들은 아무 음식도 얻지 못하고 이렇게 빈 바루를 들고 돌아가 쉬려고 합니다."

할머니는 스님들에게 공양을 올리려는 마음이 간절했으나 자기에게는 그럴만한 능력이 없는 것을 알고 스님들께 말씀드렸습니다.

"제가 집안에 들어가 만일 공양을 준비하게 되면 곧 돌아와 말씀 드리겠으며, 설사 공양 준비가 되지 않더라도 꼭 와서 알려 드리겠습니다."

여러 스님들은 할머니의 말을 듣고 나무 밑에서 쉬고 있었고, 할머니는 장자의 부인을 찾아가 말하였습니다.

"마님, 지금 저에게 약간의 돈이 필요합니다. 지금 제가 식객으로 있지만 저의 몸을 팔아 종이 되겠사오니, 증서를 쓰고라도 꼭 저에게 약간의 돈을 주십시오."

"할머니, 할머니는 저희 집에서 먹고 자고 있으신데 왜 갑자기 돈이 필요하십니까? 돈으로써 무엇을 하려 하십니까?"

"개인적으로 급히 꼭 쓸데가 있는데 말씀드리기가 어렵습니다."

너그러운 부인은 할머니가 요구하는 돈을 주면서 말했습니다.

"이 돈을 가져다 쓰시고 싶은 데 쓰시고, 갚을 수 있을 때 갚아주십시오. 증서는 써서 무엇하겠습니까?"

할머니는 그 돈으로써 근처 사람들을 찾아가 전후 사정을 자세히 이야기 하며 돈을 나누어 주고 음식을 만들게 하였습니다. 얼마 뒤 만든 음식을 가지고 스님들이 계시는 곳으로 갔습니다. 본래 아무 것도 없었으나 노파의 지극한 정성 때문에 뜻밖의 음식이 생기자 스님들이 할머니에게 물었습니다.

"청신녀님은 어디에 계시는 누구십니까? 우리들이 아침에 밥을 빌 때 들리지 않은 집이 없었는데 왜 만나지 못했습니까?"

할머니가 말했습니다.

"저는 이웃나라에 살던 늙은이입니다. 집에서는 원래부터 부처님을 신봉하고 스님네들께 공양을 올렸습니다. 그러다가 난리를 만나 집이 불타고 식구들은 뿔뿔이 헤어져 저는 홀홀

단신으로 떠돌다 여기까지 왔습니다. 지금은 아무 장자의 집에 의탁하여 있으며, 그 댁에서 잔심부름이나 허드렛일을 하면서 생명줄을 이어가는 몸으로 목숨만 잇고 있는 처지라 한 푼의 재물도 없습니다. 오늘 아침에 우연히 문 밖에 나왔다가 스님들을 뵙고 기쁨과 슬픔이 한데 얽혔고, 마음으로 공양을 올리려는 생각은 간절하였으나 소원을 이룰 길이 없었습니다. 부인에게 말씀드려 저의 몸을 팔아 그 돈으로 장만한 공양이라 변변치 못하지만 스님들께 공양 올리니 저를 불쌍히 여기시는 마음으로 받아주십시오. 그러하오면 하찮은 저의 소원을 이루게 되겠습니다."

"참으로 지극한 공양입니다."

스님들은 둘러 앉아 서로 말씀하였습니다.

"우리는 다섯 가지 쌓임으로써 된 몸이라 걸식하려 다니지만, 오늘 먹을 공양은 사람의 살을 먹는 것입니다. 우리는 각각 뜻을 굳게 세우고 이 보시에 대한 공덕에 보답합시다."

스님네들은 공양을 끝내고 나무 아래에서 마음을 다잡아 여덟 가지를 사유思惟:八正道하며 선정에 들더니 비상비비상처정非想非非想處定을 뛰어 넘는 선정을 얻으니, 신통이 구족하고 위의와 영험이 온 나라 안팎을 진동하고 나무가 몸을 굽혀 큰 절을 하는 듯하였습니다. 스님들은 그 증험을 보고 시주를 찬탄하였고, 국왕은 놀라서 그 이유를 신하들에게 알아보도록 하였습니다.

"이 상서러운 징조를 살펴보시오. 무슨 이유로 이러한 징조가 일어났는가?"

신하들이 그 까닭을 알아내려고 사방으로 내닫다가 성문 밖에 스님들이 모여 시주를 서로 칭찬하는 것을 보고, 왕궁으로 돌아가 왕에게 아뢰었습니다.

"조금 전에 상서로운 징조는 스님들에게 지극한 정성으로 공양을 올린일 때문이었사오니, 지체 마시옵고 그들을 불러 하문하소서."

왕의 명령을 받은 신하들이 나무 밑으로 가서 왕이 초청한다는 소식을 전하니 할머니는 무서워하며 말했습니다.

"저의 몸은 아무개 장자의 종으로 매여 있어 자유롭게 나다닐 수 없습니다."

신하가 왕에게 돌아가 그 사정을 이야기 하니, 왕은 다시 명령하였습니다.

"주인과 할머니를 같이 데리고 오시오."

장자의 부인과 할머니는 왕의 명령을 받고 함께 임금님 앞에 나갔습니다. 왕이 사정을 묻자 할머니가 그 때까지의 일을 자세히 말했습니다.

"나는 나라의 주인으로서 헤아릴 수 없는 재물을 가졌지만, 거룩한 삼보를 받들거나 공경하지 않았고, 스님들에게 공양을 올릴 줄 몰랐다. 그러나 이 할머니는 몸을 팔아 공양을 올렸으니, 곧 나의 스승이다."

곧 그 할머니를 궁으로 맞이하여 목욕시키고 옷을 주어 입게 하고 왕은 그 할머니에게 다섯 가지 계를 받아 우바새가 되었습니다. 뒤이어 왕비와 궁녀들, 그리고 장자의 부인도 우바이가 되었고, 백성들도 부처님의 도에 마음을 내었습니다.

몸속의 독사

옛날 어떤 스님이 산중에서 공부하고 있었는데, 그 산에는 독사가 많았습니다. 스님은 큰 나무 위에 자리를 만들고 앉아서 선정을 익혔으나 잠에 시달릴 때가 많았습니다. 졸고 있는 어느 때 하늘 사람들이 공중에서 웃거나 떠들면서 스님의 졸음을 쫓아내려 했으나 스님은 잠에서 쉽게 깨어나지 않았습니다. 하늘 사람들은 곧 방편으로 그를 두렵게 하여 잠에서 깨어나게 하려고 밤중에 크게 소리쳤습니다.

"스님 독사가 옵니다."

스님은 무서워 불을 켜고 독사를 쫓아 버리려고 했으나 그러나 없는 독사가 보일 리가 없었습니다. 스님이 잠에 빠지면 또 하늘 사람들은 '독사다!' 하고 계속 스님을 무섭게 했습니다. 견디다 못한 스님은 싫은 생각으로 그들을 꾸짖었습니다.

"그대들 하늘 사람들은 왜 거짓말하는 계율을 범하는가? 아무 것도 보이지 않는 데 왜 '독사가 온다.' 고 하는가?"

그 때에 하늘 사람들이 말했습니다.

"스님, 스님은 왜 스님 몸 안의 독사를 보지 못합니까? 몸 속의 네 마리 독사는 없애지 못하면서 어떻게 밖의 독사만 찾으십니까?"

스님은 그 말을 듣고, 곧 스스로 몸 안을 두루 관찰하여, 네 가지 요소와 다섯 가지 쌓임과 여섯 가지 쇠함에 잠겨, 헤아릴 수 없는 겁을 지나면서 지금까지 벗어나지 못하는 사실을 깨달았습니다. 그렇게 생각하여 네 가지 진리와 괴로움과 공함과 내가 없음을 깨달으니 새벽이 되기 전에 번뇌가 다하고 여섯 가지 신통을 두루 갖춘 아라한이 되었습니다.

고개를 숙인 탑

옛날 아쇼카 왕이 나라 안 천이백 곳에 절을 세우고, 병이 나서 위독하였습니다. 어떤 스님이 왕에게 가서 문병하였을 때 왕은 스님을 보고 슬픔을 견디지 못하자, 스님이 위로하며 말했습니다.

"대왕님, 전 후에 지은 공덕은 숫자로 계산하지 못합니다. 반드시 마음을 크게 자시고 한스러움을 지니지 마십시오."

"비록 죽더라도 슬퍼하지 않습니다. 다만 한스러움은 전에 천이백 곳에 절을 짓고 금실 깃발과 일산 천 이백 개를 짜서 저의 손으로 직접 달고 꽃을 뿌려 공양 올리려고 준비했는데, 이렇게 중병을 얻었으니 마지막 소원을 이루지 못하게 될까 슬퍼할 뿐입니다."

스님이 대왕에게 말씀하였습니다.

"좋습니다. 대왕님."

스님은 합장하고 왕으로 하여금 나라 안의 그 절들을 모두 보게 하였습니다. 더 나아가 곧 신통을 나타내어 천 이백 곳의 탑이 모두 왕 앞에 나타나게 하였습니다. 왕은 그것을 보고 매우 기뻐하더니 금실로 만든 깃발과 일산을 가지고 탑에 달고 절에 꽃을 뿌리려 하니, 절과 탑들이 왕의 뜻에 따라 높이를 조절하여 왕의 손이 직접 닿도록 해주었습니다.

왕은 본래 소원을 풀자 몸이 거뜬해져 병이 나았으며, 이후 이십오 년을 더 살면서 많은 공덕을 짓고 물러나지 않는 도의 자취를 얻었습니다.

복덕의 저울

옛날 아쇼카 왕이 왕위에 오르자 이십팔만 리 안의 모든 나라가 항복하여 조공을 바쳤고, 육지의 용과 야차들도 신하라 자칭하며 항복하고, 대적하는 이가 없었지만, 오직 용 한 마리가 북쪽 경계의 삼백 리 넓이의 못에 살았는데 그 용은 부처님의 사리 한 몫을 모시고 밤낮으로 공양을 올리는 훌륭한 용으로서 아쇼카에게 머리를 숙이지 않았습니다. 아쇼카는 네 종류의 군사를 일으켜 그 못 주위에 진을 쳤으나 용은 나와서 맞아 주지도 않았고, 또 용에게 힘이 있었기 때문에 아쇼카가 함부로 달려들지도 못했습니다. 이렇게 세 번을 출정했으나 용은 얼굴도 내밀지 않았으니 어찌 항복받을 생각인들 했겠습니까.

'이 용은 복덕이 나보다 뛰어나고, 위신력도 나보다 훌륭하기 때문이다. 내가 지금부터라도 크게 공덕을 쌓고 거룩한 삼보에 귀의하여 공양을 올리고 서원을 키워간다면 반드시 저 용을 항복 받을 수 있을 것이다.'

그 이후 부지런히 절과 탑을 세우고 쉼 없이 스님들을 초청하여 필요한 것을 이바지 하였습니다. 스스로 공덕을 시험하려고, 금으로써 용 한 마리와 자기의 모양을 만들어 저울에 올려놓고 무게를 달았습니다. 처음에는 용이 무거웠고 왕이 가벼웠으나 차츰 따라잡아 평평하게 되었고 얼마 뒤는 왕의 무게가 훨씬 무거워졌습니다.

아쇼카는 자기의 공덕이 용의 공덕에 앞서는 것을 확신하고 군사를 일으켜 용을 정벌하려고 길을 떠났습니다. 길을 반도 가기 전에 용왕이 그의 권속과 문무백관을 거느리고 영접하며 항복하였고, 그들이 모시고 있던 세존의 사리를 반으로 나누어 아쇼카 왕에게 바쳤습니다.

아쇼카는 다시 절을 세우고 탑을 세워 널리 불법을 펼쳤습니다.

사미의 신통

옛날 부처님께서 열반하신 지 백 년 뒤에 인도를 통일한 아쇼카 왕은 부처님 법을 숭상하고 좋아하여 그 나라 수도에 상주하는 이만 명 스님들에게 항상 공양을 올렸습니다.

아흔여섯 부류의 이교도들은 그것을 질투하여 불법을 훼방하려고 모두 모여 그 방법을 의논 하였습니다. 그 가운데 요술을 잘 부리는 이교도가 여러 이교도에게 말했습니다.

"내가 요술을 부려 악한 귀신형상으로 변하여 찾아가면 저 스님들은 모두 흩어져 도망칠 것입니다. 그리고 이기지 못할 줄 알고 우리에게로 돌아 올 것입니다."

이교도들이 받드는 귀신 중에 마이수라가 있습니다. 그것은 머리는 하나에 얼굴은 넷이며 눈과 팔은 모두 여덟 개인데 여러 귀신들 가운데 가장 무서운 모양입니다. 요술 부리는 사람은 곧 마이수라의 몸으로 변하여 다른 추악한 귀신 이백 여 명을 데리고, 온 나라를 두루 돌아다니다가 천천히 걸어서 왕궁 앞에 이르렀을 때 온 나라의 남녀들은 모두 두려워 벌벌 떨었습니다. 임금도 맞이하다가 그 무서운 귀신을 보고 머리를 숙이며 물었습니다.

"대신大神께서는 무엇을 명령하고 싶습니까?"

"나는 사람을 잡아먹고 싶다."

"그렇게 할 수는 없습니다."

"만일 왕이 백성들을 아낀다면 이 나라에 쓸데없는 자들이 있으니 왕은 그들을 우리에게 주어 먹게 하시오."

"그런 이는 없습니다."

귀신이 말했습니다.

"저 중들은 농사도 짓지 않고 전쟁에도 나가지도 않으니, 왕의 신하도 아니지 않소. 그들은 쓸데없는 자들이니 우리에게 주어 먹게 하시오."

왕의 마음은 허락할 수 없었기 때문에 곧 관리를 기원정사에 보내어 사실을 알렸습니다. 그 때에 이만 명 스님 가운데 가장 나이 어린 사미스님이 있었으니 나이는 열 셋이었고 이름은 단정이었는데 그는 여러 비구스님들께 아뢰었습니다.

"제가 가서 저들을 만나겠습니다."

사미는 밖으로 나가면서 유나스님께 말씀드렸습니다.

"만일 어떤 이교도라도 기타 숲 동산에 오거든 곧 그의 머리를 깎아 바깥으로 빠져 나가지 못하게 하소서."

사미 스님은 곧 바로 왕궁으로 가서 대왕께 문안하고, 귀신에게 말하였습니다.

"네가 와서 우리를 잡아먹으려는 것을 나는 잘 안다. 나는 스님들 가운데 나이가 제일 어리다. 그래서 차례대로 제일 먼저 왔으며 다른 비구 스님도 때가 되면 오실 것이다."

사미 스님은 이어 말했습니다.

"나는 아침부터 아무것도 먹지 못했다. 그대는 나에게 밥을 주어 배불리 먹인 뒤에 잡아먹어라."

귀신은 사미에게 밥을 주게 하였습니다.

그 때에 그 귀신을 따르는 범지가 이만 명이 있었는데 귀신이 왕에게 말하였습니다.

"왕은 큰 부엌을 만들고 저들에게도 밥을 지어 주시오."

밥이 다되자 사미는 이만 사람의 밥을 빼앗아 혼자 다먹고 기원정사로 갔으나 시장기가 느껴져 다시 왕궁으로 돌아가 이만 명 범지들을 삼키고 신통력으로써 기원정사로 날아갔습니다. 그 때에 요술을 부리던 범지는 두려워하여 도로 사람으로 돌아가 사미 스님에게 머리를 숙이고 사과하면서 제자 되기를 청하였습니다. 기원정사의 비구 스님들은 사미가 삼키고 온 범지들의 머리를 모두 깎고 그들을 위해 경법을 설명하자 그들은 모두 아라한이 되었습니다. 그리고 온 나라 백성들도 모두 기뻐하면서 복을 받고 제도 되었습니다.

"한 어린 사미 스님의 신력만으로도 감동을 줌이 이와 같거늘 하물며 대승의 바다에야 무엇이 없겠는가?"

왕은 이렇게 생각하고 곧 위없이 바르고 참된 도에 뜻을 내었습니다.

그 뒤로는 불법이 크게 일어나 지금까지 왕성합니다.

왕사성의 유래

옛날 어떤 나라 왕이 사람 고기를 좋아하여 주방 사람들에게 말하였습니다.

"너희들은 밤에 다니면서 사람을 잡아다가 요리하여 내 밥상에 언제나 올려라."

그 뒤 신하들이 그 사실을 알자 곧 그 왕을 배척하여 나라 밖으로 쫓아내고 다시 어질고 현명한 이를 찾아서 임금을 삼았습니다. 십삼 년 뒤, 인육을 먹던 왕은 두 겨드랑이에 날개가 생겨 날아다니며 또 사람을 잡아먹되 멀고 가까움이 없었습니다. 그는 산중에서 나무신을 향하여 빌었습니다.

"국왕들 오백 명을 잡아와서 제사를 지낼 것이니 저를 다시 임금이 되게 하여주소서."

그는 곧 날아 다니면서 사백구십구 명을 잡아와 산골짜기에 가두어 놓고 돌로써 그 골짜기 입구를 막아 두었습니다.

그 때에 왕사성의 국왕은 여러 궁녀들을 데리고 야외에 놀이 가려고 막 궁문을 나서며 어떤 도인을 만났는데 그는 시로써 보시를 청하였습니다. 왕은 다음과 같이 허락하였습니다.

"목욕을 마치고 궁중에 돌아와 꼭 필요한 물건을 주겠소."

왕이 강에 들어가 목욕을 즐기고 있을 때, 사람을 먹던 왕은 공중으로 날아가 왕을 채 가지고 산중으로 돌아갔습니다. 국왕은 잡혀 갔으나 두려워하거나 겁내지 않고 얼굴빛이 태연하자, 사람을 잡아먹던 왕이 말했습니다.

"나는 본래 임금 오백 명을 잡아 하늘에 제사하려 했다. 이미 사백구십구 명은 잡아왔고, 이제 너를 잡아와 오백 명을 채웠다. 이제 그대들을 죽여 하늘에 제사하려 한다. 너는 이런 줄 알면 어찌 두려워하지 않겠는가?"

국왕이 대답했습니다.

"사람은 나면 죽고, 물건은 생기면 반드시 없어지오. 때문에 만나면 이별하고 모이면 헤어지니 무엇을 근심하겠는가? 내가 아침에 궁전을 나올 때 궁문 근처에서 어떤 도인을 만났는데, 그는 나에게 시를 읊었소. 나는 그에게 볼 일을 다 끝내고 궁전에 돌아가서 보시를 하겠다고 약속했소. 그러나 지금은 그 약속을 지킬 수 없게 되었으니, 안타까울 뿐이오. 지금 왕이 큰 자비로써 며칠 동안만 말미를 주면 그에게 보시하고 돌아오겠소."

그는 승낙하면서 말했습니다.

"그대에게 이레 동안 말미를 준다. 만일 돌아오지 않아도 나는 가서 잡아오는 일이 어렵지 않느니라."

왕이 궁중으로 돌아가자 모든 사람들이 기뻐하였습니다. 왕은 곧 창고를 열어 사방 사람들에게 보시하고, 태자를 왕으로 삼은 뒤에 백성들을 위로하고 떠났습니다. 사람을 잡아먹던 왕은 저 국왕이 오는 것을 멀리서 보고 생각하였습니다.

'저 사람은 특별히 다른 사람이 아닌가! 죽음에서 벗어났는데 일부러 오다니.'

"생명은 사람들이 귀중하게 여기고 사랑하는 것인데, 그대는 신의를 지키기 위해 목숨을 초개같이 버리니, 세상에 있기 어려운 일이오. 참 모르겠소. 어떤 생각을 가지고 있는가? 그대가 생각하는 것을 말해 보시오."

"내가 자비한 마음으로써 보시하고 지극한 정성으로써 맹세를 지키는 것은 미래 세상에 반드시 아유삼불이 되어 시방세계의 중생을 제도하려 하는 것이오."

"부처는 될 길을 찾는다. 그 뜻은 무엇인가?"

국왕은 그를 위해 다섯 가지 계율과, 열 가지 선행과, 네 가지 평등한 마음과, 여섯 가지 바라밀을 설명하였습니다.

그는 마음이 환히 열려 다섯 가지 계율을 받아 청신사淸信士가 되더니 붙잡아 둔 사백구십구 명의 임금을 놓아주었습니다. 풀려난 대부분의 왕들은 자기들을 살려준 왕을 따라 함께 가서 그가 약속을 지킴으로써 그들이 목숨을 건진 일에 감격하여 본국으로 돌아가지 않고 그대로 그 나라에 머물러 있었습니다. 그러자 그 나라 왕은 그들을 위하여 훌륭한 집을 짓고, 나무와 쇠와 돌에 갖가지 그림과 무늬를 새기고 그렸으니, 그 빛나는 장엄은 국왕의 것을 그대로 모방했고, 음식과 의복과 수레와 기타 등등도 왕과 똑같이 하니까 사방에서 여러 사람들이 물었습니다.

"왕궁과 같은 집들이 온 나라 안에 이렇게 많이 있어야 하는가?"

"이 집들은 모두 다 왕의 집王舍이오."

마침내 그 이름이 멀리 퍼졌고, 그 이후 지금까지 그 곳을 왕들의 집이 있는 성王舍成이라고 불렀습니다.

"신의를 지킨 왕은 바로 나의 전생 몸이었고, 사람을 잡아먹던 왕은 저 앙굴마라고, 지금 왕사성에 돌아와 설법하여 제도한 많은 사람들은 다 전생에 왕이었을 때 인연을 맺은 사람들이다."

부처님께서 앞의 내용을 말씀을 하실 때 일체 대중들은 모두 기뻐하면서 복을 받고 제도된 이가 헤아릴 수 없었습니다.

마음을 섬겨라

옛날 설산雪山에 여섯 개의 어금니를 가지고 이만 마리 코끼리를 거느린 흰 코끼리 왕이 있었습니다.

그 코끼리에게 두 마리 암컷이 있었는데 한 마리는 늙었고, 한 마리는 젊었습니다. 언제 어디에서나 두 마리 암컷이 좌우에서 떠나지 않고 따라 다녔는데, 어느 때 왕이 놀이를 위하여 외출하는 길에 큰 나무 아래를 지나게 되었는데, 그 나무에는 좋은 꽃이 흐드러지게 피어 있었습니다. 왕은 꽃을 따서 두 암컷의 몸을 꾸며 주려고 코로 나무를 감고 흔들었습니다. 그 때에 공교롭게도 바람이 불어 그 꽃잎들은 늙은 암코끼리 몸에만 떨어지고 젊은 암코끼리의 몸에는 꽃잎이 하나도 떨어지지 않았습니다. 그러자 젊은 암코끼리는 왕이 늙은 암코끼리만 편애한다고 생각하고는 시기하는 마음이 독한 마음으로 변해 원한이 되었습니다. 그 뒤 어느 때 왕의 연못 가운데 천 개 꽃잎이 있는 금색 연꽃이 피었습니다.

젊은 암코끼리가 그 연꽃을 꺾어 왕에게 바쳤습니다. 왕은 그 꽃을 받아 늙은 암코끼리에게 주었습니다. 젊은 코끼리는 시기 질투하여 성냄이 심하더니 결국 왕을 해치려는 생각을 하였습니다.

그 설산에는 도사道士(벽지불: 역자주)가 많았습니다. 그 젊은 암코끼리가 보기 좋고 맛난 과실을 따다가 백 분 도사에게 공양을 올린 뒤에 산이 험준한 곳에 가서 스스로 서원을 세우고 몸을 산 밑으로 던져 죽어 버렸습니다.

'지금 도사들께 보시한 복의 갚음으로써 인간 세상에 나거든 큰 세력이 있는 집안에 태어나 이 코끼리 왕을 죽이겠다. 그리고 이 서원을 스스로 알게 되어지이다.'

그의 식신識神은 인간 세상의 어떤 장자의 딸로 태어났는데 지혜가 뛰어나고 단정함이 비길 여자가 없었습니다. 그가 자라자 그 나라 왕이 그를 왕후로 맞이하여 사랑하고 존중하였습니다. 왕후는 노란 치자를 짓이겨 얼굴에 바르고 병이 났다고 소문낸 채 자리에 누워 '이제야 말로 묵은 원수를 갚게 되었다.' 라고 생각하였습니다.

왕은 내실에 들어가 문병하고 병이 난 이유를 물었습니다.

"밤에 꿈을 꾸었는데 입에 여섯 개의 어금니가 있는 코끼리를 보았습니다. 그 어금니를 가지고 비녀를 만들어 꽂아야 병이 나을 수 있고, 그것을 얻지 못하면 저의 병은 나을 수 없을 것 같습니다."

왕은 처음부터 그를 소중이 여겼기 때문에 감히 그 생각을 어기지 못하고 곧 나라 안의 사냥꾼 수백 명을 모으고 말했습니다.

"그대들은 혹 산중에서 여섯 개 어금니를 가진 흰 코끼리를 보았느냐?"

"본 사실이 없습니다."

왕은 딱하게 생각하고 왕후를 불러 사정을 말했지만 그러나 사냥꾼들은 모두가 그러한 코끼리를 본 사실이 없다고 거듭 말했습니다.

왕후가 말했습니다.

"요새 이 근처에 그런 코끼리가 없다면, 그대들 가운데 누가 어려움을 잘 참고 담이 큰 사람인가?"

어떤 사람이 꿇어 앉아 말하였습니다.

"제가 그런 사람입니다."

이에 왕후는 그에게 만 냥의 금화와 쇠갈고리와 도끼와 끌과 독화살과 활과 법의法衣(가사-역자주) 한 벌을 주면서 말했습니다.

"그대가 지름길로 설산에 도착하면 길 가운데 큰 나무가 있고 나무 양옆에는 길이가 한정 없이 긴 뱀이 있어 지나 갈 수 없을 것이오. 그대는 도끼와 끌로써 나무를 뚫고 그 구멍을 통과해야 하고, 더 앞으로 나아가면 큰 강물을 만날 것이오. 거기에는 큰 나무가 이 쪽에서 저 쪽까지 가지를 드리우고 있을 것이니, 쇠갈고리를 이용하여 나무 둥지와 가지를 잘 이용하면 강을 건너 큰 코끼리가 사는 곳에 이르게 될 것이오. 큰 코끼리가 늘 머무는 곳을 찾아서 그 옆에 구덩이를 파고 그 위를 얇게 덮고 그 속에 들어가 코끼리가 오는 것을 엿보고 있다가 활을 쏘아 잡으시오. 그리고 그대는 스님처럼 법복을 입으시오. 법복을 입으면 코끼리는 삼보를 존경하기 때문에 결코 그대를 해치지 아니할 것이오."

사냥꾼은 그 명령을 따라 집을 떠난 지 칠 년 칠 개월이 되는 날 코끼리가 사는 곳에 이르러 가까이에 구덩이를 파고 그 안에 들어가 조금 있자 코끼리 왕이 나타났습니다. 사냥꾼은 독화살로써 코끼리 왕을 향해 쏘았습니다. 그 화살을 너무 가까이서 쏘았기 때문에 피할 겨를이 없어 할 수 없이 독화살을 맞은 코끼리 왕은 근처를 살피다가 구덩이 속의 사냥꾼을 발견하고 물었습니다.

"너는 무엇하는 사람이냐?"

그는 매우 두려워하며 조심스럽게 고백하였습니다.

"저는 품팔이꾼 입니다."

코끼리 왕은 그것이 젊은 코끼리의 후신이 시켜서 한 짓인 줄 알고 스스로 어금니를 뽑아 그에게 주면서 말했습니다.

"너는 빨리 돌아가거라. 다른 코끼리들이 너를 보면 곧 죽일 것이다. 설사 뿌리치고 가더라도 그대의 자취를 찾아 뒤쫓을 것이다."

코끼리 왕은 위신력으로써 그를 보호하여, 그는 이레 만에 위험지역을 벗어났습니다. 그는 본국으로 돌아가 코끼리 어금니를 왕후에게 바쳤습니다. 왕후는 그것을 받아 몇 번 보고는 기뻐하다가 뉘우치고 뉘우치다가 기뻐하더니 조금 뒤에 피를 토하고 거의 죽게 되었습니다.

부처님께서 세상에 계실 때에 하늘 사람들과 용과 귀신과 네 무리의 제자들이 큰 법회를 열었습니다. 그 자리에 있던 어떤 비구니가 멀리서 부처님을 자세히 바라보고는 곧 큰 소리로 웃다가 조금 뒤에는 다시 소리 높여 울었습니다. 대중들이 괴상하게 여기자 아난다가 부처님께서 여쭈었습니다.

"어떻게 저 비구니는 아라한이 되었으며, 무슨 이유로 슬픔과 기쁨을 스스로 이기지 못합니까? 저간의 사정을 듣고자 하옵니다."

"그 때의 흰코끼리 왕은 바로 지금의 내 전생의 몸이었고, 그 때의 늙은 암코끼리는 지금의 야수다라였고, 그 젊은 암코끼리가 저 비구니다. 그는 신통을 얻었기 때문에 전생일을 아는 것이요. 그가 슬퍼하는 것은 그 마음을 섬기지 못한 것에서 느끼는 죄책감 때문이요, 기뻐서 웃는 것은 착한 이를 해쳤으나 도를 얻은 것이 신통하기 때문이니라."

대중들은 이 말씀을 듣고 모두 이렇게 생각했습니다.

'부처님과 나쁜 인연을 지었어도 오히려 구제를 받거늘 하물며 도덕의 인연이겠는가?'

모두 위없이 바르고 참된 도에 대해 공부하겠다는 뜻을 내었고, 그들의 서원은 사방에 미쳤고, 일체를 구제하였습니다.

영원한 귀걸이

옛날에 부처님께서 수갈의 공양청을 받아 나국儒國에 가셨습니다. 그 나라는 바다에 가까웠고, 용이 구름을 일으켜 폭우를 쏟았습니다. 부처님께서는 대중이 물에 떠내려갈까 염려하시고, 공양이 끝나자 바로 대중을 이끌고 아뇩달 못 가로 가셨습니다. 대중이 모두 자리에 앉자, 부처님께서 샤리푸트라를 부르셨습니다. 그러나 샤리푸트라는 그 모임에 없었습니다. 하늘 임금大帝이 생각하였습니다.

'부처님 제자들은 신통을 얻었고 그 지혜는 부처님처럼 빛난다.'

부처님께서는 하늘 임금의 생각을 아시고 마우드갈야야나에게 말씀하셨습니다.

"너는 가서 샤리푸트라를 불러 오너라."

그 때에 샤리푸트라는 가사를 깁고 있었습니다.

마우드갈야야나는 샤리푸트라에게 말했습니다.

"지금 부처님께서 아뇩달 못 가에 계시면서 나를 시켜 스님을 불러오라 하셨으니 곧 갑시다."

"이 가사를 다 기울 때까지 기다리시오."

"만일 빨리 가지 않으면 내가 신통으로써 그대와 이 산의 돌집을 모두 오른 손바닥에 얹고 부처님께 가겠소."

샤리푸트라는 곧 허리띠를 끌러 땅에 놓고 마우드갈야야나에게 말했습니다.

"그대가 이 띠를 땅에서 떼면 내 몸을 들 수 있을 것이오."

마우드갈야야나가 그 띠를 들어 보았으나 땅이 움직이기는 하나 띠가 들려지지 않았습니다. 마우드갈야야나는 신통으로써 부처님께 돌아왔습니다. 샤리푸트라가 먼저 와서 부처님 곁에 앉아 있었습니다. 마우드갈야야나는 신통의 힘이 지혜의 힘보다 못한 것을 알았습니다.

그 때에 그 자리에 있던 어떤 비구가 귀에 수만 꽃을 꽂고 있었기 때문에 대중은 모두 이상하게 생각했습니다.

'비구의 법에는 꽃으로써 장식을 하지 않게 되었는데 저 비구가 꽃을 꽂고 있으니 무엇을 뜻하는 것일까?'

하늘 임금이 부처님께 사뢰었습니다.

"모를 일이옵니다. 저 비구 스님은 왜 꽃을 꽂고 있습니까?"

부처님께서 비구에게 말씀하셨습니다.

"그 귀의 꽃을 버려라."

비구는 부처님의 말씀을 듣고, 곧 손으로써 그 꽃을 뽑아 버렸으나 꽃은 여전히 생겨났고 그렇게 여러 번 뽑아 버렸으나 꽃은 그 자리에 그대로 있었습니다.

"너는 신통으로써 그 꽃을 버려라."

그는 곧 삼매의 힘을 써서 수천만 개의 손으로써 허공에서 그 귀의 꽃을 뽑아 버렸지만 꽃은 그치지 않고 솟았습니다. 그러자 대중들은 저것은 도덕의 인연이지 잠깐 동안 붙어 있는 꽃이 아님을 알았습니다.

하늘 임금은 부처님께 아뢰었습니다.

"세존이시여, 저 내력을 설명하셔서 대중의 의심을 풀어주소서."

"옛날 유위불께서 세상에 오신 지 구십일 겁이 되던 때에 그 부처님은 큰 법회를 여셨소. 그 때에 어떤 술 취한 나그네가 그 법회에서 법을 듣고 기뻐하며 귀에 걸었던 꽃 모양의 귀걸이를 떼어 부처님 위에 뿌리며 예배하고 떠나갔소. 그는 목숨을 마친 뒤 구십일 겁 동안 하늘 세계와 인간 세계에서 복을 받고 다시는 나쁜 갈래에 떨어지지 아니했소. 그 때에 귀걸이를 보시한 사람이 바로 지금의 저 비구요. 귀걸이 하나를 부처님께 공양을 올린 복으로써 지금 도를 얻었고 또 꽃도 다하지 않소."

하늘 임금이 말씀드렸습니다.

"과거에 술 취한 나그네는 계도 받지 않았고, 여섯 가지 바라밀다도 행하지 않고, 한 번 꽃을 올린 복이 구십일 겁을 지난 지금에도 다하지 않거늘 하물며 그러한 보시를 많이 한 사람이겠습니까?"

부처님께서 말씀하셨습니다.

"알아야 하오. 일체를 아는 지혜(부처님의 지혜. 여기서는 부처님임 : 역자주)가 중생을 이익 되게 하는 것이 이와 같소."

그 모임에 있던 대중들은 이 말씀을 듣고 매우 기뻐하며 모두가 위없이 바르고 참된 도에 대해 공부하겠다는 뜻을 내었습니다.

임금을 귀의시킨 사미들

옛날에 부처님께서 처음으로 도를 이루시고 온 세상 사람을 교화하시니 감동하지 않는 사람이 없었습니다. 그러나 유독 슈라바스티의 임금만은 그 때까지 믿으려고도 이해하려고도 아니했습니다. 부처님의 정사와 왕의 공원은 울타리 하나 사이로 가까이 있었고 모두 강에 잇달아 있었습니다. 그 절에는 삼백여 명의 사미가 있어서 늘 거룩한 삼보를 모셨습니다. 어느 때에 유나 스님은 여러 사미들에게 각각 물병을 하나씩 가지고 강에 나가 물을 길어 오게 하였습니다. 사미들은 강가에 나가 모두 가사를 벗어 던지고 모래사장에서 집짓기 놀이를 했습니다. 이 때에 프라세나짓왕이 왕후와 누각에 앉아 있다가 멀리서 사미들이 시끌벅적 떠들며 노는 것을 보고 왕후에게 말했습니다.

"내가 고타마를 믿지 아니 한 것은 참 잘한 일이다. 고타마 무리들은 스스로 청정하며 번뇌가 없다고 일컫지만 지금 저들이 장난치고 노는 것이 우리들과 무엇이 다른가. 그런데 어떻게 참되다고 하겠는가?"

왕후가 대답하였습니다.

"바다 가운데는 용과 뱀이 있는 것처럼 대승의 법도 그와 같아서 도를 얻은 이도 있고 도를 얻지 못한 이도 있어서 싸잡아 말할 것이 아닙니다."

왕후의 이 말이 끝나기 전에 사미들은 모두 가사를 입고 물병을 들고 절을 향하여 가되 그들은 물병 삼백 개를 한꺼번에 던지고 날아서 절로 들어갔습니다.

왕후는 그 광경을 가리키며 왕에게 말했습니다.

"대왕님, 마음이 언짢으셔도 지금 저 사미들의 신통을 보십시오."

왕은 그 장관인 장면을 보고 매우 기뻐하며, 곧 누각에서 내려와 여러 신하들과 함께 부처님께 나아가, 머리 숙여 예배드리며 참회하고 귀의하였습니다.

부처님께서 그들을 위해 설법하시자 왕과 왕후와 모든 대중들은 모두 위없이 바르고 참된 도를 마음 속 깊이 믿었습니다.

피할 수 없다

옛날 슈라바스티 나라의 범지인 어떤 장자는 성 밖에 나가 놀다가 차츰 기타동산 가까이 갔습니다.

부처님께서 그 사람이 공덕이 있어 구제될 수 있음을 아시고, 곧 어떤 나무 밑에 나가 앉아 큰 광명을 놓아 기타 동산 안팎을 두루 비췄습니다. 그러자 나무와 흙과 돌들이 모두 금빛을 나타냈습니다. 범지는 그 광명을 보고 종자에게 물었습니다.

"이것은 무슨 광명인가?"

"모르겠습니다."

"햇빛이 아닌가?"

"햇빛은 뜨거운데 이 빛은 따뜻하고 서늘함이 적당하게 조화된 것으로 보아 햇빛은 아닙니다."

"그러면 불빛인가?"

"불빛도 아닙니다. 불빛은 흔들려 가만히 있지 않는데 이 빛은 고요하니 불빛 같지 않습니다."

종자가 조용히 생각하다가 깨닫고 장자에게 말했습니다.

"이 빛은 사문 코타마가 내는 광명입니다."

장자가 곧 말했습니다.

"그런 말은 하지말라. 나는 고타마를 좋아하지 않는다. 빨리 수레를 돌려 돌아가자."

부처님께서는 곧 신통력으로써 삼면에 큰 시냇물을 만들어 어디로도 가지 못하게 하고, 오직 부처님 앞으로만 길이 나게 하셨습니다.

종자가 말했습니다.

"고타마 앞으로만 길이 있습니다."

할 수 없이 앞으로 나아갔습니다. 장자는 멀리서 부처님을 보고 곧 부채로 얼굴을 가렸으나, 부처님께서 부채를 투명하게 만들었습니다.

장자가 눈을 들자 부처님과 마주보게 되었습니다. 장자는 갑자기 깨닫고 곧 수레에서 내려 머리를 숙여 절하였습니다.

부처님께서 그를 위해 설법하시자 그는 곧 위없이 바르고 참된 도를 믿는 마음을 내더니 이내 물러나지 않는 자리를 얻었습니다. 부처님을 등지고 가는 이도 지혜를 얻거늘 하물며 부처님을 믿고 향하는 이는 어떻겠습니까?

부처님의 방편

옛날 바라나시 나라에 역사力士 여덟 사람이 있었는데, 한 사람 한 사람이 지닌 힘이 코끼리 육십 마리를 당해 낼 수 있었습니다. 그 가운데 어떤 역사는 임시방편과 기이한 병법과 예순네 가지 변화를 많이 알아 문무文武를 겸비하였습니다. 그런 까닭으로 스스로를 믿고 두려워하거나 어려워함이 없었습니다.

부처님께서 그 역사들이 교만으로 인하여 반드시 나쁜 갈래에 떨어질 것을 아시고 구제하기 위하여 그들을 찾아 가셨습니다.

문지기가 역사에게 말했습니다.

"고타마께서 밖에 와서 뵈려고 기다립니다."

역사는 그 말을 듣고 곁에 있는 사람들에게 말하였습니다.

"고타마가 가진 지혜가 어찌 나보다 낫겠느냐? 나보다는 못하다."

그리고 문지기에게 말했습니다.

"돌려보내라 만나지 않겠다."

부처님께서 세 번이나 그 문 앞에 가셨으나 그는 만나 주지 아니하였습니다.

이렇게 되자 부처님은 소년 역사로 변화하여 힘을 겨루자고 청하였습니다.

문지기가 들어가 말하자 그 역사가 물었습니다.

"이 나라에 있는 역사 여덟 명 가운데 한 사람이 아니더냐?"

"못 보던 소년입니다."

역사는 밖에 나가 만나보고 그를 데리고 격투장으로 가서, 그 소년을 업신여겨 곧 바로 패주려고 소년에게 말했습니다.

"앞으로 바짝 다가와라. 맨손으로 겨루어 보자."

두 사람이 바짝 다가서서 막 맞붙어보려 할 때 소년은 신통력으로써 그를 들어 땅에서 여남은 길 떨어진 공중에 던져 놓았습니다. 그가 밑으로 내려다 볼 때 땅에는 불이 붙은 칼만 보이고 다른 것은 보이지 않았습니다. 그는 교만하고 성내던 마음이 없어지고 죽음이 두려워 공중에서 허우적거리며 말하였습니다.

"아래 계시는 역사님께 귀의합니다. 목숨을 살려 주십시오."

부처님께서는 신통을 걷으시고, 부처님의 원래 모습을 나타내시자 그는 곧 부처님임을 알고 머리 숙여 예배하면서 말씀드렸습니다.

"제가 부처님이신 줄 알았으면 감히 교만하지 않았을 것입니다. 저의 잘못을 용서하셔서 무거운 재앙을 면하게 해주십시오."

부처님께서 그 청을 받아들이고 그를 위해 깊은 법을 말씀하시자, 그는 곧 위없이 바르고 참된 도를 믿는 마음을 내더니 이내 물러나지 않는 자리를 얻었습니다.

부처님께서 방편으로써 제도하심이 이와 같으셨습니다.

진리에 목욕하다

옛날 라자그리하 나라에 살던 어떤 바라문의 아들은 홀로 그 어머니와 살고 있었습니다. 그가 성장하여 어머니에게 물었습니다.

"저의 아버님은 무엇을 받들고 섬겼습니까? 저는 그 자취를 따르려고 합니다."

"네 아버님은 세상에 계실 때 하루 세 번씩 물에 들어가 목욕하셨다."

"아버님은 무엇을 바라시고 그렇게 하셨습니까?"

"갠지스에 때를 씻으면 신통을 얻는다고 하셨느니라."

"그렇지 않습니다."

"너는 다른 의견이 있느냐?"

"만일 그렇다면 저 강 북쪽에 사는 백성들은 날마다 소를 몰고 남쪽으로 건너가 방목을 합니다. 그들은 하루 두 번씩 목욕을 하는데 왜 도를 얻지 못합니까? 또 물속에 사는 고기와 자라들은 물에서 사는데 왜 도를 얻지 못합니까?"

"네 생각은 어떠하냐?"

"오직 부처님의 여덟 가지 해탈과 삼매의 물이 있을 뿐입니다. 누구나 거기에 목욕하면 반드시 열반을 얻습니다."

아들은 계속 말했습니다.

"부처님께 나아가 신령스런 교화에 목욕하시기 바랍니다."

그런 뒤 모자는 부처님께 나아가 귀의하자, 부처님께서는 그 둘을 위하여 설법하셨고, 아들은 스님이 되어 아라한이 되었습니다. 그가 어머니를 위하여 설법하니 어머니는 스로타판나가 되었습니다.

잡비유경 下

한역미상

몽산(夢山)·관일(觀一) 한글 번역

다섯 가지 신통은 파계하면 없어진다

옛날 계빈국의 어떤 비구는 제자 수백 인을 널리 가르쳐 그 중에는 네 가지 선정을 얻은 이도 있고, 다섯 가지 신통을 얻은 이도 있었으며, 스로타판나나 아라한 과위를 얻은 이도 있었습니다. 그 때에 안식국의 어떤 스님이 계빈국에 와서 그 비구의 가르침이 위와 같이 뛰어 난 것을 알고 믿고 좋아하는 마음이 생겨 그의 제자가 되었습니다. 열심히 노력하여 오래지 않아 다섯 가지 신통을 얻어 여러 사람 앞에서 신족통을 나타내었습니다.

스승은 그에게 말하였습니다.

"너는 비록 다섯 가지 신통을 얻었으나 마음의 번뇌가 아직 없어지지 않았으니, 신족통을 나타 낼 수 있다고 스스로 너무 뽐내지 마라."

그는 곧 스승이 자기의 도력을 시기한다고 생각하였습니다. 어느 날 고향에 돌아가 자기의 도력을 나타내겠다고 생각하더니, 곧 날아서 본국으로 돌아가 신족통으로써 안식국의 궁전 앞에 나아갔습니다. 왕이 그에게 예배하고 그에게 물었습니다.

"스님은 어느 나라 사람입니까?"

"저는 원래 대왕님 나라의 사람으로서 계빈국에 가서 공부하고, 지금 돌아와 이 나라를 복되게 하는 것으로써 태어나 자라면서 입은 은혜를 갚으려 합니다."

왕은 매우 기뻐하며 꿇어 앉아 아뢰었습니다.

"스님은 오늘부터 항상 저의 궁중에 머무시면서 저의 공양을 받도록 하십시오."

스님은 승낙하였습니다.

왕은 직접 공양을 날라 오기도 하고, 부득이한 경우 왕후나 궁녀들이 그 수발을 들도록 하였습니다.

그 스님은 곧 음욕심으로써 궁녀를 대하였습니다. 그 기미를 안 신하들이 왕에게 간언을 했으나 왕은 도리어 신하들을 꾸짖었습니다. 왕은 그 스님이 날아오는 것을 직접 보았기 때문이었습니다. 오래지 않은 어느 때 궁녀의 배가 불러오자 신하들은 다시 왕에게 간언하였습니다. 왕은 왕후를 시켜 조사해 본 뒤 그것이 사실임을 알고 곧 사람을 시켜 가사를 빼앗고 궁문 밖으로 내보냈습니다. 그러나 그가 스님이었던 점을 고

려해 벌을 주지는 않았습니다. 스님은 궁중에서 쫓겨나자 사방을 떠돌며 사람들을 겁탈하는 도적이 되었는데 워낙 사나워 대적하는 사람이 없었습니다. 그러나 왕은 그 도적이 전날 신족통을 부리던 스님인줄 모르고 힘센 병사를 보내어 그를 사로잡아 끌고 오게 했습니다. 잡혀 온 도적을 보고 그가 곧 전 날의 스님이었음을 알고 말하였습니다.

"그대는 전에 음욕심을 내어 궁녀를 범한 것 만해도 큰 잘못인데 왜 또 사람들을 겁주고 물건을 빼앗았느냐?"

비구는 머리 숙여 절하면서 말했습니다.

"너무 가난하여 다르게 살아 갈 방법이 없었기 때문입니다."

"그대가 전에 신통으로써 날아오는 것을 직접 보았기 때문에 차마 죽이지 않고 용서하는 것이니 다시는 내 나라 안에서 죄악을 저지르지 말라."

왕은 그를 놓아 주었습니다. 그는 떠돌아다니면서 생활하는 방법을 찾다가 곧 스스로 도살장의 잡부가 되어 소도 잡고 양도 잡으면서 하지 않는 일이 없었습니다. 어느 때 소뼈를 쪼개다가 튕기는 뼈에 눈을 맞아 실명하였습니다.

앞을 못 보게 되자 주인은 그를 내보냈습니다. 그는 깨어진 그릇 하나를 들고, 거리를 다니며 구걸하는 처참한 신세가 되었으니, 길지 않는 세월동안 그 모습이 여러 가지로 변하였습니다.

그의 스승이 도의 눈으로써 그가 어디에서 어떻게 살고 있는가를 알려고 관찰하다가 안식국의 거리에서 구걸하는 것을 알았습니다. 그 때 그 제자 가운데 다섯 가지 신통만 배우고 마음의 번뇌를 끊으려고 하지 않는 제자가 오백 명이나 있었습니다. 그는 그들에게 말했습니다.

"너희들은 빨리 외출할 준비를 하여라. 지금 옛날에 안식국에서 나에게 와 다섯 가지 신통을 배워 간 제자를 만나러 갈 테니, 같이 가자."

제자들은 모두 기뻐하며 말했습니다.

"그의 도력은 반드시 높아졌을 것이다. 그렇기 때문에 스승님이 직접 만나러 가는 것이다."

모두 신통을 부려 잠깐 사이에 거지 앞에 가서 스승이 그의 이름을 불렀습니다. 그는 스승의 목소리를 듣고 대답하였습니다.

"스승님 오셨습니까?"

"그래. 너를 만나려고 오백 명의 제자와 함께 왔느니라."

스승은 계속 물었습니다.

“너는 왜 이렇게 되었느냐?”

제자는 그 동안의 일을 자세히 이야기 하면서, 국법을 어긴 죄까지 모두 말하였습니다.

스승은 여러 제자들에게 말하였습니다.

“다섯 가지 신통을 얻어도 물러나지 않는 도를 이룬 것이 아니므로 믿을 것이 못 되느니라.”

이 말을 들은 오백 명 제자들은 모두 여섯 가지 신통을 얻어 아라한의 도를 이루었고, 그 제자는 부끄러워 고개를 숙인 채 말이 없었습니다. 스승과 제자들은 고개 숙인 안식국 제자를 데리고 계빈국으로 돌아갔습니다.

지극한 정성이 준 복

옛날 어떤 나라에 곡식이 풍성하고 백성이 많기 때문에 다른 나라가 와서 빼앗으려 하였습니다. 곧 열다섯 살 이상 예순 살까지의 남자를 징발하여 모두가 싸우러 나가게 되었습니다.

그 때에 담요를 짜는 어떤 사람은 나이 예순이 가까웠는데, 그 부인은 젊고 아름다워 항상 남편을 업신여겼습니다. 그러나 남편은 늘 부인을 공경하고 어렵게 여겨 아내를 장부처럼 섬겼습니다. 남편이 부인에게 말했습니다.

"이 번에 나라의 명령을 받고 전쟁하러 나가게 되었으니 지금 곧 무기와 양식 담을 그릇을 준비해 놓으시오."

부인은 남편에게 다섯 되 들이 그릇에 양식을 담고, 길이가 한 발 한 자 되는 담요 짜는 북 하나를 주면서 말하였습니다.

"당신은 이것을 가지고 가서 싸우시오. 다른 물건은 없소. 만일 이 그릇을 깨거나 이 북을 잃어버리면, 당신과 같이 살지 않을 것이오."

남편은 하직하고 떠났습니다. 그러나 적군에게 부상을 입거나 죽을 걱정은 하지 않고, 다만 두 가지 물건을 잘못 간수하여 아내를 잃을까 두려워하였습니다.

길에서 적군을 만나 싸우다가 자기 쪽 군사가 패하여 곧 후퇴하게 되었습니다. 그는 북과 그릇 두 가지 물건을 잘못 간수하면 부인을 잃는다고 생각하고, 여러 사람들은 모두 달아나는데, 그는 북을 머리에 이고, 혼자서 적을 향하여 나아갔습니다.

적군은 그것을 보고 그의 용기에 기가 죽어 나오지 못하고 외치면서 물러갔습니다. 이렇게 되자 그 나라의 군사들은 다시 대오를 정돈하고 힘을 합해 나가 싸워 크게 승리하니, 적군은 지리멸렬하여 도망가 버렸습니다. 왕은 매우 기뻐하며 공이 있는 이에게 상을 주려고 할 때에 여러 사람들은 왕에게 아뢰었습니다.

"저 담요를 짜는 병사가 가장 큰 공을 세웠습니다."

왕은 그를 불러 칭찬하였습니다.

"그대는 어떻게 그 큰 군사들을 물리칠 수 있었는가?"

"사실 저는 군인이 아닙니다. 제가 군인으로 나갈 때, 아내가 두 가지 물건을 주면서 만일 이 물건을 망가뜨리거나 잃어버리면 같이 살지 않겠다고 말했습니다. 그래서 저는 생명을 걸고 두 가지 물건을 간수하려 하였기 때문에 적군이 물러 간 것이며, 실은 용맹했던 것이 아닙니다."

왕은 여러 신하들에게 말했습니다.

"이 사람은 비록 아내와 헤어지는 것을 두려워했으나 결국 나라의 어려움을 해결하였으니, 제일 큰 상을 주어야 할 것이다."

곧 높은 벼슬을 주고 재물과 집과 하인들을 주어 왕을 보필하되, 자손들도 그 복을 이어 받아 대대로 전승하게 하였습니다. 이것은 세상이 인연으로써 얻어지는 것을 나타내 보인 것인데, 부처님께서 그것을 이끌어 비유를 삼으신 것입니다.

즉 그의 아내가 남편에게 닷 되 들이 그릇과 한 발 한 자의 북을 준 것은 부처님께서 제자들에게 다섯 가지 계율과 열 가지 선행을 가르치신 것에 비유한 것이요, 남편에게 두 가지 물건을 굳게 지켜 깨거나 잃어버리지 않으면 나와 같이 살겠다고 한 것은 법을 유지하다가 죽거나 죽더라도 범하지 아니하면 부처님과 함께 도의 집에 오를 수 있음을 말한 것이며, 이미 적군을 물리치고 다시 포상을 받은 것은 계율을 지키는 사람은 현세에서는 원수의 행패가 없고, 후세에는 저절로 천당에 태어나 복을 받는 것에 비유한 것입니다.

어리석었습니다

옛날 슈라바스티성 안에 범지가 있었는데, 그는 총명하여 지혜가 뛰어났습니다. 그러나 삿된 견해에 빠져 선행을 믿지 않고 쓸데없는 짓이라 하였습니다.

그 때에 샤리푸트라는 도통한 눈으로 그를 보고 '범지는 전생에 큰 복을 지어 지금 귀족이면서 부호가 되었다. 그러나 다만 지금은 누리는 것만 생각하고 다시는 새로운 복을 짓지 않기 때문에 반드시 세 갈래 나쁜 길에 떨어질 것이다. 지금 가서 제도해야 하겠다.'라고 생각하고 곧 신통력으로써 그 앞에 가서 바루를 내밀고 서 있었습니다.

그 때에 범지는 앉아 막 밥을 먹다가 샤리푸트라를 보고 매우 화를 내며 문을 닫아 놓고 때리고는 손을 씻고 도로 앉아 밥을 먹으면서 가라고도 앉으라고도 하지 않았습니다. 밥을 다 먹고 손을 씻고 양치질 하고 물을 한 입 머금었다가 샤리푸트라의 바루 안에 뱉으면서 말했습니다.

"이거나 가지고 가거라. 줄 것은 그것뿐이다."

샤리푸트라는 곧 축원하였습니다.

"그대로 하여금 긴 밤 동안에 한량없는 복을 받게 하리라."

그 말에 장자는 부끄럽고 두려워하며 기어들어가는 소리로 하인에게 말했습니다.

"사람을 보내어 그가 어떻게 하는지 가서 보아라."

샤리푸트라는 곧 바로 정사에 돌아와 그 물로써 진흙을 개어 부처님께서 지나다니는 곳에 바르고 부처님께 아뢰었습니다.

"저 탐욕이 많은 사람에게서 한 모금의 물을 보시 받아 지금 부처님께서 지나다니시는 곳에 흙을 개어 발랐습니다. 부처님께서 그 위로 거니셔서, 그로 하여금 긴 밤 동안에 한량없는 복을 받게 해주십시오."

부처님께서 곧 그 위를 거니시며 삼매에 드셨습니다.

장자가 보낸 사람은 이러한 사실을 자세히 살펴보고 돌아가 장자에게 자기가 본 사실을 그대로 말하고, 덧붙여 말했습니다.

"부처님께서 전륜성왕의 지위를 버리고 사문이 되셔서, 바루를 가지고 다니며 밥을 비는 뜻은 탐욕이 있기 때문이 아니고, 중생들에게 복을 주어 제도하시기 위함입니다."

장자는 부처님을 섬기려 하지 않았던 자기 마음을 매우 후회하고, 온 집안의 식솔들을 다 데리고 부처님께 나아가 사죄

하였습니다.

"몹시 어리석었습니다. 저의 무거운 죄를 용서하여 주십시오."

부처님께서 그 참회를 받으시고 그를 위해 설법하시니, 그는 의심의 그물을 벗고 번뇌가 없어져 물러나지 않는 자리에 이르렀습니다.

귀신을 산 오만

옛날 파리불이라는 나라는 다른 나라에 비교하면 물자가 풍부하고 백성이 많았고, 진인眞人과 신인神人과 그 밑으로 어질지 못한 아홉 가지에 이르기까지 모든 사람들이 도덕심을 가지고 살았습니다. 그리하여 선경仙經이 사방에 퍼지고 속서俗書도 역시 두루 갖추어졌으며, 금과 은과 곡식과 비단 등 어느 것 하나 없는 물건이 없었으므로 부처님께서도 늘 '물건이 풍부하기로 유명한 나라' 라고 칭찬하셨습니다.

그 때에 아흔여섯 부류의 이교도들이 모여 상의 하였습니다.

"부처의 말에 따르면 '그 나라에는 없는 것이 없다.' 하니 우리가 가서 그 나라에 없는 것을 찾자. 그렇게 하면 그것으로써 그들의 기세를 꺾어 부처의 말이 거짓말임을 입증하면 사람들은 반드시 우리들을 존경하며 섬길 것이다."

그리고 그들은 다시 상의 하였습니다.

"아직까지 그 나라에 나찰귀신이 있다는 말을 듣지 못하였다. 그 나라에서 그것을 찾으면 반드시 내어 놓지 못할 것이니, 이렇게 하면 이것은 부처가 깨달았다는 도가 바르지 못하다는 것이 나타나게 될 것이다."

그들은 곧 농촌과 도시를 돌아다니면서 나찰귀신을 사려고 했으나 아무도 파는 이가 없었습니다. 그들은 기뻐하면서 말했다.

"정말 좋은 계책이다."

하늘 임금은 저 이교도들의 계책을 알고 곧 파리불 나라에 내려와서 장사꾼으로 변장하여 팔 물건이 있는 것 같이 상점을 차리고 손님을 기다리는 척 했습니다.

"귀신을 파는가?"

"팔고 있소. 귀신을 얼마나 사려고 하시오."

그들은 자기들끼리 말하였습니다.

"저것은 거짓말이다. 어디서 귀신을 불러 왔기에 '얼마나'라고 하는가?"

이어 말했습니다.

"귀신을 두어 마리 사려고 하오."

하늘 임금이 상점의 궤짝을 열자 갑자기 수 십 마리의 귀신이 나타났다. 그들은 그것을 보고 매우 두려워하며 제 각기 마음속으로 부처님 말씀이 진실임을 알고 모두 부처님께 나아가 귀의하며 말했습니다.

"파리불 나라에는 온갖 물건이 다 있으나 빈손으로 가는 사람은 한 가지 물건도 사기 어렵고 돈만 있으면 무엇이든지 살 수 있습니다."

이것은 부처님께서 비유를 끌어와 세상에 나타내 보이신 것입니다.

살운야성 안에는 없는 것이 없어, 네 가지 평등한 마음, 여섯 가지 바라밀, 서른일곱 가지 도가 있지만, 범부에서 위로 성문과 벽지불에 이르기까지 누구든지 덕행을 닦지 않으면 이 살운야성 안에서 무엇을 얻고자 해도 얻지 못하는 것에 비유한 것입니다. 만일 거룩한 가르침을 받들어 몸과 입과 뜻을 잘 단속하면, 그것은 마치 돈만 있으면 어떤 소원이라도 다 이룰 수 있다는 것에 비유한 것입니다.

결과는 같습니다

옛날 인도 송사松寺에 큰 스님 네 분이 계셨는데, 그 분들은 다 여섯 가지 신통을 증득하신 분들이었습니다. 그 나라에 거사 네 사람은 각각 위의 스님 한 분씩을 모셔다가 항상 공양을 올렸습니다.

네 분 스님은 각각 교화를 실행하시되 한 분은 제석천왕에게 가서 공양을 받으시고, 한 분은 바다의 용왕에게 가서 공양을 받으시고, 한 분은 금시조에게 가서 공양을 받으시고, 한 분은 이 세상의 왕에게 가서 공양을 받으셨습니다. 네 분 스님은 공양을 받아 잡수시고 바루에 남은 것이 있으면 단월들에게 나누어 줘 먹게 했는데 온갖 맛을 두루 갖추어 아직까지 먹어보지 못하던 것이었습니다. 때문에 단월들은 각각 스님들께 그 공양을 어디서 얻으셨는가 물었고, 스님들은 각각 그 음식의 내력을 말씀하셨습니다. 그 말씀을 들은 네 거사들은 각각 한 가지씩 서원을 세웠습니다. 한 사람은 제천궁에 태어나기를 원하였고, 한 사람은 바다 가운데 태어나 용이 되기를 원했고, 한 사람은 금시조 가운데 태어나기를 원했고, 한 사람은 인간의 왕으로 태어나고자 하였습니다. 그들은 목숨을 마치고, 모두 네 곳에 신왕神王으로서 태어나 한꺼번에 팔관재八關齋를 닦으려 했습니다. 조용한 장소를 물색 하다가 마가다왕의 후원이 고요하고 청정함을 알고 그들은 모두 동산으로 가서 각각 나무 밑에 앉아 자비스런 마음으로써 재를 받들고, 하루 낮 하루 밤 동안 여섯 가지 생각을 닦고는 이튿날 재를 마치고 서로 모여 이야기 하였습니다.

마가다왕이 물었습니다.

"그대들은 무엇 하는 분들입니까?"

"나는 하늘 임금이오."

"나는 용왕이오."

"나는 금시조 왕이오.

"나는 인간세상의 왕이오."

그들은 각각 자기들의 전생을 이야기 하고 모두 기뻐하였습니다.

하늘 왕이 갑자기 말했습니다.

"우리들이 다 같이 재를 잘 이행했는데 누구의 복이 제일 많겠는가?"

인간의 왕이 말했습니다.

"내가 동산 밖 가까이 있을 때에는 음악소리가 그 곳까지 시끄럽게 들렸으나, 거기서 마음속으로 한 가지만을 생각할 수 있었으니 나의 복이 제일일 것이오."

다음에는 하늘 왕이 말했습니다.

"내가 사는 하늘에는 일곱 가지 보배로 된 궁전과 미녀와 온갖 풍류와 옷과 음식이 저절로 생기지만 그것에 연연하지 않고 와서 재를 완전히 이행했으니 내 복이 제일일 것이오."

다음에는 금시조 왕이 말하였습니다.

"내가 좋아하는 것은 용을 잡아먹는 것인데, 그 맛은 다섯 가지 즐거움보다 뛰어나오. 그러나 지금 한 곳에 있으면서 털끝만큼도 나쁜 생각이 없었으니 내 복이 제일일 것이오."

다음에는 용왕이 말했습니다.

"우리들은 금시조의 밥으로써 항상 잡아 먹힐까봐 두려워하며 도망쳐 숨는데, 지금은 한 곳에 있으면서 죽음을 생각하지 않고 재를 이행했으니 내 복이 제일일 것이오."

마가다 왕이 말했습니다.

"저에게 지혜로운 신하가 있사온데, 이름은 피타류라 합니다. 이제 그를 초청하여 이것을 알아보고 판단하도록 합시다."

곧 그를 불렀고, 그가 오자 네 왕이 한 말을 자세히 설명하였습니다.

피타류는 곧 파랑 · 노랑 · 하양 · 빨강 네 가지 비단으로써 깃발을 만들어 마당에 높이 세우고, 네 왕에게 물었습니다.

"공중에서 펄럭이는 네 가지 빛깔이 각각 서로 다릅니까?"

"그 빛깔은 확실히 다르네."

"땅에 있는 깃발의 그림자를 보십시오. 그림자도 색깔이 다릅니까?"

"다르지 않네."

"지금 네 가지 형상이 각기 다른 것은 마치 비단 깃발의 빛깔은 네 분이 다른 것과 같고, 지금 재를 이행한 공덕이 꼭 같은 것은 땅에 있는 깃발의 그림자가 다르지 않은 것과 같습니다. 지금 네 분 왕께서 큰 도에 대하여 뜻을 내고 정진하고 자비심으로써 재를 이행하여 부처가 될 때에는 그 모양이 꼭 같을 것이고 여러 가지 모양이 없을 것입니다."

네 왕은 도의 눈을 얻고 기뻐하였습니다.

원수를 은혜로

옛날 부자였던 어떤 거사가 아들 형제를 두고 임종에 즈음하여 큰 아들에게 유언을 하였습니다.

"네 아우는 어려서 아직 아무것도 모른다. 이제 너에게 맡기니 너는 잘 보살펴 추위에 떨거나 굶주리게 하지 마라."

부자는 이별을 슬퍼하며 몸부림쳤으나 아버지는 끝내 유명을 달리하였습니다.

그 뒤 어느 때 아내가 남편에게 말했습니다.

"시동생이 이제 차츰 장성하면 반드시 우리 집을 시끄럽게 할 것입니다. 우리가 가진 물건은 다 나누어야 할 것 아닙니까? 왜 자라기 전에 없애 버리지 않습니까?"

처음에는 듣지 않았으나 아내가 계속 졸라대자 부득이 그 뜻을 따르기로 하였습니다. 어느 날 아우를 데리고 성을 나가 깊은 산 속 무덤이 많은 곳에 이르러, 아우를 잣나무에 붙들어 매었습니다. 차마 제 손으로 죽일 수는 없었고, 호랑이나 악귀가 해치기를 바라면서 아우에게 말했습니다.

"네가 자주 내 말을 듣지 않기 때문에 이렇게 벌을 주는 것이니, 지금까지의 잘못을 생각해 보아라. 내일 아침에 데리러 오겠다."

형은 동생을 두고 가버렸습니다.

잠깐 사이에 해가 지자 솔개 · 독수리 · 여우 · 삵 따위가 와서 으르렁거렸습니다. 아우는 몹시 무서웠지만 달아날 방법이 없었습니다. 오직 하늘을 우러러 절규하면서 호소할 뿐이었습니다. '저는 지금 한량없이 두렵고 곤란한 지경에 처했습니다. 이 세 세상 안에서 어떤 분이든 자비스런 마음을 내셔서 저의 귀의를 받아 주시옵소서.'

그 때에 부처님께서 그가 구원을 간청하는 간절한 마음을 아시고, 앉으신 채로 즉시 삼매에 드셔서 큰 광명을 놓으시니 그 광명의 이름은 '어둠을 없애고 광명을 비추는 삼매' 였고, 무덤 사이를 환하게 비추어 대낮보다 밝게 하셨습니다.

이어 광명을 놓으시니 이름이 '결박을 풀어주는 삼매' 였고, 그 광명이 아이가 있는 곳에 이르자 결박이 늦추어져 몸이 풀려났습니다. 다음에 광명을 놓으시니 이름이 '배부른 삼매' 였고, 그 광명을 받은 아이는 배가 고프지 않았습니다. 부처님께서 그 광명을 따라 그곳에 가셔서 손수 그를 부축하여 앉히고 말씀하셨습니다.

"어디로 가고 싶으냐?"

그는 곧 위없이 바르고 참된 도를 닦겠다는 마음을 내었습니다.

"저는 지금 부처님과 같은 부처가 되어 모든 위험에서 벗어나고자 합니다."

부처님께서는 그를 위하여 여러 가지 바른 도를 말씀하셨습니다. 그는 번뇌가 일어나지 않는 법인法印을 얻고 부처님께 아뢰었습니다.

"저의 형은 비록 나쁜 생각으로써 효도를 하지 않고 저를 해치려 했으나 저는 형을 말미암아 부처님을 뵈옵고 생사의 괴로움을 끊게 되었으니, 그 은혜를 갚으러 가겠습니다."

부처님께서 말씀하셨습니다.

"착하구나. 때를 알고 실행하여라."

그는 곧 신통을 부려 본가로 날아갔습니다. 그 형수는 그를 보고 볼 낯이 없어 머리 숙여 부끄러워했습니다. 그는 곧 형에게 말했습니다.

"비록 나쁜 아내의 말을 듣고, 저를 무덤 사이에 묶어 두었지만 저는 그 인연으로써 지금 도를 얻었으니, 이것은 모두 형님 내외 분의 은혜입니다."

그는 형과 형수를 위해 설법하였고, 그들은 곧 스로타판나가 되었습니다.

복지음을 마다하지 않습니다

옛날 부처님이 계실 때였습니다.

하늘 임금 제석이 자주 내려와 부처님과 제자들에게 공양을 올렸으나 오직 마하카사파만은 그의 공양을 받지 않았습니다. 그 이유는 본래 빈궁한 사람을 제도하려고 그런 사람만을 찾아다니며 걸식을 했기 때문입니다. 제석천왕은 꼭 카사파님께 공양을 올리고 싶어 일부러 신통을 부렸습니다. 그의 왕후와 함께 내려와 보잘 것 없는 집에 사는 노인 부부로 위장하고 있었습니다.

그 때에 마하카사파는 성 안에 들어가 걸식하는 차례에 위장하고 있는 노부부의 집에 이르렀고, 그들 부부는 카사파를 맞이하여 예배하고 빈궁한 처지를 하소연 하면서 좋지 못한 음식이지만 받아 주십사하고 애원하였습니다. 카사파가 승낙하자 부부는 카사파의 바루에 감로를 가득 담고 빛깔이 좋지 않게 보이게 했으나 그 음식은 온갖 맛을 갖추고 있어 입에 대기만 하면 살살 녹는 맛과 향기가 세상에서 가장 뛰어난 음식들이었습니다. 잠깐 사이에 카샤파가 삼매에 들어 노부부가 제석천왕 부부의 변화한 몸임을 알고 그들에게 말하였습니다.

"두 분의 복은 훌륭하고 매우 뛰어나거늘 왜 만족할 줄 모르십니까?"

제석천왕이 대답하였습니다.

"삼보에 심은 복의 갚음은 매우 많아 헤아릴 수 없기 때문에 지혜로운 저는 언제나 풍족한 것을 마다하지 않습니다."

진실 앞에서

옛날 외국의 어느 산에 절이 있었고, 그 절에는 언제나 스님들 백여 분이 수행하고 계셨습니다. 그 절에서 멀지 않는 곳에, 경전을 열심히 공부하는 우파시카가 살았는데 그는 날마다 스님 한 분씩을 초청하여 공양을 올렸습니다. 스님들을 상좌에서 말석末席까지 한 차례 초청하였고, '다시 상좌에서부터 공양청을 올리겠다.' 고 초청 하였습니다. 우파시카는 공양을 올리고 나서 경전의 뜻을 물었기 때문에 스스로 경전 공부가 부족한 스님들은 언제나 공양청을 받고 그 댁에 가는 것을 싫어했습니다. 그 절에 있던 마하로라는 스님은 늦게 스님이 되어 경전을 하나도 몰랐습니다. 차례가 되어 응낙하고 밥을 먹으러 가는 발걸음이 천 근이나 되어 시간이 매우 늦었습니다.

우파시카는 그 스님을 맞이하여 말씀드렸습니다.

"장로님은 연로하시고 걸음걸이가 조용하시므로 반듯이 큰 지혜가 있으리라 짐작합니다."

그 우파시카는 더욱 기뻐하며 좋은 음식으로써 공양을 올리고, 높은 자리를 만들고 스님을 앉게 한 뒤 설법을 간청하였습니다. 스님은 자리에 올랐으나 진실로 아는 것이 없어 자기 처지를 말하였습니다.

"사람이 어리석어 아는 것이 없으면 진실로 괴롭습니다."

우파시카는 생각하였습니다.

'어리석어 아는 것이 없음은 곧 열두 가지 인연의 근본이다. 그 때문에 나고 죽음이 끊어지지 않고 온갖 고뇌가 생긴다. 그러므로 매우 괴롭다고 말씀하는구나.'

이렇게 반복하다가 곧 스로타판나를 증득하였습니다. 우파시카는 문득 좋은 털 담요를 스님에게 드리려고 창고로 갔습니다. 마하로 스님은 '이때다.' 하고 자리에서 내려와 죽을힘을 다해 도망치듯 뛰어 절로 돌아왔습니다. 우파시카가 돌아와 보니 스님이 보이지 않아 집안의 이곳저곳을 둘러보았으나 자취가 없어 마음속으로 '아, 진실로 도가 높아 신통으로 날아가셨구나.'

우파시카는 흰 담요를 가지고 절에 가서 마하로스님을 찾았고, 스님은 가까이 오며 부르는 것이 두려워 방에 들어가 문을 걸어 잠갔습니다.

마하로의 스승은 여섯 가지 신통이 구족하신 분으로 마하로를 좇아오는 이를 보고, 마하로가 무슨 잘못을 저질렀는가 생각하다가 삼매에 들어, 우파시카가 스로타판나가 된 것을 아시고 마하로를 불러 빨리 나와 그 보시를 받게 하고, 사정을 이야기하니, 마하로도 시주를 따라 기뻐하다가 스로타판나가 되었습니다.

향 사를 불은 없었습니다

부처님이 세상에 계실 때였습니다.

어떤 부인이 늦게 외아들을 얻어 키우다가 병이 나서 죽었습니다. 그 여자는 아들의 주검을 묘지에 가져다 놓고 슬픔을 견디지 못하고 생각하였습니다.

'아들 하나를 두어 이 늙은 몸을 의지하려 했는데, 나를 버리고 가버렸으니 나는 어떻게 살아갈까?'

그녀는 아들을 안고 그 곳에서 같이 죽으려고 집에 돌아가지 않은 채로 사오 일을 마시지도 먹지도 않고 버텼습니다.

부처님께서 그 사실을 아시고 오백 비구를 거느리시고 그 묘지에 가셨습니다. 부처님의 위신력으로써 광명이 환하여 사방이 밝은 것을 보고 그 부인은 정신을 차려 부처님 앞에 이르러 예배하고 뒤로 물러나 겨우 몸을 버티고 서있었습니다.

부처님께서 다 아시면서도 물으셨습니다.

"여인아, 이 묘지에서 무엇을 하는가?"

"하나 밖에 없던 아들이 저를 버리고 죽었습니다. 그를 사랑하던 정이 깊어 이곳을 떠날 수 없고 살기가 막막하여 여기서 같이 죽으려 합니다."

"아들을 도로 살리고 싶소?"

사오 일은 굶은 부인의 몸에 강한 힘이 분수처럼 솟구쳤습니다.

"진실로 그러합니다."

"좋은 향불을 얻어 오시오. 내가 축원하여 아들이 다시 살아나게 해 주겠소."

부처님께서 이어 말씀을 덧붙였습니다.

"그런데 사람이 죽었단 말을 듣지 않았던 사람한테서 불을 얻어 와야 아들을 살릴 수 있소."

아들을 살리려는 일념에 부인은 불을 구하기 위해 두루 돌아다니며, 사람을 만나면 먼저 물었습니다.

"지금까지 사람이 죽었다는 말을 들어 본 사실이 없었습니까?"

"뭐요. 사람이 죽었다는 말을 듣지 않다니요."

만나는 사람마다 물어도 대답은 한결 같았습니다. 하루 종일 사람을 만나 물었지만 대답은 꼭 같았습니다. 불을 구할 수 없음을 안 그녀는 부처님께 돌아와 부처님께 아뢰었습니다.

"불을 찾아 두루 돌아다녔으나, 사람이 죽었다는 말을 듣지 않은 사람이 없었나이다. 헛걸음질만 하고 돌아왔습니다."

"천지가 생긴 이래 여태까지 태어나 죽지 않은 사람은 없다. 그러나 태어나 살기를 구하는 것은 기뻐할 만 한 일이다. 그런데 그대는 왜 아들을 따라 죽으려 하는가?

부인은 곧 마음으로 덧없음의 이치를 깨달았습니다.

부처님께서는 그녀를 위해 설법하셨고, 그 설법을 들은 부인은 스로타판나를 증득했고, 그 묘지에서 구경하던 수천 명의 사람들도 다 위없이 바르고 참된 도를 믿는 마음을 내었습니다.

별난 돈 벌이

옛날 라자그리하 성에는 백성들이 많았고, 물자가 풍부하여 잘 살았습니다. 그들은 아홉 등급이 각각 다르게 구획을 정하고 살되 서로 함께 살지 않았습니다. 그 가운데 일억리一億里라는 마을이 있었으니, 일억 이상의 재산이 있는 사람만 모여 사는 마을이었습니다. 다른 등급에 해당하는 어떤 거사가 그 마을에 들어가 살고 싶어서 재산을 모으기 시작했습니다. 몸이 괴로울 만큼 절약해서 쓰고, 여러 가지 방편과 수단을 부려 몇 십 수 년을 고생한 끝에 구천만 원을 모아 아직 일억을 채우지 못했는데, 병이 들어 매우 위독하였습니다. 스스로 죽을 줄 알고, 일여덟 살 되는 아들 하나를 두었을 뿐인 그는 죽음에 다달아 아내에게 유언을 했습니다.

"내 아들이 어른이 되거든 재물을 맡겨 그로 하여금 집안 살림을 불려 일억이 되도록 하고, 반드시 일억 리에 이사 가게 하여, 내가 살았던 때의 소원을 꼭 이루게 해 주시오."

유언을 끝낸 후 바로 죽었습니다. 장례를 치른 뒤, 부인은 아들을 데리고 창고에 들어가 재화를 보이면서 아들에게 말했습니다.

"아버님의 유언이 있었다. 네가 장성하기를 기다려 가업을 경영하게 하되 이 재물이 일억이 되도록하여, 저 일억 리에 가서 살라는 것이었다."

이 말을 들은 아들은 곧 어머니에게 말했습니다.

"어머님 꼭 제가 장성하기를 기다릴 필요가 없습니다. 빨리 저에게 살림을 맡기면 삼 년 이내에 일억리에 가서 살도록 하겠습니다."

어머니는 살림을 곧 아들에게 맡겼고, 살림을 맡자마자 아들은 재물과 보배로써 거룩한 삼보에게 공양을 올리고, 가난한 이들에게 널리 보시하여, 반 년 동안에 재물이 거덜났습니다. 어머니는 걱정하면서 아들이 하는 짓을 걱정하고 괴상하게 여겼습니다. 아들은 얼마 뒤 큰 병이 들어 갑자기 죽었습니다. 그 어머니는 재물이 없어지고 아들이 장성하지도 못하고, 죽은 것이 너무나 안타깝고 슬퍼서 말을 잊었습니다.

일억리 마을에 팔십억을 가진 이가 살았는데 늦게까지 아들을 두지 못했습니다. 그 아이는 열 달 뒤에 그 집의 첫째 부인의 아들로 태어났습니다. 얼굴은 단정하고, 지혜롭고 총명하여 스스로 전생의 일을 알았습니다.

그는 어머니가 안고 젖을 먹여도 젖을 전혀 먹지 않았으며, 유모한테도 꼭 그렇게 했습니다. 그 소문이 성 안에 퍼지자 전생의 어머니가 그 소문을 듣고, 그 집에 가서 사랑스런 마음으로 아기를 보자 아기는 비로소 입을 열고 울면서 젖을 찾았습니다. 장자는 매우 기뻐하며 많은 돈을 주고 아기를 길러 달라고 부탁하였습니다.

장자는 본 부인과 의논하였습니다.

"나의 아들이 누구의 젖도 먹으려 하지 않으나 저 부인이 안으면 기뻐하고, 저 부인의 젖을 잘 먹소. 저 부인을 작은 부인으로 맞이하여 아들을 키우게 하면 어떻겠소?"

본 부인이 허락하자, 곧 정중하게 예의를 갖추어 맞이하되, 따로 집을 짓고 재물을 많이 주어 모자라는 것이 없게 하였습니다.

어느 날 아기가 갑자기 전생의 어머니에게 말하였습니다.

"저를 모르시겠지요?"

부인은 매우 놀라며 말했습니다.

"모르겠구나."

"저는 전생에 바로 어머님의 아들이었습니다. 집안의 재산

구천만 원을 가지고 보시하였기 때문에 지금 어머님과 같이 일억 리에 와서 팔십억 재산의 주인이 되었으니, 제가 재물을 늘리는 방법이 어떻습니까?"

이 말을 들은 어머니는 기쁘기도 하고 슬프기도 하였습니다.

"그 아이가 장성하여 일억리 사람들을 교화시켰는데, 대승大乘의 가르침을 펼쳤기 때문에 그 마을 사람들은 정직하고 안락했으며, 또 많은 재산을 쾌척하여 그 마을에 절을 만들었고, 보시하는 도로써 안정을 시켰으니, 보살이 나의 처소에 들어오는 방법은 이와 같으니라."

세속 일에 뜻이 없다

옛날 외국에 살던 어떤 사람이 야생 뽕나무를 많이 심었습니다. 만일 때가 지나도록 거두지 않으면 빛깔이 좋은 누에고치를 생산할 수 없었습니다. 야생뽕을 거둘 때가 되면 많은 일꾼을 거느리고 새벽부터 밤까지 열심히 일하되 휴식할 겨를이 없었습니다.

주인은 일꾼들이 정성을 다하여 애써서 일함을 보고 좋은 고깃국과 밥을 짓는데 고깃국이 펄펄 끓을 때에 국 냄새가 사방으로 퍼졌습니다. 그 때 늙은 솔개 한 마리가 발톱에 짐승의 똥을 움켜잡고, 국솥 위로 지나다가 그 똥을 국솥에 떨어뜨렸습니다. 조리사가 이것을 보고 곧 건지려 했으나, 바로 풀어져 버렸습니다. 조리사는 생각하였습니다.

'국을 다시 끓이자니 시간이 모자라고, 사람들에게 먹이자니 국이 깨끗하지 못하다. 이 적은 똥이 전체 국의 맛을 못 먹을 정도로 바꾸지는 않았을 것이니 사람들이 먹을 수 있을 것이다. 그러나 나는 결코 먹지 않을 것이다.'

일꾼들이 모두 식탁에 앉자 그는 밥과 국을 분배했고 사람들은 먹었지만 요리사는 배가 고프면서도 국을 끝까지 먹지 않았습니다. 사람들은 요리사를 불러 좋은 고기를 골라, 요리사에게 권하였습니다. 요리사는 국이 깨끗하지 아니한 것을 알았으나 사람들이 국을 싫어할까 걱정하며 억지로 고기를 먹으면서도 고기를 맛나다는 생각을 하지 않았습니다.

부처님께서는 이것을 비유로 끌어와 말씀하셨습니다.

"세 세계의 중생들이 아름다운 색의 탐욕에서 벗어나려 하나 더러움을 보지 못하기 때문에 계속 홀려 빠지는 것은 마치 굶주린 사람이 그 맛난 국을 먹는 것과 같고, 큰 보살이 나고 죽음에 들어가 일부러 경계를 받아들이는 것처럼 보이지만 그러나 깨끗하지 않고 맛나지 않으며 즐겁지 않음을 죄다 아는 것은 마치 그 요리사가 억지로 그 고기를 먹고 삼키나 맛나지 않다고 생각하는 것과 같으니라."

아난다의 여난

옛날에 아난다가 성에 들어가 걸식할 때, 벌레를 부려 남을 해치는 주술을 하는 집안의 딸이 집 밖의 우물에서 물을 긷다가, 아난다의 단정하고 잘난 모습을 보고 첫눈에 홀딱 반해 집에 돌아가 주술을 하는 그녀의 어머니에게 말했습니다.

"집 밖에 고타마의 제자가 있는데 저를 위해 그를 집으로 유혹해 주십시오."

그 어머니는 곧 그가 받드는 귀신을 불러 그들로 하여금 아난다를 유혹하게 하니 아난다는 저도 모르게 홀연히 그 집에 이르렀습니다. 때에 벌레를 부려 남을 해치는 여자가 아난다에게 말했습니다.

"지금 나의 딸을 그대에게 줄 테니 다시는 절로 가지 마시오."

아난다는 단호하게 말했습니다.

"나는 그 말에 따를 수 없소."

벌레를 부려 남을 해치는 여자는 불구덩이 하나를 만들어

놓고 아난다에게 말하였습니다.

"딴 말 마시오. 이 불구덩이에 들어가 타 죽겠소? 아니면 내 딸과 부부가 되겠소?"

아난다는 두려운 마음 하나뿐이었습니다. 그 때에 부처님께서 손을 펴서서 흔들며 아난다의 머리를 만지시니, 벌레를 부려 남을 해치는 집에 있던 귀신들이 부처님의 손이 공중에서 오는데 위신력이 헤아릴 수 없음을 보고, 죄다 빨리 도망가다가 실수로 벌레를 부려 남을 해치는 여자와 부딪혀 여자를 불구덩이에 떨어뜨렸습니다. 그 여자는 몸에 심한 화상을 입었으나 가까스로 불구덩이에서 나와 죽음을 면했습니다. 아난다는 곧 부처님의 처소에 돌아왔습니다. 훗날 벌레를 부려 남을 해치는 여자가 귀신을 불러서 심하게 꾸짖었습니다.

"그대들은 고타마의 제자를 유혹하라 했는데, 그렇게 하지도 못하고 무슨 이유로 나를 밀쳐 불구덩이에 떨어뜨렸는가?"

"우리들은 옛날 파피야스와 도합 팔십억 무리로 패다라 나무 아래 나아가 보살의 수행을 파괴하려 했으나, 보살이 손으로써 땅을 가르켰소. 그 손은 곱고 길며 명주와 같이 부드러웠고, 손바닥에는 천 폭의 바퀴무늬가 가득하여 위엄과 신령함이 한량없었소. 팔십억 무리들은 죄다 엎어지고 꺼꾸러지더니 나뭇잎처럼 떨어져 얼굴빛이 변했소. 그 손을 그저께 다시 펼쳐오니 우리들은 진실로 두려웠소. 이러한 까닭으로써 도망가느라 여기에 머물지 못했소. 우리들 귀신 스스로에게 언제나 통용되는 행동이 있소. 만약 사람을 해치려 다니다가 해치지 못하면 스스로 해침을 당합니다. 이러한 사실은 오래전부터 익히 알 터인데, 어찌 우리들을 꾸짖고 책망하시오."

벌레를 부려 남을 해치는 여자는 비로소 부처님의 거룩하심을 알고, 즉시에 삼보에 스스로 귀의하더니, 곧 스로타판나의 도道를 얻었습니다.

거품산

옛날 바닷가에 숲이 몇 십리 되는 곳에 원숭이 오백 여 마리가 살고 있었습니다. 그 때 바다 가운데 높이가 수십 길이요 모양이 설산과 같은 거품 뭉텅이가 조수를 따라 원숭이가 사는 바닷가로 밀려왔고, 모든 원숭이들은 저희들끼리 말했습니다.

"우리들이 저 산위에 올라가 사방으로 뛰어 다니며 논다면 얼마나 즐거울까?"

한 마리 원숭이가 갑자기 꼭대기에 올라갔다가 물 밑으로 빠졌습니다. 여러 원숭이가 그것을 보고 오래도록 나오지 않자 '거품산 중에 쾌락이 한량없는가 보다. 그래서 나오지 않는구나.' 라고 생각하였습니다. 이렇게 생각한 원숭이들 모두가 다투어 거품산에 뛰어들어 한꺼번에 죽었습니다.

부처님께서 이것을 비유로 들어 말씀하셨습니다.

"바다는 나고 죽음의 바다고, 거품산은 다섯 가지가 쌓인 몸이고, 원숭이는 사람들의 잘못된 마음識神이다. 다섯 가지 쌓임이 없다는 사실을 모르고 애욕으로써 어리석은 이는 이것을 따라 나고 죽음의 바다에 빠져 헤어날 길이 없느니라. 그렇기 때문에 유마힐 거사도 '이 몸은 물거품과 같은 데도 깨끗하다며 억지로 견딘다.' 고 말했느니라."

다 드렸습니다

옛날 수닷다 장자는 일곱 번이나 가난함을 당하였습니다. 최후의 가난은 지극히 심하여 한 푼도 없었습니다. 쓰레기 더미에서 사용하던 말斗하나를 찾았는데 알고 보니 전단 나무로써 만든 것이었습니다. 이것을 시장에 내다 팔아 쌀 네 되를 사서 집에 돌아온 장자는 부인에게 말했습니다.

"불을 지펴 쌀 한 되로 밥을 지으시오. 나는 반드시 채소를 구하여 돌아오겠소."

그 때에 부처님께서 생각하셨습니다.

'수닷다를 반드시 제도하되 그로 하여금 행복한 생활을 하게 해야겠다.'

막 밥이 되자 사리푸트라가 그곳에 이르렀습니다. 부인이 보고 기뻐하며 쌀 한 되의 밥을 바루 안에 담아드렸습니다. 다시 쌀 한 되를 안쳐 밥이 다 되자 마우드갈야야나가 이르렀습니다. 부인이 또 기뻐하며 그 밥 전부를 드렸습니다. 다시 한 되 쌀을 안쳐 밥이 되자 이번에는 마하카샤파가 이르렀습니다. 부인은 또 기뻐하며 그에게 밥을 다 드렸습니다. 그러나 아직 한 되의 쌀이 있어 그것으로써 다시 밥을 안쳐 밥이 다 되었을 때 이번에는 부처님께서 이르셨습니다. 부인은 곰곰이 생각했습니다.

'근래에 양식이 없자 오시는 분이 없더니 오늘 쌀이 생기자 여래께서 직접 오시기까지 하셨으니, 죄업이 다 없어지고 장차 복이 생기려 하는 것인가.'

한 되 쌀로써 지은 밥 전부를 부처님께 올리니 부처님께서 축원하셨습니다.

"업연이 다 없어졌으니, 오늘부터 복이 오기 시작할 것이오."

수닷다가 돌아와서 부인을 찾자, 부인은 그가 성낼 것이 두려워 딴청을 피웠습니다.

"만일 부처님과 사리푸트라 · 마우드갈야야나 · 마하가샤파 스님들이 오셔서 모두 밥을 비신다면 집에 있는 쌀로 지은 밥을 반드시 드려야 할까요? 그렇게 하지 말아야 할까요?"

수닷다 장자가 말했습니다.

"당연히 다 드려야지요. 복밭은 만나기 어렵소. 만약 그 분들이 오신다면 우연일 것입니다."

"아까 네 되의 쌀로 네 번 밥을 지어 네 번을 다 드렸습니다."

부부가 크게 기뻐하고 솥에 붙은 밥풀에 물을 부어 숭늉을 만들어 함께 마셨습니다.

조금 뒤 집안에 윤기를 느낀 부부가 이 방 저 방, 빈 방을 둘러보니 보배와 곡식과 베와 비단이 저절로 광마다 가득하여, 옛날과 같이 부유해졌습니다. 수닷다는 기뻐 날뛰며 부처님께서 불쌍히 여기신 것을 알고, 다시 부처님과 스님들을 초청하여 계속 공양을 올렸고, 부처님께서 그들을 위하여 설법하시자 모두 도의 자취를 얻었습니다.

포도주 독의 주인공

옛날에 어떤 장자의 아들이 새로 아내를 맞이하여 매우 서로 사랑하고 공경하였습니다.

어느 때에 남편이 아내에게 말했습니다.

"여보, 주방에 가서 포도주를 가져오시오. 함께 마십시다."

아내가 주방에 가서 술독 뚜껑을 여니 저절로 몸 그림자가 술에 비쳤습니다. 이것을 보고 문득 '어떤 여인이 술독 안에 숨어 있구나.' 라고 생각한 아내가 크게 성내며 돌아가 남편에게 말했습니다.

"당신은 남 몰래 술독 안에 여자를 감추어 두고, 왜 나를 맞아들였소."

남편은 직접 보려고 주방에 들어가 술독 안에 비친 자기의 그림자를 보고, 그 아내에게 되려 남자를 술독 안에 감춰 두었다고 화를 내었습니다. 부부가 서로 화를 내면서 자기의 말이 진실이라고 우겼습니다. 그 때 남편과 어릴 때부터 친한 친구였던 수도자가 그 집 앞을 지나다가 부부가 서로 싸우는 것을 보고 그 사연을 물었습니다. 그 수도자가 주방에 가서 술독 뚜껑을 열고 술독 안에 비친 자신의 그림자를 보고 친구에게 화를 내면서 '스스로 술독에 친구를 감추어 두고 일부러 함께 싸운다.' 고 하면서 곧 가버렸습니다.

다시 평소에 장자 집안이 받들던 비구니 스님 한 분이 부부가 '이와 같이 서로 싸운다.' 는 소문을 듣고 즉시 가서 술독 안에 비구니 스님이 있는 것을 보고 또한 야단을 치고 가버렸습니다. 잠시 뒤에 어떤 스님이 가서 그것을 보고 그것은 단지 그림자임을 알고 탄식하며 말했습니다.

"세상 사람들은 어리석고 헷갈려 그림자를 잘 못 알고 진실이라 말하는구나."

곧 부부를 불러 주방에 들어가 함께 그림자를 보게 하고 말했습니다.

"내가 그대들을 위하여 술독 가운데 사람을 나오게 해주겠소."

곧 약간 큰 돌멩이 하나를 주워 술독을 깨뜨려 버리니 거기에는 아무도 없었습니다. 부부는 마음의 오해가 풀리고 정확히 자신들의 그림자였음을 알고 각기 부끄러워했습니다. 스님이 그들을 위하여 여러 가지 중요한 법을 말하니 부부가 함께 물러나지 않는 법을 얻었습니다. 부처님께서 이것을 비유로 들어 말씀하셨습니다.

"그림자를 보고 싸운 것은 삼계에 사는 사람들이 다섯 가지 쌓임과 네 가지 요소가 괴롭고 공한 몸이며, 탐욕 · 성냄 · 어리석음과 나고 죽음이 끊어지지 않는 것을 모르는데 비유한 것이니라."

부처님께서 이 법을 말씀하셨을 때, 헤아릴 수 없는 사람들이 '몸이 없다.'는 결정적인 진리를 체득하였습니다.

제 몫을 드리겠습니다

부처님께서 세상에 계실 때 대부호가 있었는데 식구는 여섯이고 하인들과 금 · 은 · 보배가 헤아릴 수 없이 많았습니다.

부처님께서 아난다와 함께 밥을 비시다가 지나간 때의 인연 때문에 그 집의 문 앞에 이르셨습니다. 부모와 아들과 며느리와 손자들이 기뻐하면서 부처님을 초청하여 자리에 앉으시게 했습니다. 방 안에는 털담요를 깔았고 보시하는 음식 그릇은 죄다 금 · 은 · 유리였습니다.

아난다가 꿇어 앉아 부처님께 말씀드렸습니다.

"이 사람은 어떠한 공덕이 있기에 이렇게 큰 부자가 되었습니까?"

"이 사람은 지난 세상에 집안이 빈궁하였는데 흉년으로 굶주린 때를 만났다. 가뭄에 풀과 나무가 말라 버리자 물가에 나가 물풀을 캐어 먹으면서 생명을 유지하고 있었다.

풀국이 막 끓을 때, 문 밖에 어떤 스님이 밥을 빌러왔다. 부모가 나가 스님이 밥을 비는 것을 보고 집 안에 들어가 '우리

몫을 스님께 드려라.' 고 했습니다. 아들과 손자들이 각각 저들의 몫으로써 부모님께 나누어 드려 부모를 굶게 하지 않았다. 여섯 식구가 한 때에 각기 한 분의 스님께 공양을 올리기로 발원했으나, 집이 가난하여 스님에게 올릴 음식이 없는 것을 한탄하였다. 이것을 인연한 그 복으로써 하늘에 태어났고, 사람으로 태어나도 언제나 건강했으며 재물이 풍부했고, 또 꼭 같이 발원했기 때문에 세상에 날 적마다 한 식구로 태어났고, 지금도 인연이 지극하여 서로 만났느니라."

부모와 아들과 손자들은 한꺼번에 다섯 가지 계율을 받고 행복하게 살다가 목숨을 마치고는 곧 하늘에 태어나 받는 복이 헤아릴 수 없었습니다.

한 푼의 보시 공덕

옛날에 세 사람이 나무를 팔며 가난하게 살고 있었습니다. 어느 사월 초파일, 많은 스님들이 절에서 불상을 목욕시켰습니다. 고타마 부처님은 그 절에서 유나 일을 하고 계셨습니다. 그들 세 사람이 그 절 앞을 지나 가다가 '오늘 부처님을 목욕 시킨다.'는 말을 듣고, 곧 들어가서 그 광경을 보고 세 사람은 똑같이 한 푼씩을 부처님 앞에 놓고 함께 뜻을 내고 마음으로 소원하는 것을 차례차례 빌었습니다.

"저로 하여금 뒷세상에는 재산이 넉넉하게 해주시고, 다시는 이 지긋지긋한 가난과 만나지 않도록 죽으면 대부호의 집에 나서, 오직 한 아들을 두되 성장하면 부처님 제자가 되고, 항상 하늘나라나 인간 세상에 태어나게 해 주십시오."

"저로 하여금 스승이 될 줄 알게 하셔서, 병을 고쳐주고 많은 물건을 얻고, 죽으면 의원의 집에 태어나 진찰을 잘하고, 처방을 잘하여 고치지 못하는 병이 없고, 또한 다시 태어나면 반드시 하늘 세계나 인간 세계에 태어나 항상 큰 부자로서 즐거움을 누리게 하여 주소서."

"저로 하여금 뒷세상에 나면 오래살고 명이 짧음이 없게 하시며 뒤에는 스물네 번째 물질이 끝나는 하늘에 태어나 수명이 육십 겁이 되게 하여 주소서."

부처님께서 말씀하셨습니다.

"그들 세 사람은 각기 한 가지 소원씩 지녔기 때문에 세세생생에 얻은 복이 헤아릴 수 없었다. 이 세 사람은 모두 내 제자가 되어 아라한 도를 얻었느니라."

어울리지 마라

세상 사람들이 바다에 들어가 보배를 캘 때에 일곱 가지 어려움이 있습니다. 첫째 사방에서 큰 바람이 불되 동시에 일어나 배를 뒤엎고, 둘째 배바닥이 파괴되어 물이 새고, 셋째 사람이 물에 빠져 죽어서 육지로 밀려나며, 넷째 용 두 마리가 언덕에 올라와 뱃사람들을 잡아먹으려 하며, 다섯째 평지에 도착하면 세 가지 독의 뱀이 집어 삼키려고 하며, 여섯째 뜨거운 모래가 깔려 그 위를 걸을 수밖에 없는데 사람의 발과 다리가 데이며, 일곱째 하늘을 봐도 해와 달이 없어 항상 어둡기 때문에 동쪽 서쪽을 구분하지 못하는 것 등이니 이것을 면하기가 매우 어렵습니다.

부처님께서 여러 제자들에게 말씀하셨습니다.

"너희들에게도 또 일곱 가지 일이 있다. 첫째 사방에서 큰 바람이 일어나나니, 나고 늙고 병들고 죽음을 말하며, 둘째 여섯 가지 마음情이 받는 바가 한량이 없나니, 배가 새는 데 비유되며, 셋째 물에 떨어져 죽게 된다는 것은 마구니에게 홀림을 말하며, 넷째 두 마리 용이 언덕에 올라와 사람을 먹는다는 것은 해와 달이 수명을 먹는 것을 말하며, 다섯째 평지에서 삼독의 독사라는 것은 사람 몸속의 탐 · 진 · 치를 말하며, 여섯째 뜨거운 모래로써 그 다리를 익게 한다는 것은 지옥 가운데의 불을 말하며, 일곱째 하늘을 쳐다봐도 해와 달을 보지 못한다는 것은 죄를 받는 곳이 구석지고 어두워 벗어날 기약이 없음을 말하는 것이다."

부처님께서 계속 제자들에게 말씀하셨습니다.

"반드시 이 말의 뜻을 알고, 이것과는 어울리지 말고 부지런히 이 일곱 가지 일로써 공부하면 해탈을 얻을 수 있느니라."

잡비유경

比丘 道略 編集

몽산(夢山) 관일(觀一) 한글 번역

보리심을 낸 공덕

옛날 작리사雀離寺에 장로長老비구가 있었는데 아라한도를 증득한 스님이었습니다. 한 사미를 데리고 산에서 성 안으로 들어가며 가사와 발우가 크고 무거워 사미로 하여금 지고 뒤따라 오게 하였습니다. 길을 가던 중에 사미는 문득 이런 생각을 했습니다.

'사람이 세상에 살다보면 고통을 받지 아니 할 수 없다. 이 고통을 면하려면 어떠한 도를 닦는 것이 마땅할까?'

덧붙여 이런 생각을 하였습니다.

'부처님께서는 항상 보살이 훌륭하다고 찬탄하셨다. 나도 지금 보리심을 내어야 하겠다.'

이러한 생각을 하자, 그 아라한 스님이 곧 남의 마음을 아는 신통력으로써, 사미가 생각하는 것을 알고 사미에게 말씀하셨습니다.

"그 가사와 바루를 나에게 다오."

사미는 가사와 바루를 스승에게 드렸습니다. 스승이 사미에게 말씀하였습니다.

"너는 나보다 앞서 가거라."

사미는 앞서 가면서 다시 이런 생각을 했습니다.

'보살의 길은 매우 원대하고 고통스럽다. 머리를 달라면 머리를 주고 눈을 달라면 눈을 주어야 한다. 이러한 일은 지극히 어려워 내가 감당할 수 있는 일이 아니다. 차라리 일찍 아라한이 되어 빨리 괴로움을 여의는 것이 낫겠다.'

아라한 스님은 사미가 생각하는 바를 아시고, 사미에게 말했습니다.

"너는 가사와 바루를 들고 내 뒤에 따라오너라."

이렇게 세 번이나 되풀이 하였습니다. 사미는 놀라고 이상히 여기면서 무슨 뜻인지 몰라, 스승님 앞에 나아가 합장하고 스승에게 그렇게 하신 뜻을 여쭈었습니다.

스승이 말씀하셨습니다.

"네가 보살의 길을 걷겠다고 세 번 생각했기 때문에 나는 세 번 너를 앞세웠고, 가사와 바루를 내가 짊어졌으며, 네가 보살의 길 걷기를 세 번 포기했기 때문에 나는 세 번 너를 뒤에 세웠고, 가사와 바루를 네가 짊어지게 하였다. 그 이유는 한 사람이 보살의 길을 걷겠다고 마음먹는 공덕이 삼천대천

세계에 가득 찬 사람이 아라한 과를 증득한 공덕보다 뛰어나
기 때문이니라."

사바세계의 꽃

옛날에 어떤 전륜성왕은 아들 구백구십구 명을 낳아 모두 잘 키웠고, 얼굴이 단정하여 빼어나게 아름다웠으며, 총명하고 지혜로운 데다 또 힘이 세었습니다.

어떤 아들은 스물여덟 가지 잘생긴 모습이었고, 또 어떤 아들은 서른 가지 잘생긴 모습을 지녔고, 또 어떤 아들은 서른한 가지 잘생긴 모습을 갖추었습니다. 제일 끝 아들이 처음 어머니의 태 안에 있을 때, 큰 힘을 지닌 여덟 무리 귀신들은 음악을 연주하고 노래를 부르며 어머니를 호위하였습니다. 전륜성왕도 시종들에게 명령하여 잘 보살피고 갖가지로 돌보되 보통 때보다 서너 배나 더 공급하여 시종 들게 했습니다.

그 때에 어떤 신하가 왕에게 아뢰었습니다.

"먼저 태어난 여러 왕자들이 이제 모두 성장하여, 지혜롭고 총명하며 용모가 단정하고 용맹하여 신망이 두터운데 대왕께서는 평소에 기뻐하신 적이 없었는데, 지금 태중에 있는 왕자가 어떤 기이하고 특별한 일이 있어 공급함이 앞에서와 다르십니까?"

"나의 장성한 아들들은 비록 재주와 아름다움이 남들보다 뛰어나지만 큰 지위에 오를 만한 능력이 없고, 막내 아들은 자라면 반드시 큰 지위를 이을 만한 능력이 있을 것이다."

그 때의 성왕은 부처님에 비유함이고, 여러 큰 아들은 이승二乘(성문, 연각)에 비유함이며, 끝의 아들은 보살에 비유함입니다.

이것은 보살이 비록 번뇌에 섞여 있어도 큰 뜻을 내었기 때문에 여러 부처님의 사랑을 받고 하늘 사람과 용과 귀신들이 모두 앙모하고 공경함을 말한 것입니다.

복과 지혜를 같이

옛날 카샤파 부처님 때에 형제가 출가하여 사문이 되었습니다. 형은 계율을 지키고 좌선하기를 좋아하여 전심전력으로써 도를 성취하려고 애썼으나 보시하기를 좋아하지 않았고, 아우는 보시하기를 좋아하여 복덕을 닦는 일에는 적극적이었으나 계율을 지키는 것을 탐탁지 않게 여겼습니다.

석가모니 부처님께서 세상에 나오시자, 그 형은 부처님을 만나 출가하여 곧 아라한이 되었습니다. 그러나 (다른 아라한은 그렇지 않는데) 혼자 박복하여 옷과 밥이 불충분하여 걱정했습니다. 같은 아라한과 돌아다니며 걸식하였으나 언제나 그는 배불리 먹지 못하고 절로 돌아왔습니다.

아우는 코끼리로 태어나 힘이 세어 적군을 잘 물리쳤기 때문에 왕의 사랑을 받았습니다. 그래서 왕은 좋은 금·은·보배로써 안장을 만들고 수백 호나 되는 고을邑을 떼어주어 필요에 따라 무엇이나 공급하도록 하였습니다. 그 때에 흉년이 들어 형은 걸식을 했으나 오랫동안 아무것도 얻지 못하던 끝에 형편없는 음식을 조금 얻어 겨우 목숨을 부지하였습니다. 그 때 코끼리를 만나 그 코끼리와 전생에 형제였던 것을 알고, 곧 코끼리 곁에 다가가 손으로 코끼리 귀를 잡고 말했습니다.

"나는 너와 함께 허물이 있었다."

코끼리는 비구의 말을 생각하다가, 스스로 전생을 아는 신통을 얻어 전생의 인연을 알고, 곧 근심에 잠겨 다시는 아무것도 먹지 않았습니다. 코끼리를 맡은 사육사는 걱정하며 곧 임금에게 가서 말했습니다.

"대왕이시여, 코끼리가 아무 것도 먹지 않는데, 그 이유를 모르겠습니다."

왕이 사육사에게 물었습니다.

"혹 어떤 사람이 코끼리를 건드린 사람이 있느냐?"

"다른 사람은 없었고, 어떤 비구스님 한 분이 코끼리 곁에 잠깐 섰다가 가는 것을 보았습니다."

왕은 사방으로 사람을 보내어 그 스님을 찾게 하였습니다. 어떤 사람이 숲속에서 그를 발견하여 왕 앞으로 모시고 갔습니다.

"스님 저의 코끼리에게 특별히 하신 말씀이 있습니까?"

"여러 말을 하지 않고 단지 '나는 너와 함께 허물이 있을 때름이다.'라고 말했을 뿐입니다."

그리고 스님은 왕에게 코끼리와 전생 인연을 자세히 설명하였습니다. 왕은 그 사정을 충분히 이해하고 스님을 본래 거처하던 곳으로 돌려보냈습니다.

겁을 안 채워도

옛날에 어떤 바이올린 연주자가 바이올린을 연주하며, 어떤 장자의 집에 가서 소를 빌리려 하였습니다. 그러나 장자는 끝까지 빌려 줄 마음이 없어 그에게 말했습니다.

"네가 밤낮을 쉬지 않고 일 년 동안 그렇게 연주한다면 너에게 소를 아예 주겠다."

"저는 할 수 있습니다."

그리고 장자에게 말했습니다.

"저는 일 년 동안 바이올린을 연주하겠습니다. 장자님은 일 년 동안 들을 수 있겠습니까?"

"들을 수 있다."

이에 연주자는 그 말을 듣고 기뻐하며, 한결 같은 마음으로 연주하되 사흘 밤낮을 쉬지 않았습니다. 장자는 싫증이 나서 아들을 시켜 소를 끌고 가 그에게 주도록 하였습니다. 이 비유는 도를 공부하고 복을 지으려는 사람은 겁劫의 수를 생각하지 말고, 정진을 더욱 열심히 하면 그 겁의 수가 단축되어,

꼭 그 겁의 수를 다 지내지 않아도 도를 이룰 수 있다는 사실을 말한 것입니다.

세력에 빌붙지 마라

옛날 어떤 비구가 비구들에게 배척을 당하고 눈물을 흘리면서 길을 가다가 길에서 어떤 귀신을 만났습니다. 그 귀신도 규칙을 어겨 바이슈라마나 천왕에게 쫓겨난 상황이었습니다. 그 때에 귀신이 비구에게 말했습니다.

"스님은 무슨 일로 울며 갑니까?"

"나는 교단의 법을 깨뜨려 배척을 당했기 때문에 모든 시주들의 공양을 잃고, 또 나쁜 이름이 사방에 퍼져 울면서 탄식합니다."

귀신은 비구에게 말했습니다.

"저는 스님의 나쁜 이름을 없애고, 많은 공양을 받도록 하겠습니다. 스님은 저의 왼쪽 어깨에 올라타십시오. 제가 스님을 메고 가면 사람들은 스님만 보고 저를 보지 못할 것입니다. 만일 스님이 많은 공양을 얻으면 저에게도 주셔야 합니다."

귀신은 곧 비구를 메고 먼저 배척을 당했던 마을의 허공을 날아다녔습니다. 이것을 본 마을 사람들은 모두 놀라고 이상히 여겨 '도를 얻었다.' 라고 생각하고 저희끼리 말했습니다.

"스님들이 이유 없이 도를 얻은 스님을 배척하여 억울하게 만들었구나."

그들은 곧 절에 가서 스님들을 꾸짖고, 그 비구를 맞이하여 절에서 살도록 하였습니다.

그는 많은 공양을 얻었습니다. 그는 얻은 옷과 밥과 물건들을 귀신에게 약속대로 공급하였습니다. 어느 날 귀신은 스님을 메고 공중을 배회하다가 바로 바이슈라마나 천왕을 만났습니다. 귀신은 자기에게 벌 준 이를 보고 매우 놀라고 두려워 비구를 내어 버리고 힘껏 내달렸습니다. 비구는 땅에 떨어져 온 몸이 부서져 죽었습니다.

이 비유는 수행하는 사람은 마땅히 수행할 것은 스스로 해야 하고, 어떤 큰 세력을 믿고 의지하지 말아야 한다는 것인데, 만일 그렇게 하면 하루아침에 넘어지고 엎어짐이 저 비구와 같다는 것입니다.

믿지 않을까 봐

옛날 마우드갈야야나가 그 제자들과 함께 그리드라쿠타 산에서 내려와 라자그리하 성에 가서 걸식하였습니다. 그가 도중에 허공을 쳐다보고 빙그레 웃자 제자들이 물었습니다.

"스승님, 왜 웃으십니까?"

"그대들이 알고 싶으면 부처님께서 계신 곳에 돌아가 다시 물으라."

걸식을 끝내고 부처님 계신 곳에 돌아간 그의 제자들은 다시 아까 웃었던 이유를 물었습니다.

"나는 허공에 있는 어떤 귀신을 보았는데, 몸은 매우 크고 얼굴은 추악하였다. 뜨거운 쇠탄자 일곱 개가 그의 입으로 들어가면 바로 위와 창자를 통해 항문으로 나오고, 나와서는 다시 입으로 들어갔다. 온 몸이 불에 타 고통스러워 나뒹굴며 쓰러졌다가 일어나고, 일어났다가는 다시 쓰러졌다. 그것을 보고 웃었느니라. 이것은 나만 본 것이 아니라 부처님께서도 보셨다."

"어떤 인연으로써 그와 같은 고통을 받습니까?"

"그대들은 그것을 부처님께 여쭤라.'

제자들은 곧 부처님께 그 인연을 물었습니다.

"그 아귀는 전생에 사미였다. 세상에 큰 흉년이 들어 그 절의 스님들은 콩만 먹고 살았다. 사미는 여러 스님들을 위해 진지를 돌리면서, 그의 스승에게 콩 일곱 개를 다른 스님보다 더 줬다. 그 업보로써 아귀의 몸을 받아 그처럼 고통스러워하는 것이니라."

부처님께서 계속 말씀하셨습니다.

"나는 늘 보지만 말하지 않았던 것은 사람들이 내 말을 믿지 않아 아주 큰 죄를 받을까 걱정했기 때문이니라."

이 비유는 부처님께서 반야를 설명하실 때, 그것을 믿지 않고 비방하면 그 죄는 다섯 가지 죄보다 무겁고 지옥의 가혹한 고통을 받는다는 것을 말한 것입니다.

대승경전을 비방해도 큰 이익을 얻는다

과거 한량없는 티끌 수 같은 겁 전에 희근喜根이라는 보살이 대중 앞에서 대승법大乘法을 강의하였습니다. 그 때에 문수사리는 범부로서 집을 떠나 도를 닦되, 오로지 고행하면서 열두 가지 두타를 실행하여 그 복은 매우 뛰어났습니다. 마침 강의하는 때를 만나 그 곳을 지나가면서 그 설법을 들었습니다. 희근보살은 실상實相법을 강의하되 '음욕과 성냄과 어리석음은 도와 다르지 않아 그것이 곧 도요 바로 열반이다.'라고 말하였습니다. 그 때에 문수사리는 그 법을 들었으나 믿지 않고, 그를 버리고 희근의 제자 집으로 가서 그들을 위해 나쁜 이슬의 법 더러운 법을 설명하자, 희근의 제자들은 곧 힐난하였습니다.

"아무것도 없는 것이 법의 진실이다. 모든 법은 다 공空했는데, 어떻게 깨끗하고 깨끗하지 못한 것이 있겠는가?"

두타하는 비구는 대답이 없었으나 미워하는 마음을 품어 드디어 분함이 맺혔습니다. 그 때에 희근의 제자는 70 연聯의 시로써 실상법을 찬탄하였습니다. 두타 비구는 한 연을 들을 때마다 성내는 마음이 한 번씩 더하여 70 연聯의 시를 끝내자 70번의 성냄이 더하였습니다. 시를 끝내자 땅이 곧 찢어져 무택無擇 지옥이 모두 나타났습니다. 두타 비구는 그 속에 떨어져 한량없는 겁을 지내고 죄가 끝난 뒤에 나왔습니다. 이것으로써 묘한 법을 믿지 않는 그 죄가 무거운 것을 처음으로 알았습니다. 그 뒤 비구가 되어 알뜰히 공부하여 큰 지혜를 얻어 공空을 제일 잘 아는 이가 되었습니다.

이 비유는 부처님께서 반야를 설법하실 때 그것을 믿지 않고 비방함으로써, 지금은 비록 손해가 있으나 뒤에는 큰 이익이 있음을 밝힌 것입니다.

피장파장

옛날 북인도에 어떤 조각가가 있었습니다. 그는 아주 교묘하게 나무로써 여자를 만들었는데 아름답기가 짝할 사람이 없었고, 옷을 입히니 세상 여자와 다름이 없었으며, 오고 가고 또 술도 따를 줄 알았지만 말은 하지 못하였습니다.

그 때 남인도에 어떤 화가가 있었는데 그는 그림을 매우 잘 그렸습니다.

이 소문을 들은 조각가는 좋은 음식을 준비하고 그 화가를 초청하였습니다. 화가가 그의 집에 도착하자, 그는 나무 여자를 시켜 술을 따르고 음식을 나르고 시중들게 하며 하루 낮을 지냈습니다. 화가는 나무 여자를 사람인줄 알고 욕심을 일으키며 엉큼한 생각을 했습니다. 날이 저물자 조각가는 잠자리로 들어가면서 화가를 쉬라고 하고 나무 여자를 그의 곁에서 모시도록 하며, 손님에게 말했습니다.

"일부러 이 여자를 여기 두니 데리고 주무십시오."

주인이 들어간 뒤에 나무 여자는 등불 곁에 서있었습니다.

손님이 그를 불렀으나 그 여자가 응답하지 않으니, 손님은 여자가 수줍기 때문에 가까이 오지 않는다고 생각했고, 다가가 손으로 직접 붙잡아 당기다가 비로소 그것이 나무로 만든 여자인 것을 알고 몹시 창피해 하였고, 또 주인이 자기를 속인 것에 대하여 '주인이 나를 속였으니 나도 같이 속여야 하겠다.'라고 생각했습니다. 화가는 벽에 자기가 목을 매어 죽은 형상을 그렸고, 그 죽은 모습의 입에 파리가 잉잉대고 새가 파리를 쫓아 입을 쪼는 것처럼 그렸습니다. 그리고 자기는 침상에 들어가 있었습니다. 이윽고 날이 밝자 주인은 문이 아직 열리지 않는 것을 보고, 방 안을 살피다가 화가가 나무에 목매어 죽은 것을 보고, 대경실색하면서 문을 부수고 뛰어 들어가 노끈을 끊으려 했습니다. 그 때에 화가가 침대에서 나오자 조각가는 매우 부끄러워했습니다.

화가가 그에게 말했습니다.

"당신이 나를 속였으니 나도 당신을 속인 것이요. 손님과 주인의 정의는 저버리지 않았습니다."

그들은 서로 말했습니다.

"세상 사람들이 서로 속이고 호리는 것이 이것과 무엇이 다르겠소."

그 때 그들 두 사람은 속이고 호림의 진실을 알고 각각 사랑하는 가족과 친척을 버리고 집을 나와 도를 닦았습니다.

왕을 수발한 비구니 스님

카샤파의 아버지는 이름을 냐그로다라 하는데 마가다 사람이고 바라문 종족이었습니다. 그는 전생의 복덕으로써 세상에 큰 부잣집에 태어났고, 진귀한 보물은 온 나라에서 으뜸으로 국왕의 재물보다 훨씬 많았습니다. 그러나 그들 부부에게는 일점 혈육이 없었으니 세월이 갈수록 고독하였습니다.

그의 집 근처에 나무 신神이 있었습니다. 부부는 아들을 얻으려고 삼 년 동안 제사를 지내되, 해마다 거르지 않고 아들 낳기를 빌었으나 아무런 소식이 없었습니다. 그는 드디어 화를 내며 나무 신에게 말하였습니다.

"나는 다시 정성을 다해 섬기겠소. 만일 또 영험이 없으면 나무를 통째로 베어 길가에서 불태워 버리겠소."

나무 신은 그 말을 듣고 놀랍고 두려워 아들을 얻게 해주고 싶었으나 그 방법을 몰랐습니다. 그 사정을 식의천왕息意天王에게 자세히 말했습니다. 그는 나무 신을 데리고 가서 제석천왕에게 그 전말을 자세히 말했습니다.

제석천왕은 하늘 눈으로 욕심세계를 두루 살펴보았습니다. 그러나 냐그로다의 아들이 될만한 복을 지닌 중생이 없었습니다. 그러자 제석천왕은 범천왕에게 알렸습니다. 범천왕은 하늘 눈으로 그가 다스리는 경계안을 두루 살펴보다가 범천에 어떤 사람이 곧 목숨을 마치게 될 것을 보고 그의 앞에 나타나 그에게 말했습니다.

"그대는 저 잠부드비파에 내려가 마가다 국의 냐그라다 바라문의 아들로 태어나거라."

그 하늘 사람은 대답했습니다.

"바라문은 온갖 삿된 소견이 많습니다. 제가 잠부드비파에 내려가도 그의 아들은 되지 않겠습니다."

범천왕이 말했습니다.

"저 바라문은 전생에 큰 덕을 심었으므로 욕심 세계 중생으로서는 아무도 그의 아들이 될만한 사람이 없다. 만일 그대가 그 집에 태어나면 나는 제석천왕에게 분부하여 너를 옹호하여 중도에 삿된 소견에 떨어지지 않게 하겠다."

"그렇게 해주신다면 분부를 어기지 않겠습니다."

제석천왕은 곧 욕심 세계에 가서 이 사실을 나무 신에게 자세히 알려 주었습니다. 나무 신은 매우 기뻐하며 장자에게 가서 말하였습니다.

과연 그 말대로 부인이 임신을 했고 달이 차자 아들을 낳았는데 몸에서 금빛 광명이 뻗쳤습니다. 관상가는 아이의 상을 보고 말하였습니다.

"이 아이는 전생에 지은 큰 복과 위덕으로써 그 뜻은 맑고 원대하여 세상일을 탐하지 않을 것입니다. 그래서 만일 성장하여 집을 떠나면 반드시 성인의 도에 오를 것입니다."

부모는 이 말을 듣자 다시 근심하고 걱정하였습니다.

"이 아이가 자라면 우리를 버리고 집을 떠날 것이니, 무슨 방법으로써 이것을 제지할고."

그러다가 다시 생각하였습니다.

'욕심 세계에서 중요하게 여기는 것은 아름다운 여자다. 저와 같이 단정하고 잘 생기고 좋은 여자를 찾아내어 매어 두리라.'

아이의 나이가 열다섯이 되자 부모는 그를 장가보내려 하였습니다. 카샤파는 이 말을 듣고 매우 근심하면서 부모에게 말하였습니다.

"저는 깨끗함을 좋아합니다. 아내가 필요하지 않습니다."

이렇게 세 번이나 말했지만 부모의 대답은 처음과 같았습니다. 그래서 카샤파는 부모에게 말했습니다.

"저는 보통 여자는 아내로 맞이하지 않겠습니다. 만일 여자의 몸이 자마금색이고 단정하기가 비할 데가 없으면 장가들겠습니다."

그는 좋은 생각이라고 생각했습니다.

'왜냐하면 결코 그런 여자가 있을 수 없기 때문에….'

위와 같은 말을 들은 부모는 여러 바라문을 불러 온 나라와 이웃 나라까지 두루 돌아다니면서 아래와 같이 외치게 하였습니다.

"만일 어떤 여자이든지 몸이 자마금빛이고 단정하고 아름답고 조금도 흠잡힐 데가 없는 여자의 모습을 지녔다면 우리에게 연락을 주시오."

바라문들은 방편으로써 금빛 여신상을 만들되 얼굴은 단정하고 광명과 빛깔은 미묘하였습니다. 그들은 그 천신상을 메고 이 나라 저 나라로 다니면서 높은 소리로 외쳤습니다.

"어떤 처녀든지 이 금빛 여신녀를 보고 예배드리고 공양을 올리면 뒷날 시집갈 때 반드시 좋은 배필을 만날 것이니, 몸은 황금빛이요 얼굴은 뛰어나게 아름다우며, 지혜는 견줄 데 없을 것입니다."

시골과 도시의 여러 여자들은 이 외침을 듣고, 모두 나와 맞이해 받들어 예배하고 공양을 바쳤습니다. 그러나 어떤 처녀 한 사람만은 홀로 정갈한 방에 앉아 바깥에 나가지 않고 있는데 몸매가 빼어나고 단정하고 온 몸이 금빛이었습니다. 여러 친구들이 그에게 가서 말했습니다.

"황금 여신상이 있고, 그 여신상에게 예배하고 빌면 무슨 소원이든 다 이루어진다고 한다. 그런데 너는 왜 혼자 맞아드리지 않느냐?"

"나의 마음은 한가하고 고요함을 좋아하고, 다른 것에 대해서는 아무것도 좋아하는 것이 없다."

"비록 소원할 것이 없다지만 잠깐 동안 한 번 보는데 무슨 손해될 일이 있겠느냐?"

이 때에 여러 친구들이 이 처녀를 데리고 황금 여신상 앞에 이르자 황금 여신상은 처녀의 몸에서 나는 광명에 가려 빛을 잃었습니다.

바라문들은 그것을 보고 장자에게 가서 자세히 말하였습니다. 장자는 중매인을 처녀의 집에 보내어 청혼하였습니다. 그런의 보모도 일찍부터 카샤파에 대한 소문을 들었기 때문에 중매인을 정중하게 대접했고, 청혼을 승낙하였습니다.

처녀는 부모가 혼인을 승낙한 사실을 알고 근심하고 심란했으나, 부모의 권유를 뿌리치지 못하고, 할 수 없이 카샤파의 집으로 보내어져 카샤파를 만났습니다. 그들은 처음 만났으나 서로 의기가 투합하였으니 세속의 일에는 관심이 없고 적정을 좋아하고 신체의 접촉을 싫어하였습니다. 그들이 결혼을 했으나 애욕심은 조금도 일으키지 않고, 그 부인과 카샤파는 이러한 맹세를 했습니다.

"우리가 지금 결혼은 했으나 각 방을 사용할 것이며, 서로 접촉하지 않았으면 좋겠습니다."

이렇게 맹세한 부부는 각 방을 사용했습니다.

장자는 아들이 외출한 틈을 타서 사람을 시켜 방 하나를 없애버리고 부부가 한 방을 사용할 수밖에 없도록 했습니다. 그들은 비록 한 방을 사용했으나 침대를 따로 따로 사용하였습니다. 장자는 또 일꾼을 시켜 침대하나를 치워버렸습니다. 그렇게 되자 부인이 남편과 다시 약속하였습니다.

"제가 침대에서 잠을 자면 그대는 반드시 경행經行을 하십시오. 그대가 주무시면 제가 반드시 경행하겠습니다."

어느 때 부인이 침대에서 한 쪽 팔을 바닥으로 드리운 채 잠을 자고 있었고, 카샤파는 방을 거닐고 있었습니다. 공교롭게도 코브라 한 마리가 침대를 향하여 서서히 가고 있었습니다. 위기를 느낀 카샤파는 곧 부인의 손을 수건으로 싸서 침대위로 올려놓았습니다. 부인은 바로 그 사실을 알고 카샤파가 약속을 지키지 못한 사실에 대하여 매우 실망하며 말했습니다.

"저와 먼저 약속을 하셨는데 왜 저의 몸을 건드렸습니까?"

카샤파가 말했습니다.

"그대의 팔이 침대 밑으로 드리워져 코브라가 물려고 하므로 그 위기를 피하게 한 것이지 일부러 건드리려고 한 것이 아니었소. 코브라가 지금 저기 있소."

그가 손으로 가리키는 곳에 독사가 있는 것을 보고 그것이 사실임을 알고, 오해였음을 인정하였습니다.

어느 때 부부는 서로 상의 하였습니다.

"우리들은 왜 출가하여 공부하지 못하는가?"

이러한 결론을 내린 부부는 부모님 앞에 나아가 출가할 뜻을 말씀드리고, 드디어 두 사람이 함께 출가하여 산이나 못 가에서 공부하고 있었습니다. 그 때에 바라문 한 사람이 제자 5백 명을 거느리고 그 곳에 멀지 않는 산에 머물고 있었습니다. 그들은 카샤파를 보고 비방하였습니다.

"집을 떠나 공부를 하려면 반드시 청정하고 순결해야 하거늘 어찌 부부가 서로 어울려 다니면서 공부를 한다고 하는가?"

카샤파는 곧 아내를 이별하고 자기가 입은 비싼 옷을 누더기 한 벌과 바꿔 입고 특별히 조용한 숲을 선별하여 공부하였습니다.

그의 부인은 곧 바라문의 제자가 되었습니다. 바라문의 제자 오백 명은 그 여자의 아름다운 모습을 보고 날마다 자위행위를 하자 이 여자는 뜻대로 공부하지 못하고 그 생활을 견딜 수 없어 스승에게 그 사실을 알리자 스승이 그를 위해 제자들에게 자위를 못하게 하였습니다.

카샤파는 뒷날 부처님께서 세상에 출현하심을 만나 법을 듣고 교화를 입어 아라한이 되었습니다. 그는 출가하기 전의 부인이 바라문 곁에 있다는 소문을 듣고 곧 부처님 처소에 데리고 오니, 부처님께서 그녀를 위하여 설법하시자 그녀는 곧 아라한이 되었고, 머리카락이 저절로 떨어지고 가사가 저절로 입혀져 순식간에 비구니 스님이 되었습니다.

비구니 스님은 이곳저곳을 다니며 교화를 시키다가 프라세나짓왕이 주관한 큰 법회에 여러 비구니 스님들과 함께 갔습니다. 그가 왕궁의 여인들 처소에 들어가 모든 여자들을 교화시켜 하루 종일 재계齋戒를 지키는 공부를 하게 하였습니다. 날이 저물자 왕이 내전으로 가서 부녀들을 불렀으나 모두 재계를 지키느라 임금의 부름에 따르려 하는 이가 없었습니다. 이 사실을 들은 임금은 심기가 상하여 심부름꾼에 물었습니다.

"누가 모든 여자들에게 재계의 공부를 시켰느냐?"

"아무개 비구니 스님입니다."

왕은 그 비구니를 불러 90일 동안 부인들을 대신하여 수발들게 하였습니다.

이것은 죄다 옛날에 서원을 세운 인연에서 비롯된 것으로써 비록 아라한이 되었으나 그 서원한 업業만은 면할 수 없었던 것입니다.

아라한의 힘

옛날에 형제가 함께 출가하여 공부를 하였습니다.

형은 언제나 정신을 집중하여 선정에 들어 사유하더니 오래지 않아 아라한 과위를 얻고 여섯 가지 신통을 이룩하였습니다. 그러나 그 아우는 항상 널리 경전을 배우고 많이 듣기를 좋아하며 이름 팔기를 좋아하고 자기의 영달을 염원하였습니다. 형은 아우에게 자주 타일렀습니다.

"사람 몸 받기 어렵고, 부처님 계신 세상 만나기 어렵다. 이미 사람의 몸을 받았으니 지금 부지런히 공부해야 한다."

아우는 형에게 말했습니다.

"반드시 널리 배워 삼장三藏을 구족하여 다른 이의 스승이 될 만하면 그 때에 선정을 익히겠습니다."

형은 다시 아우를 위하여 덧없음의 이치를 자세히 설명하였습니다.

"한 번 내 쉰 숨을 들이 쉬지 못하면 곧 저승으로 가느니라."

그러나 그 아우는 본래의 뜻을 고집하여 형의 가르침을 따르지 않았습니다. 얼마 뒤 아우가 병이 났습니다. 여러 명의 의원에게 진찰을 하여 본 결과 불치병임을 알고, 모두 치료를 거부하였습니다. 아우는 스스로 죽을 줄 알고 두려워하며 형에게 말하였습니다.

"이전에 어리석어 형님의 말씀을 받들지 못했습니다. 지금 목숨을 마치면 어디로 가겠습니까?"

이렇게 눈물을 흘리며 형에게 참회하더니 오래지 않아 숨을 거두었습니다.

형은 곧 선정에 들어 아우가 간 곳을 관찰하여 어떤 장자 부인의 태에 든 것을 알았습니다. 그 장자의 집 근처에 절이 있었고, 형은 그 아우를 제도하기 위하여 자주 그 장자의 집에 가서 선지식 노릇을 하였습니다. 새로 태어난 동생의 나이가 세 살이 되자 형인 스님은 장난감을 가지고 가서 그 아이를 제자로 삼았습니다.

아이의 나이가 네 살 때에 그의 유모가 아이를 데리고 형 스님이 사는 절에 갔습니다. 그 절은 산에 있었고, 돌을 쌓아 길을 만들었는데 유모의 실수로 아이의 손을 놓치는 바람에 아이가 넘어져 머리를 돌에 부딪쳐 머리가 깨어지고 골수가 쏟아져 죽었습니다. 아이가 죽으면서 유모가 조심하지 않아 죽는 것을 알고 성을 내면서 목숨을 마쳤기 때문에 그 아이는 곧 지옥에 떨어졌습니다. 형이었던 아라한 스님은 다시 선정에 들어 관찰하다가 동생이었던 그가 지옥에 떨어진 것을 알고 개탄하였습니다.

"지금 이 일을 어떻게 할까? 지옥에서 고통 받는 중생은 진실로 제도하기 어려운데…. 부처님도 어떻게 하실 수 없거늘 하물며 아라한인 나로서 어떤 수단이 있을까?"

이 비유는 사람이 명성을 위하다가 선정을 닦지 못하면, 뒤에는 반드시 지옥에 떨어지는데 이것은 아버지나 형처럼 친한 이도 구제할 수 없음을 말했습니다.

최후신의 업

나운주羅云珠는 샤리푸트라의 제자였습니다.

그는 어느 때 프라테카 부처의 밥을 빼앗아 먹고, 그 업으로 말미암아 아귀로 태어나 한량없는 겁동안 고통을 받다가 아귀의 몸이 다하고, 사람으로 태어나서 5백 생 동안 굶주리는 죄업을 받았습니다. 최후의 몸으로 부처님 세상을 만나 집을 나와 도를 배우면서, 세 가지 법의를 입고 돌아다니면서 걸식하였으나, 밥을 주는 이가 없어 닷새나 혹은 이레 동안을 굶었습니다.

마우드갈야야나가 그를 가엾이 여겨 밥을 빌어 그의 바루에 쏟아주면 큰 새가 와서 채 가버렸습니다. 샤리푸트라가 밥을 빌어 그의 바루에 쏟아주면, 그의 바루에 닿음과 동시에 밥이 진흙으로 변하였고, 마하카샤파가 밥을 빌어주면 밥을 먹으려 밥을 입속에 넣으면 그의 입이 즉시 다물어져서 들어 갈 곳이 없어졌습니다.

부처님께서 밥을 주시면 아무 장애가 없이 먹을 수 있었고,

맛도 아주 특별하였습니다. 부처님께서는 여러 가지 방법으로써 설법하셨습니다. 나운주는 훌륭하고 묘한 법을 듣고 슬픔과 기쁨이 한꺼번에 일어났으나, 일심으로 삼매를 익혀 아라한의 과위를 얻었습니다.

장소에 따라 다른 비

어떤 용이 하늘에서 큰 비를 내렸습니다.

그 비는 하늘의 궁전에서는 곧 일곱 가지 보배가 되었고, 인간 세상에 오면 곧 모든 만물을 윤택하게 하였고, 아귀의 몸에 떨어지면 큰 돌로 변해 온 몸을 태우는 불길이 되었습니다. 꼭 같은 비지만 오는 장소에 따라 변하고 달라졌습니다. 이 세 가지 일은 온갖 형상은 일정한 바탕이 없어서, 죄와 복의 업에 따라 변화되는 것을 말했습니다.

남을 헐뜯지 마라

외국에 어떤 절이 있었습니다.

그 절의 대중 가운데 어떤 도인은 항상 대중을 위하여 도량을 깨끗이 쓰는 선행을 실천하였습니다. 그런데 또 어떤 도인은 질투가 심하여 그가 쓸어 둔 땅을 혀로 핥아 여러 사람에게 보였습니다.

그는 다른 사람의 허물을 드러내려 하다가 스스로의 입을 더럽히는 것을 몰랐습니다. 이것은 사람이 남의 나쁜 짓을 말하기 좋아 한다는 것을 밝힌 것이니, 그 비유는 이와 같이 남의 허물을 드러내려면 자기의 나쁜 행실이 드러나게 된다는 것입니다.

남의 말을 끝까지 들어라

외국의 소인배들이 주인을 섬기면서 그의 환심을 사려고 했습니다. 그 주인이 침을 땅에 뱉는 것을 보면 다투어 그것을 발로 밟아 흔적을 없애버렸습니다. 어떤 사람은 민첩하지 못하여, 주인이 뱉는 침을 밟으려 했으나 애당초 기회를 얻을 수 없었습니다. 그래서 주인이 침을 뱉으려고 입에 침을 모으는 것을 보고 발로써 그 입을 밟아 버렸습니다.

"너는 나를 미워하느냐? 왜 내 입을 밟느냐?"

"나는 좋은 생각으로 그렇게 한 것이요. 싫거나 미워서 한 짓이 아니오."

"네가 나를 미워하지 않았다면 왜 이렇게 내 입을 짓밟았는가?"

"주인님이 침을 뱉을 때 저도 항상 그 침을 밟으려 했으나, 침이 입에서 나오자마자 다른 사람들이 항상 재빨라서 조금도 그 기회를 얻지 못했습니다. 그래서 입을 밟은 것입니다."

이 비유는 논의를 할 때에 반드시 그 뜻이 입에서 나온 뒤에 힐난할 것이오. 만일 뜻이 입안에 있어서 이치가 밝혀지기 전에 힐난하면, 그것은 마치 입 속의 침을 밟는 것과 같다는 것입니다.

선정보다 지혜

부처님께서 제자들과 함께 걸식하려 슈라바스티 성으로 들어가시다가 길 가에 있는 한 웅덩이를 보셨는데 온 성안의 더러운 물건들이 모두 그 안에 있었고, 암퇘지 한 마리가 새끼 여러 마리를 데리고 거기 누워 있었습니다. 그 때에 부처님께서 빙그레 웃으시며 마흔 개 치아와 네 개의 어금니로써 큰 광명을 놓아 두루 삼천대천 세계를 비췄습니다. 그 광명은 돌아와 부처님 주위를 세 바퀴 돌고는 가슴 위로 들어갔습니다.

모든 부처님 법에 지옥의 일을 설명하려 할 때에는 광명이 발밑으로 들어가고, 축생의 일을 말씀하려 하실 때는 광명이 장딴지로 들어가며, 아귀의 일을 말씀하시려는 때는 광명이 넓적다리로 들어가고, 사람의 일을 말씀하려 할 때에는 광명이 엉덩이로 들어가며, 하늘의 일을 말씀하려 할 때에는 광명이 가슴으로 들어가고, 연각의 일을 말씀하시려는 때에는 광명이 양미간으로 들어가며, 모든 보살과 부처님의 일에 대해 말씀하려 하실 때는 광명이 정수리로 들어갑니다. 아난다는 광명이 가슴으로 들어 간 것을 보고, 부처님께서 하늘의 일을 말씀하시려는 것을 알고 꿇어 앉아 부처님께 말씀드렸습니다.

"그 내용을 듣고자 합니다."

부처님께서 아난다에게 말씀하셨습니다.

"과거 헤아릴 수 없는 겁 이전에 어떤 장자가 있었다. 그는 아들이 없고 딸만 있었는데 얼굴이 아름답고 단정하며 총명하고 지혜로워 그 부모는 매우 사랑했고, 소중히 여겼다. 딸이 성장하더니 시 한 수를 읊었다.

일체 재빨리 흐르는 강물과 같은
세간의 즐겁고 괴로운 일은
본래 어디서 나와
어느 때 반드시 쉽니까?

이 시를 들은 부모는 기특한 점을 기뻐하였으나, 어떤 말로써 이 시에 대답해야 하는지 모르고 있었다.

딸은 이 시의 뜻을 알려고 노력했으나 답을 듣지 못하자 매우 실망하고 걱정하면서 아무 것도 먹지 않았다. 부모는 그것을 보고 두려워하여, 곧 큰 모임을 열고 여러 바라문과 지혜가 많은 장로들을 초청하였다. 그러자 사람들은 구름처럼 모여 차린 음식이 동이 났다. 곧 대중 가운데 높은 자리를 만들고 여자가 그 위에 앉아 다시 앞의 시를 읊어 여러 사람에게 물었다. 그러나 아무도 대답하는 이가 없었다. 장자는 일곱 가지 보배를 쟁반에 가득 담고 모두에게 알렸다.

'누구든지 이 시를 풀이하면 이 보배를 드리겠소.'

그 때에 어떤 바라문이 얼굴은 단정하나 지혜가 모자라면서도 보배를 탐하여 말했다.

'내가 대답하겠소.'

여자는 그 말을 듣고 곧 시를 읊어 바라문에게 물었다. 그러나 바라문은 그 시의 뜻을 모르면서 말했다.

'그것은 아무 것도 없는 것이다.'

그 여자는 이 말을 깊이 생각하다가 아무 것도 없는 경지의 선정을 얻고 외쳤다.

'이 분은 참으로 큰 스승이시며, 저에게 적지 않는 이익을 주셨습니다.'

그 뒤에 그 여자는 아무 것도 없는 경지의 하늘에 나서 40겁을 지내고, 그 하늘의 수명이 다하여 이 세상에 태어났다. 그 때에 그 장자의 딸이 바로 지금 저 늙은 암퇘지다. 하늘 복이 다하고 전생의 업이 다가와 이 세상에서 저 돼지의 몸을 받은 것이니라. 여자가 본래 그 시를 읊었을 때 만일 밝은 스승을 만났으면 곧 도를 얻을 수 있었을 것이다. 그 여자가 비록 선정은 수승하였으나 지혜가 없었기 때문에 정해진 갚음이 끝나자 도리어 나쁜 갈래에 떨어진 것이니라."

모를 뿐 갚음은 있다

옛날에 어떤 임금이 중병에 걸려, 12년 동안 앓았으나 어떤 의원도 고치지 못했습니다. 그런데 왕이 다스리는 작은 나라의 후미진 벽지에 병을 잘 고치는 의원이 있다는 소문을 듣고, 왕은 곧 그를 불러와서 병을 보였더니 치료를 시작한지 얼마 되지 않았는데 병이 나았습니다. 왕은 '이 의원이 나를 치료해 나았으니 나는 보답하겠다.' 라고 생각한 뒤 작은 나라의 임금에게 사신을 보내 친서를 전달했습니다.

"이 의원은 나의 병을 치료하여 완쾌시켰소. 공이 크니 반드시 상을 주어야 하겠소. 코끼리 · 말 · 소 · 양 · 밭 · 집 · 하인들 · 문지기 등 필요한 것은 무엇이나 다 공급하도록 하시오."

작은 나라의 왕은 상국上國의 명령을 받고 높고 훌륭한 집을 짓고, 의원의 부인에게는 좋은 의복과 비싼 장신구를 마련해 주었고, 코끼리 등 모든 것을 완벽하게 갖춰 주었습니다.

한편 의원은 왕의 곁에 있었으나, 위의 사실을 말해주는 사람이 없었습니다.

'내가 왕의 병을 치료했으니 큰 공이 있다. 왕은 나에게 은혜를 갚을 것이다.'

이렇게 며칠이 지나자 왕은 완전히 건강을 회복하였습니다. 의원은 하직하고 귀국하기를 간청하자 왕은 허락하면서 여윈 말 한 마리를 주는데 그 안장과 기타 도구도 모두 변변찮은 것들이었습니다. 의원은 실망하며 생각하였습니다.

'나는 왕의 병을 고친 큰 공이 있다. 그런데 왕은 은혜를 모르고 나에게 보답도 해 주지 않고 빈손으로 떠나게 하는구나.'

이렇게 중얼대며 길을 따라 가면서 탄식하고 원망하는 마음이 가득하였습니다. 본국에 돌아가 마을 가까이 이르러 코끼리 떼를 보았습니다. 낯선 것이라 코끼리 치는 사람에게 물었습니다.

"이것은 누구 집의 코끼리인가?"

"이 코끼리들은 아무개 의원의 코끼립니다."

"그 의원은 어디서 이 코끼리가 생겼는가?"

"그 분은 상국의 대왕 병을 치료한 공으로 받은 것입니다."

다시 앞으로 가다가 말 떼를 보고 목자에게 물었습니다.

"이것은 누구 집의 말인가?"

"이 말들은 훌륭한 의원 아무개의 말입니다."

다시 조금 더 가다가 소 떼와 양 떼를 보고 목자들에게 물었습니다.

"이것들은 누구 집의 것이냐?"

"이것들은 아무개 의원의 것입니다."

다시 조금 더 가다가 높고 훌륭한 집과 별채들이 즐비한 것을 보고 문지기에게 물었습니다.

"이것은 누구의 집인가?"

"아무개 의원의 집이요."

그 집안에 들어가 부인의 얼굴빛이 만족스럽고 즐거워하며, 몸에는 좋은 의복을 입고, 값진 장신구로 장엄한 것을 보고 물었습니다.

"저 여자 분은 누구의 부인인가?"

하인이 대답하였습니다.

'저 분은 아무개 의원의 사모님입니다."

집에서 코끼리와 말을 바라보면서 그것들이 모두 왕의 병을 고친 공에 대한 대가임을 알고 곧 스스로 원망했던 것을 뉘우쳤습니다.

처음 왕의 병을 치료하기 시작했을 때 공功이 적은 것은 복덕을 쌓는데 비유한 것입니다. 복덕이 더디게 쌓이는 것은 왕의 병과 같고, 의원은 복을 닦는 사람에 비유한 것입니다. 왕의 병을 치료한 것은 수행하는 사람이 복을 닦는 것에 비유한 것이요, 왕의 병이 차도가 있는 것은 복덕이 이미 이루어지는 것과 같고, 또 왕이 명령하여 코끼리와 소와 집 등을 상으로 준 것은 복덕은 이생에서 짓고 갚음은 다음 생에 받는 것과 같습니다.

대개 응보가 빠르기를 바라는 사람은 항상 그 갚음이 더딘 것을 걱정합니다. 그것은 마치 어떤 사람이 조그마한 믿음으로써 가끔 복을 짓고, 아침과 저녁에 갚음을 받으려는 것과 같습니다. 그러다가 나고 늙고 죽음에 이르면 문득 '자연이지 좋은 갚음 따위는 없다.' 라고 말합니다. 그러나 하늘의 중음中陰을 얻으면 으레 선이 갖춰지는데, 그것은 저 의원이 코끼리와 말을 보는 것과 같고, 그 중음을 타고 하늘 궁전에 이르러, 거기에 태어나生는 중음신을 받아 눈으로 갖가지 천당의 장엄을 보고 비로소 옛날에 복을 많이 짓지 않았던 것을 알고 후회하는 데, 그것은 저 의원이 이미 상을 받고 병을 고친 공의 갚음이 적다고 한탄한 것과 같습니다.

끼리끼리

외국에는 때때로 나쁜 비가 내립니다.

만일 그 빗물이 우물이나 냇물이나 호수나 강에 들어가 희석되기 전에 사람이 그 물을 마시면 그 물을 마신 사람은 일주일 동안 정신이 혼미하고 미쳤다가 이레가 되어야 그 증세가 없어집니다.

어느 때에 어떤 나라 왕은 지혜가 많고 물건의 상을 잘 보았습니다. 나쁜 비가 내릴 구름이 일어나면 왕은 그것을 알고 우물에 덮개를 덮어 씌워 빗물이 들어가지 못하게 하였습니다. 어느 때 그 나라에 나쁜 비가 내리자 많은 관리들과 대신들은 빗물을 먹고 모두 미쳐 옷을 벗은 알몸에 진흙을 머리에 바르고 어전회의장에 나와 의자에 앉았는데, 임금만 미치지 않았고 보통 복장에 하늘관을 쓰고 영락을 걸고 본래의 의자에 앉아 있었습니다. 여러 신하들은 저희가 미친 것을 모르고 왕이 크게 미쳤다고 생각하며 말했습니다.

"차림새가 왜 저러하냐?"

그리고 저희들끼리 의논하였습니다.

"이것은 작은 일이 아니다, 이것은 반드시 함께 의논해 보아야 할 일이다."

임금은 신하들이 불평한다고 생각하고 걱정스러워하면서 말했습니다.

"나에게 좋은 약이 있어 이 병을 고칠 수 있소. 그대들은 잠깐만 기다려주시오. 나는 그 약을 먹고 나오겠소."

왕은 곧 궁중으로 들어가 입었던 옷을 벗고 진흙을 머리와 얼굴에 바르고 나오자, 신하들은 왕을 보고 모두 크게 기뻐하면서 저희들이 미친 줄을 몰랐습니다.

"법은 반드시 이러 해야 합니다."

이레 뒤 신하들은 모두 정신이 돌아와 못내 스스로 부끄러워하며, 각기 옷을 입고 관을 쓰고 나와 왕을 뵈었습니다. 왕은 일부러 여전히 발가벗은 몸으로써 앉아 있었습니다. 신하들은 놀라고 괴상히 여겨 왕에게 여쭈었습니다.

"대왕께서는 언제나 지혜가 많으신데 왜 그렇게 하고 계십니까?"

"내 마음은 언제나 일정하여 변하는 일이 없소. 그대들이 미쳤기 때문에 도리어 나를 미쳤다고 생각하였소. 그래서 이렇게 했을 뿐, 내 본래의 마음은 아니오."

부처님께서도 이와 같습니다.

중생들이 무명無明의 물을 마시고 언제나 모두 미쳤기 때문에 만일 큰 성인께서 항상 '모든 법은 나지도 않고 멸하지도 않는다. 어떤 모양도 모양의 실체는 없는 것이다.'라고 말씀하시면, 반드시 큰 성인을 미쳤다고 말 할 것입니다. 그러므로 부처님은 중생의 생각을 그대로 따라 '현재에 이 법은 좋고 이 법은 나쁘다. 이것은 하염없는 법이다.'라고 말씀하셨습니다.

법신무변法身無邊

어떤 아수라가 전생에 가난한 사람이 되어 강 근처에 살면서 항상 강을 건너가 나무를 해가지고 왔습니다. 어느 때 강물이 매우 깊고 유속이 매우 빨라 그는 물에 휩쓸려 물결 따라 뒹굴다가 간신히 물살을 헤치고 나왔습니다.

그 때에 프라데카 부처가 스님의 모습으로 물에 빠졌던 나무꾼의 집 앞에 이르러 밥을 빌자 그 사람이 매우 기뻐하면서 밥을 올렸습니다. 공양을 마친 스님은 손을 씻은 뒤 바루를 허공에 던져두고 날아가 버렸습니다. 그것을 본 그는 발원하였습니다.

"저는 후생에 키가 커서 어떤 깊은 물도 무릎을 지나지 않게 되기를 소원합니다."

이 인연으로 그는 아주 큰 몸을 얻어, 네 곳의 큰 바닷물도 그 무릎을 지나지 못했습니다. 때문에 그가 바다 가운데 서면 몸이 수미산보다 커서 손으로 수미산 꼭대기를 어루만지고 밑으로 도리천을 내려다보았습니다. 그런데 하물며 부처님께서 한량없는 겁동안 큰 서원을 세우고 수행하셨으니 그 법몸이 허공에 가득하다는 것이 무엇 때문에 이상하다 하겠습니까?

한 그릇에 다 담을 수 없다

옛날에 어떤 나라의 왕자가 나이가 일곱 살이 되자, 깊은 산에 들어가 신선의 도를 배우느라고 조정의 모든 관리가 맡은 책임을 전혀 몰랐습니다. 그 뒤에 국왕이 승하하자 국왕이 될 말한 사람이 없었습니다. 신하들은 의논을 거듭한 결과 이렇게 결론을 내렸습니다.

"저 산중에 사는 선인仙人은 본래 왕자요, 겸하여 도덕을 닦았으니 그 분을 왕으로 삼으면 온 나라 백성이 태평성대를 누릴 것입니다."

나라의 모든 신하와 관심이 깊은 백성들은 모두 산에 가서, 그 선인을 추대하여 국왕을 삼고 수레에 태워 본국으로 돌아가, 주방장에게 명령하여 온갖 맛난 음식을 만들어 새 왕을 잘 받들도록 하였습니다.

새 왕은 음식 맛이 입에 꼭 맞자 음식 이외에 여러 가지 일들도 모두 주방장에게 말하여 해결했습니다. 신하들은 모두 웃으면서 왕에게 아뢰었습니다.

"대왕마마, 백관들의 소임은 각기 주관하는 것이 다릅니다. 주방장은 음식만 주관하고 의관衣官은 의복을 주관하며, 군사나 재정도 각기 맡은 이가 있습니다. 그러므로 음식이 매우 맛있다 하여 그 한 사람이 모든 것을 다 잘한다고 맡길 수 없습니다."

이 비유는 모든 경전은 각각 밝히는 바가 다르므로 '한 경전에 모든 것이 갖춰져 있다.'고 말할 수 없다는 것을 밝힌 비유입니다.

저 반야경은 모든 법의 실상을 밝힌 것이고, 아비다르마는 모든 법의 유有만을 밝힌 것으로서, 그것은 각기 서로 주장하는 내용이 달라 '상相이 있다. 상相이 없다.'고 설명한 것입니다.

왕을 제도한 사슴

옛날 사슴숲에 천 마리 사슴 떼가 살았습니다. 그 숲에는 두 사슴왕이 있었는데, 한 사슴왕은 보살이고 한 사슴은 진짜 사슴왕이었습니다.

어느 때 그 나라의 임금이 성 밖에서 사냥을 하다가 사슴 떼를 보고 군사를 이끌고 와서 에워쌌습니다. 이렇게 되자 두 마리 사슴왕은 계책을 세우고 국왕 앞에 나아가 꿇어 앉아 아뢰었습니다.

"우리 사슴들은 지금 왕의 경계 안에 있사오니 분명히 도살됨을 받을 것입니다. 만일 대왕께서 한꺼번에 사슴을 모두 잡아 가지고 가신다면 자시는 것보다 썩히는 것이 더 많을 것입니다. 그러므로 오늘은 두 마리를 보내어 대왕의 입맛을 돕고, 나머지는 차례에 따라 날마다 궁중으로 가게 하되 결코 빠뜨림이 없게 하겠습니다. 대왕께서 허락하시면 저희들의 목숨이 조금씩 늘어질 것이오니, 어찌 대왕마마의 은혜가 아니겠습니까? 저희의 소원을 들어주십시오."

임금은 그 말대로 할 것을 다짐받고 포위를 풀었습니다. 그 뒤 두 사슴왕은 서로 의논하여 차례를 정하고 순서에 따라 날마다 양 쪽에서 한 마리씩 왕의 주방으로 보냈습니다.

며칠이 지난 뒤에 어떤 새끼 밴 사슴의 차례가 되었습니다. 그 사슴은 사슴왕에게 나아가 새끼가 태어날 때까지 차례를 미루어 달라고 간청하였습니다. 그러나 사슴왕은 이렇게 말했습니다.

"다른 사슴은 아직 차례가 되지 않았는데 누가 너를 대신하여 앞서 죽겠느냐?"

새끼를 밴 사슴은 보살 사슴왕에게 가서 말했습니다.

"저의 왕은 어질지 못해 이치를 아뢰어도 용서하지 않습니다. 지금 이곳에 와서 귀의하오니 저를 위하여 처리 해 주시기 바랍니다."

보살왕은 그 사정을 가엾이 여겨 드디어 스스로 왕의 주방으로 갔습니다. 주방장이 국왕에게 아뢰었습니다.

"사슴왕이 스스로 주방에 와서 새끼 밴 사슴을 대신하여 죽으려 하옵니다."

왕은 드문 일이라 이상하게 여겨 주방장에게 말하였습니다.

"그 사슴왕을 데리고 오너라."

이에 사슴왕은 국왕 앞에서 자기의 뜻을 소상히 밝혔고, 사실을 들은 임금은 사슴왕을 믿는 마음이 생겼습니다.

"짐승도 덕을 닦는데, 사람의 왕인 나는 무엇을 했던고…."

온 나라에 명령을 내려, 다시는 사슴사냥을 하지 못하게 하였습니다. 그리고 그 숲을 아주 사슴 떼들에게 보시하였고, 그 뒤부터 그 숲을 사슴동산이라 하였습니다.

의심이 촉발한 비극

옛날에 어떤 거사가 있었는데, 그 부인이 회임하였습니다. 부처님을 초청하여 공양을 올리고 부처님께 여쭈어 아들인가 딸인가를 알려고 했습니다.

부처님께서 말씀하셨습니다.

"반드시 아들을 낳되 얼굴이 뛰어나게 단정할 것이요. 성장하면 인간 세상에서 하늘 세상의 즐거움을 받다가 뒤에 아라한 도를 얻을 것입니다."

거사는 그 말씀을 듣고도 의심하여 믿지 않았습니다. 그 뒤 거사는 다시 여섯 이교도를 초청하여 공양을 대접하고 여섯 외도에게 말하였습니다.

"전에 사문 고타마에게 말씀드렸더니 반드시 아들을 낳으리라고 말했습니다. 그러나 그 말을 믿을 수가 없습니다."

여섯 이교도는 말하였습니다.

"딸을 낳을 것이요."

여섯 이교도들은 부처님의 법을 미워하기 때문에 굳이 반대로 말했다가, 다시 돌이켜 생각하기를 '만일 아들을 낳으면 반드시 저 거사는 우리를 버리고 고타마를 섬길 것이다.' 라고 생각하면서 이내 말을 바꿨습니다.

"거사여, 그대 아내는 아들을 낳을 것이요. 그러나 아들을 낳은 뒤에는 장차 큰 화가 생겨 집안의 친족 12 촌까지 대代가 끊어질 것이요. 이렇게 불길하기 때문에 우리는 아까 '딸을 낳을 것이라.' 고 거짓말을 하였소."

거사는 이 말을 듣고 당황하여 어쩔 줄 몰랐습니다. 여섯 이교도가 다시 거사에게 말했습니다.

"만일 그런 화를 면하려면 뱃속의 아이를 없애버려야 하오."

여섯 이교도들은 여자의 배를 문질러 아이를 지우려 했습니다. 그 때 쉬지 않고 자꾸 배를 문질러 그만 여자가 죽었습니다. 그러나 아이는 죽지 않았으니 그것은 전생에 지은 복덕 때문이었습니다. 거사는 곧 그 부인을 묘지에 가져다 나무를 쌓아 불을 붙여 불꽃이 왕성하게 일어났습니다. 그 때에 부처님께서 제자들을 데리고 거기에 가셔서 부인의 몸은 다 허물어졌지만, 눈처럼 희고 깨끗한 얼굴로 연꽃 위에 단정히 앉아 있는 아기를 보시고, 부처님께서 기바耆域에게 말씀하셨습니다.

"저 아기를 안고 오시오."

기바가 곧 아기를 안고 나와 거사에게 돌려줬습니다. 거사는 아기를 길러 열여섯 살이 되었고, 아름다움이 남보다 뛰어났습니다. 거사는 맛난 음식을 많이 만들어 여섯 이교도를 초청하였습니다. 여섯 이교도들은 앉자마자 픽 웃었습니다.

"왜 웃습니까?"

"저 오만 리 밖에 산이 있고 그 산 밑에 물이 있는데 어떤 원숭이 한 마리가 그 물에 떨어졌소. 그것을 보고 웃었소."

아이는 그 말이 거짓임을 알고, 바루에 갖가지 반찬을 담고 그 위에 밥을 덮어 사람을 시켜 가져다주었습니다. 그리고 다른 사람에게는 바루 밑에 밥을 담고 그 위에 반찬을 덮어 주었습니다. 다른 사람들은 모두 밥을 먹었으나 오직 여섯 이교도들은 화를 내면서 먹지 않았습니다.

아이가 물었습니다.

"왜 드시지 않습니까?"

"반찬이 없는데 어떻게 먹겠소."

"당신들 눈은 오만 리 밖의 원숭이가 물에 빠진 것을 보면서 어떻게 밥밑에 있는 반찬을 보지 못하십니까?"

그러자 여섯 이교도는 매우 성을 내며 끝내 먹지 않고 곧장

시리구다尸利求多의 집으로 향하였습니다. 아이의 고모가 구다의 아내였는데 시리구다가 이러한 사실을 듣고 또한 성을 내면서 여섯 이교도에게 말했습니다.

"구담은 그의 스승입니다. 제가 큰 스승들을 위하여 그들을 초청하여 오면 그들을 헐뜯고 모욕하십시오."

이러한 이유로써 불구덩이를 만들고 독약 든 밥을 지어 부처님을 초청하였습니다.

예를 들어 가르치다

옛날에 어떤 도사가 바라문 집에 가서 밥을 빌었습니다. 바라문은 그의 부인을 시켜 밥을 받들고 가서 주게 하였습니다. 도사는 그의 앞에 서있는 바라문 부인의 아름다움에 곧 마음이 움직여 바라문에게 말했습니다.

"욕심의 맛과 허물의 재앙과 벗어남"

바라문은 그 말을 이해하지 못하여 바로 물었습니다.

"어떤 것을 '욕심의 맛과 허물의 재앙과 벗어남' 이라 하는가?"

도사는 즉시 바라문의 부인을 안고 뽀뽀를 하더니 바라문에게 말했습니다.

"이것이 욕심의 맛이다."

바라문은 심하게 화를 내며 지팡이로 그 도인을 내리치자, 도인은 매를 맞고 말했습니다.

"이것이 허물의 재앙이다."

바라문이 다시 치려하자 도인은 곧 문밖으로 달려 나가다가 바라문을 돌아보면서 말했습니다.

"이것이 벗어남이다."

이 비유는 사람들이 말의 뜻을 모를 때에는 반드시 어떤 실례를 들어 가르친 뒤에라야 깨닫는 사실을 말했습니다.

미망

옛날에 어떤 촌사람이 도시에 나갔다가, 어떤 사람이 매를 맞고 뜨거운 말똥을 그 등에 바르는 것을 보고 그에게 물었습니다.

"왜 그렇게 하시는가?"

"다친 곳이 쉽게 낫고 또 흉터가 생기지 않게 하기 위해서요."

이 촌사람은 이 말을 새겨듣고, 집에 돌아가 그 부인에게 말했습니다.

"나는 도시에 나갔다가 큰 지혜를 얻었소."

"어떤 지혜를 얻었습니까?"

그는 곧 하인을 불러 말했습니다.

"채찍을 가지고 와서 나를 호되게 이십 대만 때려라."

종은 주인을 두려워하기 때문에 감히 명령을 어기지 못하고, 곧 호되게 이십 대를 치니, 피가 흘러 등을 적셨습니다. 그는 다시 하인에게 명령하였습니다.

“뜨거운 말똥을 가져와서 내 등에 발라라. 쉽게 낫고 또 흉터가 생기지 않을 것이다.”

그리고 그의 아내에게 말하였습니다.

“당신도 아시오. 이것이 지혜요.”

이것은 계율을 잘못 지키는 도인을 비유한 말입니다. 처음에 밝은 스승을 만나 계율을 받았다가, 뒤에 다른 사람이 계율 받는 것을 보고 곧 본래의 계율을 버리고 다시 속인이 되어 법몸을 허물어 버리는 것은 이십 대의 매를 맞고 흐르는 피가 등을 덮는데 비유한 것이요. 다시 다른 계율을 받는 것을 말똥을 바르는 것과 같습니다.

겸손하라

외국에 용을 저주하는 사람이 있었습니다. 그는 항아리에 물을 담아 가지고, 용이 사는 못가에 가서 일심으로 주문을 외웠습니다. 그곳의 용은 곧 큰 불이 못 밑에서 일어나 온 못이 다 끓는 것을 보고 몹시 당황하여 머리를 내어 산을 바라보았습니다. 거기도 다시 큰 불이 모든 산을 태우는 것을 보고 다시 산꼭대기를 우러러 보았으나 거기에는 허공뿐이어서 머무를 곳이 없었습니다. 그리고 사방이 다 뜨거워 도망갈 곳이 없는데 오직 항아리 속에 있는 물이 몸을 피할 수 있는 곳임을 알고, 몸을 조그맣게 변화시켜 항아리 속으로 들어갔습니다.

용이 사는 세계는 욕계에 비유한 것이요, 바라보는 산은 색계에 비유한 것이요, 우러러 보는 산꼭대기는 무색계에 비유한 것이요, 용을 저주하는 사람은 보살에 비유한 것이요, 항아리의 물은 열반에 비유한 것이요, 주술呪術은 방편에 비유한 것이요, 큰 불이 난 것은 덧없음을 나타낸 것이요, 용의 큰 몸은 교만에 비유한 것이며, 조그마한 몸으로 변화한 것은 겸손에 비유한 것입니다.

이것은 겁劫이 다하여 욕계와 색계가 모두 불타는 것을 나타냈으며, 덧없음의 큰 불은 두려워하는 중생들로 하여금 교만을 버리고 겸손하게 된 뒤에라야 열반에 들어간다는 것을 가르친 비유입니다.

갚음은 빠르다 하나

외국에 오랜 옛날부터 사람이 다니는 길에 큰 돌이 하나 있었는데, 수레와 말이 항상 밟고 다니기 때문에 점점 닳아 작아졌습니다. 그 나라의 어떤 사람이 왕래에 방해되는 그 돌을 싫어하여 때려 부숴 버렸습니다. 그 돌 속에서 독사 한 마리가 나와 바람을 마신 양만큼 그만큼 커지더니 얼마 지나지 않아 잠부드비파에 가득 찼습니다. 그는 잠부드비파 안의 중생들을 하루 동안에 다 잡아 먹고는 죽었습니다.

이것은 악의 갚음이 빠르기를 보인 것입니다. 하물며 보살도 본래 평범한 사람으로서, 티끌 수 같은 겁 동안에 큰 뜻을 내어 공덕을 쌓고 곧 부처의 도를 이루고, 법을 연설하여, 사람을 구제한 뒤에 열반에 드나니, 그 이익의 빠름을 어찌 이상하다 하겠습니까?

투쟁은 이롭지 않다 둘

옛날에 뱀 한 마리가 있었는데, 그 뱀의 꼬리와 머리가 서로 뽐내며 다퉜습니다.

"내가 앞이다."

"내가 앞이다."

머리는 다시 말했습니다.

"나는 귀가 있어 들을 수 있고, 눈이 있어 볼 수 있으며, 입이 있어 먹을 수 있으며, 길을 갈 때에는 맨 앞에 가게 된다. 그러므로 내가 크다 할 수 있다. 그리고 너는 그러한 재주가 없으니 크다 할 수 없다."

꼬리가 말했습니다.

"내가 너를 가게 하기 때문에 네가 갈 수 있다."

꼬리는 꼬리로써 나무를 세 번 감고 사흘 동안 놓지 않으니 머리는 먹이를 찾으러 갈 수 없어 굶주려 거의 죽게 되었습니다.

머리가 꼬리에게 말했습니다.

"너는 몸을 놓아라. 네가 크다."

꼬리는 그 말을 듣고 곧 놓아 주었습니다.

머리는 꼬리에게 말했습니다.

"네가 크니 앞장서서 가거라."

꼬리는 앞서서 가다가 몇 걸음도 가지 못하고 불구덩이에 떨어져 죽었습니다.

이 비유는 스님들 가운데 혹 총명하고 덕이 있는 어떤 장로가 법을 결정할 때에 아래 있는 젊은 스님들이 순종하려 하지 않으면 장로는 힘으로써 그것을 제지하지 않고 그들에게 이렇게 말해야 합니다.

'너희들 뜻대로 하여라.'

그렇게 하면 일은 되지 않고 '다 같이 법답지 않는데 떨어진다.' 는 비유니, 저 뱀이 불구덩이에 떨어지는 것과 같습니다.

번뇌라는 그물

옛날 어떤 새잡이가 늪 위에 그물을 설치하고 먹이를 그 안에 두었습니다. 새들이 짝을 지어 와서 다투어 먹이를 먹을 때 새잡이는 그물을 당겨 새를 모두 그물 속에 걸려들게 하였습니다.

그 때에 새 한 마리가 몸이 크고 힘도 세어 몸으로 그물을 들고 여러 새들과 함께 날아갔습니다. 새잡이는 그 그림자를 보고 쫓아갔습니다. 어떤 사람이 새잡이에게 말했습니다.

"새는 허공으로 날아가는데 그대는 걸어서 따라가니 어리석은 짓이 아니오?"

새잡이는 대답하였습니다.

"그대의 말과 다르네. 해가 저물어 저 새들이 잠자던 곳을 찾을 때에 그들이 잠자던 곳이 달라 반드시 떨어질 것일세."

그는 쉬지 않고 따라갔습니다.

날이 차츰 저물어 갔습니다. 쳐다보니 새들은 어지럽게 날면서 서로 다투었습니다. 어떤 놈은 동쪽으로 가려하고, 혹은 서쪽으로 가려하며, 어떤 새는 숲으로 가려하고, 혹은 못으로 가려하였습니다. 이렇게 다투다 보니 어느새 모두 떨어졌습니다. 새잡이는 그것들을 모두 차례차례 잡았습니다.

새잡이는 파피야스와 같고, 그물을 치는 것은 매여 부림煩惱(번뇌)과 같으며, 그물을 채로 나르는 것은 사람이 매여 부림을 떠나지 못한 채로 나고 죽음을 벗어나려는 것과 같고, 해가 저물어 날기를 그치는 것은 사람이 게으른 마음을 내어 더 공부하지 않는 것과 같으며, 깃들 곳을 찾되 꼭 같지 않는 것은 예순두 가지 소견을 일으켜 항상 서로 반대하는 것과 같고 새가 땅에 떨어지는 것은 사람이 삿된 소견의 갚음을 받아 지옥에 떨어지는 것과 같습니다.

이것은 매여 부림은 악마의 그물이라는 것을 밝힌 것입니다.

몸과 목숨과 재물을 가벼이 여기지 마라

옛날 부처님께서 세상에 계실 때 오백 명 역사力士가 모두 스님이 되어 한 곳에서 좌선하며 경을 외우기도 했습니다. 어떤 도둑이 와서 여러 스님네의 옷과 바루를 모두 빼앗아 가고, 오직 열반한 스님들의 것만 남아 있었습니다. 도둑들이 떠난 뒤에 여러 스님들은 열반한 스님들의 옷으로써 허술하게 차려입고 모두 부처님께 나아가 이 사실을 낱낱이 아뢰었습니다.

"너희들은 왜 큰 소리로 외치지 않았느냐?"

그들이 아뢰었습니다.

"부처님께서 허락하시지 않으셨기 때문에 감히 외치지 못했습니다.

부처님께서 비구들에게 말씀하셨습니다.

"만일 너희들이 외치지 않으면 도둑은 날마다 와서 너희들 옷을 빼앗아 갈 텐데, 누가 그 옷을 항상 대어 주겠느냐? 지금부터는 너희들이 도둑을 만났을 때 외치는 것을 허락한다. 그리고 몽둥이나 기왓장이나 돌을 들고 도적에게 겁을 주어 물러가도록 하되, 다만 실제로 해치지는 마라. 사람이 중요하게 여기는 것이 몸과 목숨과 재물이니라. 이 세 가지는 아낄 것도 아니지만 가벼이 여길 것도 아니니라.

왜 '몸은 아낄 것이 못된다.' 하는가?

몸은 덧없이 허물어지니 견고한 것이 아니다. 어리석고 미혹한 사람은 그것을 아껴 내 것이라 생각하고 탐하고 사랑하고 아끼면서, 좋지 못한 인연을 만들어 뒷날 나쁜 갈래에 떨어진다. 그러므로 아낄 것이 못 되느니라.

왜 몸은 가벼이 여길 것이 아닌가?

몸이 있기 때문에 성현聖賢을 뵙고 정성껏 맞이하여 예배함으로써 뒷날에 금강과 같은 보배로써도 무너뜨릴 수 없는 몸을 얻게 되나니, 그러므로 가벼이 여길 것이 아니니라.

왜 '목숨은 아낄 것이 못된다.' 하는가?

사람은 목숨을 위하기 때문에 살생하고, 도적질하며, 음행하고, 입으로써 네 가지 잘못을 저지르고, 마음으로써 탐욕과 성냄과 삿된 소견을 내다가 뒤에는 지옥에까지 떨어진다. 그러므로 아낄 것이 못되느니라.

왜 목숨을 가볍게 여길 것이 아닌가?

목숨이 있기 때문에 성현을 만나 설법을 듣고 꼼꼼하게 이치를 깊이 알아서 목숨이 다하도록 공부하다가, 뒤에 한량없고 끝이 없는 보배로운 목숨을 얻게 된다. 그러므로 가벼이 여길 것이 아니니라.

왜 '재물을 아낄 것이 못된다.' 하는가?

재물은 다섯이 나누어 갖는 것이기 때문이다. 즉 도둑·물·불·관청·잘못 키운 자식 등이 다섯이다. 이 다섯이 갑자기 오면 하루아침에 없어지는 것이 재물이다. 그러므로 아낄 것이 없다는 것이다. 그런데 왜 재물을 가볍게 여길 것이 아닌가?

좋은 복밭을 만나 재물로써 보시하여 갖가지 공양을 올리되 아까워하는 마음이 없으면 뒤에는 보배와 재물을 얻어 네 개의 큰 창고에 채워 가난한 이를 두루 구제하여 끝이 없을 것이다. 그러므로 재물을 가볍게 여길 것이 아니니라.

대개 복과 덕을 쌓을 때는 부처님의 도를 이루는데 마음을 둘 것이요, 다만 인간과 천상의 과보를 구할 것이 아니니라. 왜냐하면 마치 종자를 심는 것은 그 열매를 구하는데 있지만, 비록 열매는 익지 않더라도 줄기와 마디와 가지와 잎사귀는 저절로 얻어지는 것처럼 보시로써 복을 짓는 것도 또한 그와 같아서 뜻을 세우고 계율을 지키는 것은 다만 부처가 되는 열반의 길을 구할 것이니, 비록 금방 도를 이루지 못하더라도 인간이나 천상의 즐거움과 전륜성왕이나 제석천왕이나 범천왕은 저절로 될 수 있기 때문이다. 그것은 마치 곡식을 심으면 줄기와 마디와 가지와 잎사귀는 바라지 않아도 저절로 얻어지는 것과 같은 것이다. 그러므로 꼭 인간이나 천상의 과보인 즐거움만을 구할 것이 아니니라."

죄업이 되는 보시

옛날 인도에 큰 절이 있었는데 스님이 십만 분이나 계셨습니다.

그 분들 가운데 오만 분은 아라한 과를 얻어 여섯 가지 신통을 통달하셨고 번뇌가 다하셨으며, 오만 분은 아래 세 가지 과위를 얻은 분들도 있고, 아직 그렇지 못한 분들도 있었습니다.

어떤 장자가 사람 세상과 하늘 세상의 복락을 구하여 기쁨에 젖으려고 절에 와서 음식을 차려 스님들께 공양을 올렸습니다. 때에 어떤 상좌上座 스님이 계셨는데, 여섯 가지 신통을 얻은 큰 아라한이셨습니다. 그 분은 연세가 아주 많으셔서 수염은 하얗고 치아는 없으시고 몸이 몹시 여위신 분으로 십만 명 가운데서 가장 으뜸가는 분이셨습니다.

그 상좌 스님께서는 장자를 위하여 축원하신 뒤에 손을 씻고 장자에게 말하였습니다.

"시주님, 오늘의 보시는 큰 죄업을 지었소."

그 때에 그 모임에서 도를 얻지 못한 모든 스님들은 모두 말하였습니다.

"저 상좌 스님은 늙었기 때문에 상황을 잘 변별하지 못하여 이렇게 실례되는 말씀을 하셨다."

그 말을 들은 상좌 스님은 대답하셨습니다.

"앞에 내가 한 말은 사실일 뿐, 절대로 잘못된 말이 아니다."

스님들이 물었습니다.

"이 장자는 복을 심었는데 왜 죄업을 지었다 하십니까?"

상좌 스님께서 말씀하셨습니다.

"너희는 하나는 알고 둘은 모르는구나. 이 시주가 심은 복은 인간 세상과 하늘 세상 가운데서 복을 받겠지만 그 즐거움을 받는 동안에 크게 교만한 마음이 생겨 스스로 만족하게 여기고, 부처님을 뵙고도 받들지 않을 것이고, 경을 보고도 읽지 않을 것이며, 스님을 뵙고도 공경하는 마음이 없을 것이며 거리낌 없이 함부로 행동하다가, 오늘 심은 복이 다하면 나쁜 갈래에 떨어져 한량없는 아승기 겁을 지나서야 죄가 다하게 된다. 그것은 오늘과 같은 보시를 함으로써 바로 세속의 큰 갚음을 받기 때문이다. 만일 거룩한 도에 마음을 두고 복을 짓는 사람이면 뒤에 갚음을 받을 때에 끝까지 그러한 나쁜 갚음은 없느니라."

지혜로운 이는 인과를 믿는다

옛날 인도에 가난하게 사는 두 사람이 있었습니다.

그들은 먹고 살기 어려워 항상 우유 종류를 팔며 살았습니다. 그들은 각기 우유병을 지고 시장에 나가 팔곤 했는데, 어느 때 비가 와서 길이 미끄러웠습니다. 한 사람은 지혜가 있어 가만히 생각하였습니다.

'오늘은 비가 와서 길이 질어 가기 어렵다. 가다가 혹시 넘어져 병이 깨어지면 몽땅 손해를 보고 말 것이다. 지금 우유의 웃물만 가지고 가면 내가 혹시 넘어지더라도 손해가 얼마 되지 않을 것이다.'

다른 한 사람은 지혜가 적어 모두를 가지고 시장에 갔습니다. 그들은 도중에 미끄러져 넘어졌고 가지고 가던 것은 모두 깨어졌습니다. 한 사람은 근심하고 슬피 울면서 땅에 넘어진 채로 뒹굴었으나 한 사람은 전혀 근심하지 않고 또 안타까워하지도 않았습니다.

어떤 사람이 물었습니다.

"당신들 두 사람은 다 같이 우유병이 깨어져 피차에 손해가 같을 텐데 왜 한 사람은 근심하고 슬피 울며 안타까워하고 한 사람은 태연하며 조금도 안타까워하는 빛이 없는가?"

"나의 우유는 그 윗물을 전혀 내지 않았는데 지금 병이 깨어져 몽땅 손해를 보았습니다. 그래서 안타까워 견딜 수가 없습니다."

다른 한 사람이 대답했습니다.

"내가 가져온 우유는 윗물을 먼저 내었기 때문에 지금 병이 깨어졌어도 손해가 별로 없습니다. 그래서 태연할 수 있고, 안타까움도 저 사람보다 덜합니다."

병은 몸에 비유한 것이요, 우유는 재물에 비유한 것입니다.

어떤 사람은 후세의 과보를 깊이 믿고 가진 재물을 모두 보시하므로 몸이 깨어져도 잃는 것이 별로 없습니다. 그것은 저 우유 장사가 우유병이 깨어져도 손해가 아주 적기 때문에 그 마음이 태연하고 안타까워하지 않는 것과 같습니다.

나무 불의 공덕

옛날에 오백 명 상인이 보배를 찾아 배를 타고 바다로 나갔습니다. 불행하게도 마갈어가 머리를 물 위로 들어내고 입을 벌려 중생들을 잡아먹으려는 때를 만났습니다. 바람은 솔솔 불었으나 배는 화살처럼 빠르게 달렸습니다. 우두머리 상인이 여러 사람에게 명령했습니다.

"배가 너무 빨리 간다. 모든 돛을 내려라."

명령대로 모든 돛을 내렸으나 배는 더욱 빨리 달려 멈춰지지 않았습니다.

우두머리 상인이 망루지기에게 물었습니다.

"무엇이 보이느냐?"

"위에는 해가 두 개 있고, 밑에는 흰 산이 있으며, 중간에 검은 산이 보입니다."

우두머리는 깜짝 놀라며 말했습니다.

"그것은 무지하게 큰 고기다. 어떻게 할 방법이 없다. 나와 너희들은 지금 모두 매우 곤란한 지경을 당했다. 저 고기 뱃속에 들어가면 다시 살아날 방법이 없다. 너희들은 제 각각 그대들이 섬기는 분에게 한결같은 마음으로써 살려 달라고 간절히 빌어라."

이렇게 되자 여러 사람들은 각각 그들이 섬기는 신에게 일심으로 귀의하여 액난에서 벗어나기를 빌었습니다. 그러나 구하는 것이 간절할수록 배는 더욱 빨리 달려가서 잠깐도 쉬지 않아, 곧 고기의 입안으로 들어가게 되었습니다. 우두머리는 여러 사람에게 말하였습니다.

"나는 위대한 분을 섬기는 데 이름은 '부처님' 이라 한다. 너희는 본래 섬기던 것을 버리고 나를 따라 일심으로 '부처님께 귀의합니다.' 라고 외쳐라. 살고 싶다면."

그 때에 오백 명이 모두 큰소리로 외쳤습니다.

"부처님께 귀의합니다."

고기는 '부처님' 이란 말을 듣고 생각하였습니다.

'지금 이 세상에 부처님이 계시는 것 같은데 내가 어찌 중생을 해치겠는가.'

고기가 곧 입을 다물었습니다. 물은 모두 거꾸로 흘러 고기의 입에서 자꾸 멀어져 오백 상인들은 모두 액난을 벗어났습니다.

그 고기는 전생에 스님으로서 죄를 짓고 고기 몸을 받았는데 '부처님' 이란 이름을 듣자 이내 전생일을 기억해 내고 착한 마음이 생겼던 것입니다. 이것은 오백 명 상인이 다만 일심으로 부처님을 생각하고 그 명호를 부른 것만으로도 하늘과 땅에 가득한 재앙에서 벗어난 것을 말한 것입니다. 그런데 부처님을 생각하며 받들고 삼매를 익힌다면, 무거운 죄를 가볍게 하고 가벼운 죄를 소멸하게 하는 그런 갚음이야 그렇게 대단한 것이겠습니까?

인간의 시조 하나

"우주의 종말이 와서 세계가 불탈 때에는 세 세계 모두가 다 텅비게 된다. 그런데 중생들의 복덕과 인연의 힘으로써 시방에서 바람이 불어오고, 그 바람에 실려 온 구름이 큰 비를 퍼 부어 세상이 온통 물바다가 된다. 그 물에 천 개의 머리와 이천 개의 손발을 가진 사람이 있으니, 그의 이름을 위세違細라 한다. 그 사람의 배꼽에서 천 송이 금빛 연꽃이 피고 그 광명은 만 개의 해가 한꺼번에 비추는 것처럼 밝다. 꽃 속에는 사람이 있어 가부좌하고 그 사람도 또 한량없는 광명이 있으니 그의 이름은 범천왕이다. 그는 심장으로써 아들 여덟을 만들고, 그 여덟 아들이 하늘과 땅의 사람들을 낳는다. 그 범천왕은 어떤 음욕이나 성냄도 이미 없어졌으니, 이런 이유로 만일 어떤 사람이 선정에 들어 깨끗한 행을 닦아 음욕을 끊어 없애면 '범도梵道를 실행한다.' 고 이름 한다.

부처님께서 펴시는 법을 어떤 이는 범륜梵輪이라고도 이름하는데 이것은 범천왕이 연꽃 위에 앉았기 때문이다.

이러한 이유로 모든 부처님께서 세속을 따르시는 까닭에 보배연꽃 위에 결가부좌하시고 육바라밀을 말씀하시며, 이 법을 들은 이는 반드시 위없이 바르고 평등한 깨달음에 빠르게 이른다."

예쁜 눈을 사랑합니다 둘

"옛날에 얼굴과 머리가 단정하고 위의와 맵시가 특별한 귀족인 여자가 있었습니다. 장성하자 집을 떠나 스님이 되어 도를 닦아 아라한의 과위에 올랐습니다. 그는 성 밖 숲속 길을 혼자 걸어 가다가 길에서 어떤 남자를 만났습니다. 그 남자는 이 비구니 스님의 아름다운 얼굴을 보고 반하여 그 앞을 막아서서 말하였습니다.

"만일 저의 간청을 들어주지 않으면 가지 못하게 하겠습니다."

비구니 스님은 곧 나쁜 이슬의 더럽고 깨끗하지 못한 법을 말하였습니다.

"내 머리와 눈과 손발의 어디가 그렇게 탐스럽습니까?"

그 사람은 말하였습니다.

"나는 스님의 고운 눈을 사랑합니다."

그 때에 비구니 스님은 오른 손으로 한 쪽 눈을 빼어 그 남자에게 보였습니다.

스님의 온 얼굴에 피가 흐르니 그 남자는 그것을 보고 반했던 생각이 없어졌습니다.

비구니 스님은 한 쪽 눈을 손에 들고 부처님께 돌아가 눈을 도로 본 자리에 넣고 그 사실을 죄다 말씀드렸습니다. 그러자 부처님께서 이내 계율을 제정하셨습니다.

"비구니 스님은 지금부터 성 안이거나 밖이거나 촌락이거나 어디든지 혼자 다니지 마라."

필요 없는 것은 존재하지 않는다

이 세상의 풀과 나무는 모두 약이 되지만 잘 분별하지 못하기 때문에 모를 뿐입니다.

옛날 이름난 최고의 의원이 있었는데 이름이 기바였습니다. 그가 약초를 배합하여 동자상을 만들면, 이 상을 보는 이는 모두 기뻐하였고, 어떤 병도 모두 나았습니다.

그는 한 가지 풀로써 많은 병을 치료하기도 하고 여러 가지 풀로써 한 가지 병을 치료하기도 하였습니다. 이 세상의 풀을 사용하지 아니한 것이 없고, 이 세상의 병 가운데 치료하지 못한 병이 없었습니다.

기바가 죽자 이 세상의 약초들은 한꺼번에 눈물을 흘리고 울면서 모두 소리 질러 말했습니다.

"저희를 사용하여 병을 고친 분은 오직 기바님 뿐이었다. 그 분은 우리를 밝게 알았으나, 기바님이 세상을 떠난 뒤에는 아무도 우리의 가치를 제대로 모른다. 뒷세상 사람들은 우리를 잘못 사용하기도 하고 혹은 더하고 덜하여 병을 고치지 못하면, 온 세상 사람들이 우리 모두를 신기하지 못하다고 말할 터이니, 이것을 생각하면 눈물이 흐른다."

그러나 오직 하리륵은 한 켠에서 울지 않고 스스로 말했습니다.

"나는 온갖 병을 다 고칠 수 있다. 나를 먹는 이는 어떤 병도 다 나을 것이요, 나를 먹지 않는 이는 스스로 고치지 못 할 뿐이다. 사람의 지혜를 기다리지 않기 때문에 나는 울지 않는다."

기바는 부처님께 비유함이요, 모든 약초는 법에 비유함이요, 하리륵은 덧없음과 같다. 이것은 부처님께서 세상에 계실 때는 법을 잘 사용하여 사람의 병인 음욕 · 성냄 · 어리석음을 고치고 또 다른 여러 가지 좋은 법을 알맞게 쓰되 일정한 법이 없음을 말함이니, 그것은 병자와 좋은 의원에 비유한 것입니다.

부처님께서 세상을 떠나신 뒤, 모든 법을 잘 사용하되 때에 따라 변화함을 말함입니다. 그리고 덧없음을 관찰하는 이는 병을 많이 고치는데, 음욕과 성냄과 어리석음도 잘 고치고, 잘 사용하는 이는 병을 고치고, 잘못 사용하는 이는 고치지 못하는 것을 말함이니, 그러므로 하리륵과 같다고 비유했습니다.

그 밖의 다른 여러 가지 법은 쉽게 사용할 수 있는 것이 아니므로, 그것을 사용하는 이는 반드시 그 스승을 만나야 하는 것이니, 잘 사용하면 병이 낫지만 잘못 사용하면 병을 더하기 때문입니다.

여섯 생의 신통

옛날에 어떤 도살업자가 아자타사트루 왕에게 가서 청원을 드렸습니다.

"너의 소원이 무엇이냐?"

"대왕님께서 명절 모임 때에 반드시 짐승을 잡을 것입니다. 그 일을 저에게 맡기시면 제가 정성을 다하겠습니다."

"짐승을 죽이는 일은 아무도 즐겨하지 않는데 너는 왜 죽이는 일을 좋아하느냐?"

"저는 전생에 가난하여 도살장에서 일하였습니다. 그 때문에 사왕천에 태어났다가 거기서 하늘 목숨을 마치고 인간으로 태어나 계속 도살업을 하였고, 거기서 목숨을 마치고 도리천에 났습니다. 이렇게 여섯 번 도살업을 했기 때문에 타화자재천에까지 두루 태어나서 한량없는 복을 받았습니다. 그렇기 때문에 지금 왕에게 간청합니다."

왕이 말했습니다.

"비록 너의 말이 진실이라 하더라도 무엇으로써 그것을 알았느냐?"

"저는 전생일을 압니다."

왕은 그의 말을 들었으나 믿지 않았다.

'저것은 거짓말이다. 저런 사람이 어떻게 전생일을 알겠는가?'

그 뒤 어느 때 부처님께 나아가 여쭈었습니다.

부처님께서 말씀하셨다.

"진실로 그 말과 같습니다. 거짓말이 아닙니다. 그 사람은 일곱 생 이전에 프라데카 부처를 만나 기쁜 마음을 내어 지극한 마음으로 자세히 살펴보되, 그 머리를 우러러 보고 그 발을 찬찬히 보다가 곧 착한 마음이 생겼습니다. 그 공덕으로 여섯 하늘에 두루 났었고, 인간에 내려와 태어나서는 전생일을 알게 되었던 것입니다. 복덕이 있었기 때문에 여섯 번 천상과 인간에 태어났고, 그 죄업이 아직 받을 때가 아니라 지금 당장은 갚음을 받지 않지만 저 몸을 마치면 반드시 지옥에 떨어져 도살한 갚음을 받을 것입니다. 지옥에서 나와 양의 무리로 태어나 낱낱이 그 갚음을 받아야 할 것입니다. 그 사람이 전생일을 아는 지혜는 얕아서 여섯 생 안의 일만 알고, 과거 일곱 생째의 몸은 모르기 때문에 양을 잡는 것이 곧 하늘에 태어나는 원인으로 생각하는 것입니다. 이와 같이 다만 몇 전생의 일을 아는 것은 여섯 가지 신통도 아니고 세 가지 밝음도 아닙니다."

저는 도적입니다 하나

옛날에 어떤 나라 임금은 죄와 복에는 반드시 과보가 있다는 것을 확실히 알았습니다. 그래서 항상 보시하기를 좋아하여 백성들의 간청을 거스르지 않았으므로 그의 이름은 널리 퍼져 모르는 이가 없었습니다. 어느 때에 이웃 나라에서 군대를 출동시켜 나라를 침입해 오자, 왕은 혼자 곰곰이 생각했습니다.

'만일 내가 전쟁터에 나가면 반드시 많은 목숨을 죽이게 될 것이니, 차라리 내 한 몸을 죽여 백성들을 죽게 하지 않겠다.'

적의 군대가 성의 동쪽 문으로 쳐들어오자 왕은 서쪽 문으로 빠져나가 혼자 숲 속으로 달아났습니다. 그 때에 어떤 바라문이 숲을 지나 가다가 마침 그 왕을 만났습니다. 그들은 서로 문안한 뒤 왕이 바라문에게 물었습니다.

"당신은 어디서 왔으며, 어디로 가려고 하시오."

"저는 소문을 들었습니다. 이 나라 임금님은 보시하기를 좋아하여 백성들의 간청을 거스르지 않는다 합니다. 그래서 멀리서 재물을 얻으려고 왔습니다."

"당신이 말하는 그 임금이 바로 나요."

바라문은 이 말을 듣고 놀라며 이상하게 생각하고 물었습니다.

"대왕님은 왜 지금 이렇게 혼자가 되셨습니까?"

왕은 그 사정을 자세히 이야기 하였습니다. 바라문은 그 말을 듣자 땅에 쓰러져 한참 동안 까무러쳤다가 왕이 붙들고 일으켜 얼굴에 물을 뿌린 뒤에야 깨어났고, 왕은 물었습니다.

"왜 그러시오."

"저는 옛날부터 빈궁하여 재물이 없었습니다. 그래서 멀리 와서 재물을 얻고자 하였는데, 왜 지금 왕께서 이러한 경우를 당하셨는지 모르겠습니다. 그래서 한스럽고 괴로워 어떻게 해야 할 것인가를 모르겠습니다."

왕은 그를 위로하며 말했습니다.

"당신은 걱정하지 마시오. 나는 당신에게 큰 재물을 얻도록 해주겠소.

저 이웃 나라의 왕은 비록 나의 나라는 얻었으나 아직 왕인 나를 잡지 못했소. 그러므로 방방곡곡에 명령을 내려 많은 상금을 내걸고 사람을 불러 모아 나를 붙잡으려 할 것이오. 당신은 나를 결박하여 궁문 앞으로 끌고 가시오. 저 왕은 기뻐하며 반드시 당신에게 많은 상금을 줄 것이오."

바라문은 왕의 말씀대로 새끼로써 왕의 두 손을 묶고 왕궁의 문 앞으로 끌고 갔습니다. 문지기는 그것을 보고 곧 왕에게 아뢰었습니다. 왕은 이 말을 듣고 매우 기뻐하며 곧 문지기에게 명령하여 결박된 왕과 바라문을 데리고 오게 하여 왕의 앞에 앉게 했습니다.

"그대는 어떤 술법으로써 이 왕을 잡았느냐?"

"내게는 어떤 기술도 수법도 없습니다. 이 분은 본래 왕으로 있을 때 보시하기를 좋아하였기 때문에 저는 재물을 얻으러 멀리서 오다가 마침 숲 속에서 서로 만나게 되었습니다. 이 분은 저에게 물었습니다.

'어디로 가는 길입니까?'

'아무 나라의 왕에게 가는 길입니다.'

'내가 바로 아무 나라의 왕입니다.'

저는 앞의 말을 듣고 곧 숨이 막혀 까무러쳤습니다. 이 분은 나를 붙들어 일으키고 내 얼굴에 물을 뿌린 뒤에 다시 저에게 물었습니다.

'당신은 왜 이러시오.' 저는 대답했습니다.

'전생에 보시하지 아니했으므로 이 세상에 나서 빈궁하여 재물을 얻으려고 멀리서 일부러 왔는데 저의 소원을 이루지 못하게 되었으므로 한탄하고 괴로워 할 뿐입니다.'

이 분은 말했습니다.

'너무 걱정 마시오. 나는 내 몸으로써 당신의 소원을 이루도록 해주겠소.'

다시 저에게 말했습니다.

'당신은 끈으로서 내 두 팔을 묶어 이웃 나라의 왕 앞으로 끌고 가시오. 저 왕은 반드시 당신에게 상을 줄 것이오.' 라고 하였습니다."

나라를 빼앗은 왕이 바라문의 말을 듣고 곧 눈물을 흘리며 자리에서 내려앉아 본래의 왕에게 절하고 말하였습니다.

"당신은 사람의 대왕이시고 저는 도적입니다."

이렇게 말한 왕은 곧 군대를 거느리고 본국으로 돌아갔고, 왕은 원래대로 왕위에서 나라를 잘 다스렸습니다. 이것은 보살이 본래 범인으로서 그 행한 바 지극한 덕이 이러하니, 만일 누구나 지극한 마음으로써 경전을 쓰거나 모시면 하늘이나 악한 사람도 그 틈을 얻지 못한다는 것을 밝혔습니다.

두 가지 도적 둘

두 가지 종류의 도적이 있습니다.

첫째 힘의 도적이요, 둘째 방편의 도적입니다.

힘의 도적은 손으로써 벽을 뚫고 혹은 사자 모양을 만들고, 혹은 연꽃 모양을 만들어 그 집에 들어가 물건을 훔치되, 다 가지고 가지 않고 조금 남겨두어 주인이 살아가도록 하고, 또 사람들로 하여금 이 도적은 좋은 도적이라고 말하게 하려고, 돌아와서는 옷을 바꿔 입고 여러 사람들과 함께 물건을 잃은 집으로 가서 봅니다.

그 때에 여러 사람들은 그 도적이 벽 뚫은 곳을 보고 모두 말했습니다.

"이 도적은 교묘하다."

어떤 방편을 쓰는 도적은 남몰래 범지의 옷으로 갈아입고 그 사람들 속에 있다가 이렇게 말했습니다.

"이 도적은 교묘하지 않소. 힘을 많이 쓰고 얻은 물건은 적소. 어떤 것을 교묘하다 하는가? 결코 힘을 들이지 않고 얻는 물건이 많아야 교묘한 도적이다."

힘 있는 도적은 이 말을 명심했다가 여러 사람이 떠나기를 기다려 그에게 물었습니다.

"어떤 것을 방편의 도적이라 하는가?"

"그것을 꼭 알고 싶으면 나를 따라 다녀라. 한 달 남짓 같이 지내면 내가 알게 해주겠다."

이에 방편을 보여 줄 도둑이 곧 방편으로, 남모르게 범지梵志의 복장을 하고, 어떤 큰 장자의 집으로 가서 장자에게 말했습니다.

"작은 물건이지만 나에게 매우 필요한 것이 있는데, 그것을 나에게 주면 역시 아름다움이 아니겠소?"

장자는 옷 한 벌 값 정도를 청하는 것으로 생각하고 대답했습니다.

"드리겠소."

아직 물건을 얻기 전에 다짐하였습니다.

"장자께서 전에 내게 승낙하여 마음으로 허락한 것을 얻을 수 있습니까?"

"드리고말고요. 반드시 얻을 것이요."

이렇게 세 번을 반복한 뒤, 곧 문서를 만들어 관청에 가서 말했습니다.

"아무개 장자가 나에게 십만 냥을 빚졌는데 갚으려 하지 않습니다."

이렇게 방편을 부려 고소한 도적은 장자와 원수지간인 사람을 증인으로 삼았습니다. 그 때에 관청에서는 증인과 장자를 동시에 불러 물었습니다.

"이 문서에 적힌 것이 사실인가?"

"사실입니다."

재판관은 장자에게 금 십만 냥을 범지에게 주라고 판결하였습니다. 이렇게 방편의 도적은 힘들이지 않고 많은 돈을 가지게 되었고, 교묘한 도적질을 배운 사람은 그것을 보고 기뻐했습니다.

안전한 금고

어떤 용은 물 한 방울로써 한 나라 혹은 두 나라, 세 나라 나아가서는 온 잠부드비파를 적시며 용은 혼자 생각하였습니다. '나는 이 물 한 방울을 잘 간직해 두어, 이 물이 마르지 않고 항상 있게 하고 싶은데 어떤 곳이 좋을까? 다른 곳에 보관할 수 없다. 오직 큰 바다 속에 간직해 두어야 마르지 않을 것이다.'

이 뜻은 조금 베풀었으나 그러나 그 갚음은 다함없음을 얻는 것에 비유함이니, 오직 반드시 부처님의 도 가운데 보관해야 안심이 되는 것입니다. 이 맑은 물방울은 용의 지혜와 더불어 일치하는 까닭으로 보관할 곳을 얻어야 마르지 않으며, 보시는 반야와 더불어 일치하는 까닭으로 둘 곳을 얻어야 마르지 않습니다.

금륜보의 출처

전륜성왕이 금바퀴를 소유하는 내력은 이러합니다.

제석천왕이 항상 사천왕에게 분부하며, 매달 6일에 천하를 돌아다니면서 사람들의 선악을 살펴보게 합니다. 사천왕과 태자와 그 사자들은 어떤 큰 나라의 왕이 열 가지 선행과 네 가지 평등한 마음으로써 세상을 다스리되 백성들을 걱정하며 그 마음이 인자한 아버지와 같음을 보고, 그들은 이 사실을 제석천왕에게 아룁니다.

제석천왕은 이 보고를 받고 그렇게 하는 것을 축하하며, 곧 비수갈마에게 명령하여 금바퀴를 만들어 주게 하고, 비수갈마는 금바퀴를 바이슈라마나 천왕에게 주고 바이슈라마나 천왕은 그것을 날아다니는 야차에게 주고, 날아다니는 야차는 그것을 큰 나라 왕에게 줍니다.

바이슈라마나 천왕은 야차에게 명령합니다.

"너는 항상 왕을 위하여 이 금바퀴를 가지고, 왕이 수명을 마칠 때까지 중도에서 버리지 말고 왕의 정수리에 씌워라."

그렇기 때문에 야차는 항상 그것을 가지고 나아가거나 머물거나 그 성왕의 뜻을 따르다가 수명을 마친 뒤에야 도로 바이슈라마나 천왕에게 돌려주고, 바이슈라마나 천왕은 비수갈마에게 돌려주고 비수갈마는 도로 보배 광속에 갈무리 합니다.

복이 많으면 보리심을 잃는다

옛날에 바가라는 대범천왕이 있었습니다. 그는 전생에 오래 사는 인연을 심었기 때문에 그 수명은 칠십이 명의 범천 사람의 수명보다 길어 그들은 수명을 마쳐도 그의 수명은 다하지 않았습니다.

그래서 그는 그 수명 때문에 곧 삿된 소견을 내어 스스로 '항상 산다.' 고 생각하였습니다. 그리고 다시 생각하였습니다.

'나는 자유를 얻었다. 지금부터는 아무도 나를 함부로 하지 못할 것이다. 만일 내가 허락하면 그는 와서 나를 볼 수 있지만 내가 허락하지 않으면 오지 못할 것이다.'

부처님께서는 신통의 마음과 도의 눈으로써 그의 마음을 비춰 살펴보시고 샤리푸트라와 마우드갈야야나 등 네 제자와 함께 허공을 타고 가서 그의 정수리 위에 앉으셨습니다. 샤리푸트라는 오른쪽에, 마우드갈야야나는 왼쪽에, 마하카샤파는 앞에, 마하카챠야나는 뒤에 있었습니다.

부처님께서 범천왕에게 말씀하셨습니다.

"너는 '항상 산다, 자유를 얻었다.' 고 생각하는데 내가 지금 어떻게 너의 정수리 위에 앉을 수 있느냐?"

다시 물으셨습니다.

"너는 어떤 일을 보았기에 항상 살면서 자유를 얻었다고 생각하느냐?"

"저는 범천에서 일흔 두 사람이 차례대로 목숨을 마쳐도 제 목숨은 다하지 않고, 또 세 가지 큰 복덕이 있어서 하늘 사람들은 목숨을 마쳐도 저의 수명은 여전히 다하지 않습니다. 이 인연으로써 '항상 산다.' 고 스스로 생각하는 것입니다."

부처님께서 말씀하셨습니다.

"나는 일체 지혜를 가진 부처로서 네가 처음으로 난 때도 보고 또 네가 죽을 때와 모든 법을 다 보되 조금도 틀림이 없다. 너는 어리석고 미혹하여 '항상 하다.' 고 스스로 생각하지 말라. 범천왕아, 너는 전생 일을 알아야 한다. 네가 부처가 되려고 했음을 정확히 아느냐? 모르느냐?"

"부처님께서 저의 근본을 아시오니, 무슨 인연으로 제가 이곳에 태어났습니까?"

"너는 본래 다섯 가지 신통을 얻은 신선으로서 처음에 여러 사람들이 배를 타고 바다에 들어 갈 때에 사나운 바람이 거세게 일어나 물결이 하늘에 닿았었다. 그 때, 너는 신통의 힘으로써 그들을 구원하여 언덕 위로 끌어올려 그들로 하여금 죽음의 재앙을 면하게 하였으니 이것이 첫째 인연이다. 또 너는 큰 나라의 신하가 되었다. 그 때에 어떤 마을 사람들이 왕의 법을 어겼다. 왕은 매우 성내며 그 마을 사람을 다 죽이려 했다. 너는 그들을 가엾이 여겨 너의 집 재산을 모두 주고, 그들에게 '도의 땅'을 제공하여 그들을 모두 구제하였으니 이것이 둘째의 인연이다. 이 두 가지 인연으로써 너는 긴 수명을 얻은 것이다. 그리고 지금부터 36겁을 지나면 네 수명은 다할 것이다."

범천왕은 부처님의 말씀을 듣고 믿는 마음이 생겨 한결 같은 마음으로 생각하더니 아나가민 도를 얻었습니다.

범천왕은 앞의 두 가지 인연만으로도 오히려 그러한 수명을 얻었거늘 하물며 부처님은 한량없는 아승기 겁동안 큰 서원을 쌓되 중생들을 사랑하고 가엾이 여겨 머리를 달라면 머리를 주었고, 눈을 달라면 눈을 주는 등 구하는 것은 모두 주었으니, 몸이 허공에 가득 차는 것도 크다고 할 수 없고, 티끌 수 같은 겁의 수명도 길다고 할 수 없습니다.

구 잡비유경 上

吳天笑三藏 康僧含 한문번역

몽산(夢山) 관일(觀一) 한글 번역

오 계를 지키는 위력

옛날 옛적에 살박薩薄이라는 상인이 있었는데, 어느 때에 다른 나라에 장사하러 갔다가, 부처님 재가 제자의 집 근처에 머물렀습니다. 부처님 제자가 그 때 집에서 큰 복을 지으려고 높은 자리를 잘 만들고, 여러 스님을 초청하니 스님들은 죄악과 복업에 대하여 강의하고 토론하되, '좋은 업과 나쁜 업은 마음과 몸과 입을 말미암아 결정된다.' 하고, 네 가지 진리와 덧없음과 괴로움과 공한 법 등을 설명하였습니다.

먼 길을 온 상인이 그 때에 곁다리로 가서 설법을 듣고, 알아듣고 믿고 즐거워 하다가, 즉시 다섯 가지 계율을 받고 고마움을 우파사카에게 말하니, 상좌上座가 법으로써 권유하고 법을 좋아하도록 말씀하였습니다.

"훌륭합니다. 몸과 입과 마음을 보호하여 열 가지 좋은 일을 갖춘 이가 다섯 가지 계율을 받아 지키면 계율 한 가지에 다섯 신神이 있으니 다섯 가지 계율에는 25신이 있어 보호합니다. 금생에는 호위하여 잘못되는 액운橫이 없게 되고, 죽은 뒤 세상에서는 저절로 하염없는 큰 도에 이르게 합니다."

이 법문을 들은 상인은 거듭 기뻐함이 다함없었습니다. 훗날 본국에 돌아 간 그는 자기 나라에 불법이 조금도 없으니까 곧 교화를 베풀어 두려움이 없음을 받게 하고자 하여, 저 나라에서 받은 법으로써 부모와 형제와 아내와 자식들과 집안 안팎의 사람들을 교화하니 죄다 곧 불법을 신봉하였습니다.

그 상인이 살던 나라에서 천 리 밖에 한 나라가 있었으니, 백성이 많고 풍요롭고 즐거우며 보물이 넉넉하여 살기가 좋았습니다. 그러나 두 나라 사이가 막혀 백 여 년 동안 서로 연락하지 못했습니다. 그 이유는 두 나라 사이에 야차가 있어, 통과하려는 사람이면 누구나 다 잡아 먹어, 그 사람의 숫자가 헤아릴 수 없었던 까닭에 왕래하는 사람이 없었습니다. 상인은 곰곰이 생각하였습니다.

'나는 부처님의 계율을 받아 잘 지키니 경전에 말씀하신 대로 스물다섯 명의 신이 나를 보호하고 도우는 것은 의심할 여지가 없다. 저 귀신은 하나뿐이라고 들었으니 내가 가면 반드시 그를 항복받고 승리하겠다.'

그 때에 같은 상인 오백 명을 모아놓고 그들에게 말하였습니다.

"나에게 기이한 힘이 있어 저 귀신을 항복받을 수 있소. 그대들이 저 나라에 가기만 하면 큰 이익을 남길 수 있소."

여러 상인들은 함께 의논하였습니다.

"두 나라가 통상하지 못한 지가 너무 오래되었습니다. 만약 저 나라에 가기만하면 많은 이익을 내는 것은 뻔한 일이다."

서로 적당한 시기라고 하면서 길을 따라 장삿길을 떠나 가다가 길 중간에 이르러 귀신이 사람을 먹어 치운 처소에 이르니 사람의 해골과 머리카락이 여기저기 땅에 나뒹굴었습니다.

살박은 혼자 곰곰이 생각했습니다.

'귀신이 옛날부터 지금까지 잡아먹은 사람의 흔적이 지금 앞에 벌어져 있다. 나는 직책상 죽음으로써 이 여러 사람들의 두려움을 없애 주어야 하겠다.'

그는 여러 사람들에게 말했습니다.

"그대들은 여기에서 휴식을 취하시오. 나는 홀로 가려고 하오. 당연히 귀신을 이기고 돌아와 그대들의 영접을 받겠소. 오래 기다려도 오지 않거든 죽은 줄 알고 돌아가고, 절대로 앞으로 내닫지 마시오."

이어 혼자 앞쪽으로 수 리를 가서 귀신이 오는 것을 마주 보고, 곧은 마음으로써 염불하니 뜻이 안정되어 두렵지 않았습니다. 귀신이 상인 앞에 와서 말했습니다.

"그대는 어떤 사람인가?"

"나는 이 길을 지나가려는 사람들의 길잡이다."

귀신이 크게 웃으며 말했습니다.

"너는 나의 이름을 들었느냐, 못 들었느냐? 들었으면서도 길을 지나가려고 하다니!"

살박이 말했습니다.

"그대가 여기에 사는 것을 아는 까닭으로 와서 그대와 싸우려고 왔다. 만약 그대가 이기면 곧 나를 잡아먹고, 만약 내가 이기면 모든 사람들이 이 길을 다니면서 온 세상을 이롭게 하도록 해주어라."

"누가 먼저 손을 쓰는 것이 적당하겠는가?"

"내가 와서 청하였으니 내가 먼저 손을 쓰겠다."

귀신이 그것이 옳다고 허락하였습니다.

살박이 오른 손으로써 그를 때리니 손이 귀신의 몸에 들어가 아무리 빼도 나오지 않자, 왼 손으로써 다시 그를 치자 또한 몸에 들어가 아무리 빼도 나오지 않았습니다. 연달아 오른 발 왼 발로써 찼으나 매 한가지였습니다. 마지막으로 머리로 들이 받았으나 머리까지 모두 들어가 도저히 움직일 수 없었습니다.

이렇게 되자 야차가 시로써 말했습니다.

손과 발 그리고 머리까지
다섯 가지로써 비록 나를 쳤으나
다만 앞으로 죽을 수밖에
날뛴들 무슨 수 있겠느냐?

손과 발 그리고 머리까지
다섯 가지가 비록 매임을 당했으나
내 마음 금강석 같아서
끝끝내 너에게 먹히지 않느니라.

나는 귀신 가운데 왕 귀신
귀신으로서 많은 힘 지녀
옛부터 지금까지 너희들 먹은 것
그 숫자 많고 많아 헤아리지 못하느니라.
지금 너는 죽음이 눈앞에 있거니
어찌하여 터무니없는 말만 하느냐?

이 몸은 항상함 없어
나는 일찍부터 버리려했네.
마귀가 때맞게 나의 소원 들어주니
이 몸으로써 곧 바로 보시하리라.
이것을 인연하여 정각正覺을 얻고
당연히 위없는 지혜를 성취하리라.

뜻이 오묘한 마하살摩訶薩로서
세 세계 가운데 희유하며
필경에 사람을 제도하는 스승이 되시리니
덕이 구비됨 멀지 않겠습니다.
이 몸으로써 스스로 귀의하기 소원이오니
머리 숙여 땅에 대고 절 드립니다.

이에 야차는 상인 앞에서 다섯 가지 계율을 받고, 중생을 사랑하는 마음으로 곧 예배하고 물러나 깊은 산에 들어갔습니다. 살박은 돌아가 여러 상인들과 그 나라에 나아가니, 두 나라 사람들은 살박이 귀신을 항복받아 길을 트게 된 사실을 알고, 다 같이 다섯 가지 계율을 받고, 열 가지 좋은 행동을 실천하였습니다.

이에 부처님의 법은 지극히 진실하고 헤아릴 수 없음을 알고 다함께 계율을 지키고 삼보를 공경하니 나라가 태평해졌으며 죽은 뒤 하늘에 태어나 도를 얻었습니다. 이것은 다섯 가지 계율을 지킨 어진 이의 바른 믿음과 은혜에서 생긴 힘이었습니다.

부처님께서 모든 비구에게 말씀하셨습니다.

"그 때 살박은 나의 몸이었으니, 보살로서 계율을 지키고 바라밀로써 제도하는 것이 이와 같았느니라."

세 가지 어리석음

지나간 세상 헤아릴 수 없는 겁 이전에 공작왕孔雀王이 있었습니다.

그는 5백 마리 암컷을 거느리고 이 산 저 산을 다니며 살았는데, 어느 때 파랗고 아주 잘 생긴 암 공작새 한 마리를 보고, 그를 따르던 오백 마리 암 공작새를 버리고 언제나 감로와 좋은 과일만 먹는 파란 암 공작새만 따라 다녔습니다.

그 때에 그 나라의 왕후가 앓고 있다가, 꿈속에서 공작왕을 보고 잠에서 깨어 왕에게 말했습니다.

"대왕님, 상금을 많이 내걸고, 제가 꿈속에서 본 공작왕을 잡아다 주십시오."

왕이 수렵꾼을 불러 놓고 말했습니다.

"누구든지 공작왕을 붙들어 오는 자에게 100 근의 금과 처녀를 상으로 주겠다."

여러 수렵꾼은 각각 여러 산으로 흩어져 공작왕을 찾았습니다. 그 가운데 어떤 수렵꾼이 파란 공작새를 좇아다니는 큰 공작왕을 보고, 꿀로 밀가루를 반죽하여 주위의 나무마다 발랐습니다. 공작왕은 그 반죽을 가져가서 파란 공작새에게 먹였는데, 그것이 습관이 되었습니다. 그 때 수렵꾼은 옷에 반죽을 덕지덕지 바르고 공작왕이 올 때에 맞추어 숲속에서 꼼짝하지 않고 기다렸습니다. 불륜의 사랑에 눈먼 공작왕은 의심도 없이 반죽을 모으다가 수렵꾼에게 붙잡혔습니다. 공작왕은 수렵꾼에게 말하였습니다.

"이 산에 많은 금이 있는데 나를 놓아주면 그 금이 있는 곳을 알려주겠소."

"왕이 나에게 100 근의 금과 아내를 주신다고 하셨으니, 나는 그것으로 만족하네."

수렵꾼은 즉시 공작왕을 왕에게 바쳤습니다.

공작왕은 국왕에게 말했습니다.

"대왕님은 왕후마마를 사랑하고 아끼시기 때문에 저를 잡아 오셨습니다. 저에게 깨끗한 물을 주십시오. 제가 그 물에 주문을 외우고 그 물을 왕후마마께서 마시고 목욕하시면 병이 나을 것입니다. 만일 왕후마마께서 병환이 낫지 않으시면 저를 죽이십시오."

왕은 곧 깨끗한 물을 준비하여 주문을 외우게 한 뒤에 그 물을 왕후에게 보내어 마시고 목욕하게 하였습니다. 왕후의 병이 낫자 왕궁의 모든 사람도 그렇게 한 물을 마시고 모두 병이 나았습니다. 소문이 퍼져 나라 안의 사람은 말할 것도 없고 외국에서도 물을 구하려고 오는 사람이 수없이 많았습니다. 공작왕은 국왕에게 말했습니다.

"대왕님, 끈으로써 저의 발을 묶고, 끈의 끝을 큰 나무에 매어 두십시오. 제가 호수 위를 자유롭게 날며 주문을 외울 테니 모든 사람들이 뜻대로 물을 길어 가도록 하십시오."

"그렇게 하겠소."

비록 한쪽 발을 끈에 묶었지만 호수 위를 날며 주문을 외웠습니다. 그 물을 마시고 또 목욕한 사람으로서 장님은 눈을 뜨고, 절름발이는 절지 않고, 곱사등이는 등이 펴지는 등 낫지 않는 병이 없었습니다.

이렇게 되자 공작왕이 대왕에게 말했습니다.

"대왕님 나라의 모든 병자들이 모두 병이 낫자 대왕마마께서 저를 하늘의 의원처럼 생각하고 저를 떠받들고 잘 대접하십니다. 따라서 저는 이곳을 떠날 마음이 없습니다. 하오니 대왕님께서는 저의 한 다리를 묶은 끈을 풀어주십시오. 저는 자유롭게 호수 위를 날고 목욕도 하다가 날이 저물면 왕궁의 숙소에 돌아와 자겠습니다."

왕은 조금도 의심하지 않고 풀어주게 하였습니다.

이렇게 몇 일을 지낸 어느 날 공작왕은 둥지에서 크게 웃었습니다.

왕이 물었습니다.

"너는 왜 그렇게 웃느냐."

"저는 지금 세 가지 어리석음에 대하여 웃었습니다. 첫째 제가 어리석었고, 둘째 수렵꾼이 어리석었으며, 셋째 대왕님이 어리석습니다. 제가 동족 5백 마리 암컷과 살다가 파란 공작새에게 반하여 그를 사랑하다가 수렵꾼에게 잡혔으니 이것이 얼마나 어리석은 짓입니까? 수렵꾼에게 산에 금이 있는 곳을 알려 준다고 하니 수렵꾼이 제 말을 듣지 않고 '대왕마마께서 나에게 금 100 근과 아내를 주실 것입니다.' 고 했으니 이것은 수렵꾼의 어리석음이며, 대왕께서는 세상에 드물고 신기한 의원왕을 만나 왕후를 비롯한 궁중의 모든 이와 백성들 그리고 이웃 나라의 병자들도 병이 나았습니다. 대왕은 그런 신비한 의원을 소유하셨으나 그를 놓아주셨으니 이것은 대왕의 어리석음입니다."

이렇게 말한 공작왕은 곧 허공으로 까마득히 날아가 버렸습니다.

부처님께서 샤리푸트라에게 말씀하셨습니다.

"그 때의 공작왕은 바로 나였고, 국왕은 너였으며, 왕후는 지금 조달의 아내며, 수렵인은 바로 조달이었느니라.

옷까지 주십니까

옛날에 어떤 국왕이 넓은 들에서 사냥하다가 매우 시장하고 지극히 피로하여 주위를 살피더니, 멀리 수목이 울창한 가운데 집이 있는 것을 보고 즉시 그 곳에 이르렀습니다. 그 집에는 여자가 혼자 있었고, 국왕은 물과 음식과 과일 등을 대접받고, 여자를 불러 인사를 하려했습니다.

국왕을 따르던 시종이 국왕에게 말했습니다.

"여주인은 옷이 없어 거의 맨몸입니다."

국왕이 옷을 벗어 여인에게 주니, 그 옷이 여자 가까이 이르자 저절로 불이 나서 타버렸습니다. 이런 일이 세 번이나 반복되자 국왕은 여인에게 물었습니다.

"왜 이런 일이 일어나는가?"

"제가 전생에 왕후였는데, 국왕이 스님들과 수행자들에게 공양을 대접하고 또 옷가지를 보시하려고 할 때 제가 '밥만 주면 되지 옷까지 줄 필요가 있습니까?' 라고 국왕에게 말씀드렸더니 그 과보로써 지금 이러한 과보를 받고 있습니다. 국왕께서 저를 불쌍히 여기시고 옷을 만들어 나라 안에 살고 있는 스님이나 수행자에게 저의 이름으로써 보시해 주시고, 또 불경을 아시거든 축원해 주십시오. 하오면 그 공덕으로 이 고통에서 벗어날 수 있습니다."

국왕은 궁중으로 돌아와 즉시 옷을 지어 스님과 수행자를 찾았으나 끝내 찾지 못했습니다. 그 때에 그 나라에는 불경佛經을 아는 사람이 아무도 없었습니다.

왕은 곰곰이 생각했습니다.

'사도舍度의 아버지에게 물으면 알 것이다.'

그에게 묻자 사도 아버지가 말했습니다.

"제가 옛날 어떤 사람을 배에 태워 물을 건네주었는데 배삯이 없어 저에게 오계경五戒經 한 권을 주기에 그것을 읽어 본 일 밖에 없습니다."

"그대가 불경을 아니 지금 이 옷을 그대에게 주노라."

사도의 아버지로 하여금 축원하게 하되 '그 벌거벗은 여자가 한량없는 복을 받아 그 고통에서 벗어나라.' 고 하였습니다. 그 여자는 비록 새 옷을 입을 수 있게 되었으나 귀신 세계를 벗어나지 못하더니, 어느 때 죽어서 사천왕천에 태어났습니다.

삼천 냥으로 부푼 세 푼

옛날 어떤 나라 왕이 사냥을 나갔다가 스님 한 분을 만나 인사를 했는데 스님의 목소리가 뛰어나게 아름답자 그 스님께 밤이 지새도록 불경을 읽고 노래를 부르게 하였습니다.

"스님은 노래를 잘 하고 경을 잘 읽으니, 나를 찾아오는 손님이 있으면 언제나 곁에서 경을 읽고 노래를 부르시오."

그 때에 다른 나라의 큰 무역상이 불제자로서 그 나라에 들려 상담을 하려고 왕을 만나자 왕은 그 스님께 노래를 부르고 경을 읽게 하였습니다. 그 외국 불제자는 경전의 깊은 이치를 듣고 대단히 기뻐하더니, 상담을 마치고 귀국하여 어떤 불제자에게 '경을 잘 읽고 노래를 잘 하는 스님이 저 나라에 있다.' 고 하자 그 말을 들은 다른 무역상이 천 냥을 주고 그 스님을 모시려 하였습니다. 그러나 그 스님을 아낀 왕은 그에게 삼천 냥을 받기로 하고 스님을 보내드렸습니다. 스님을 초청한 그 사람은 스님께 예배드리고 말하였습니다.

"제가 삼천 냥으로 스님을 초청하였습니다."

이 말을 들은 스님은 손가락을 튕기며 공중으로 솟아 올라가며 말했습니다.

"그대가 비록 돈을 지불했으나 그러나 나를 데리고 있지 못할 것입니다. 그 까닭은 지난 옛날 왕이 파장수를 할 때, 그대가 왕에게 파를 사면서 세 푼이 모자라자 그대는 나에게 돈 세 푼을 빌려 파를 샀으나, 끝내 나에게 빌린 돈 세 푼을 갚지 않았습니다. 세 푼의 돈에 이자가 붙어 삼천 냥이 된 것이니, 옛날 옛적에 나에게 빌린 세 푼을 갚은 것입니다."

그 무역상은 자기가 과거에 잘못했던 것을 알고 허물을 참회하더니, 스님에게 다섯 가지 계율을 받고 우파사카가 되었습니다. 스님이 말씀하셨습니다.

"많든 적든 빚은 지지 마라. 그리고 다른 사람에게 맡기지도 마라."

나무를 진 어린이

부처님께서 세상에 계실 때였습니다.

부모를 일찍 여읜 어린이가 형님 내외와 함께 살고 있었습니다. 이 어린이는 날마다 부처님 처소에 가서 경전을 배우고 계율을 익혔습니다. 형수가 그렇게 하지 말라고 말렸으나 어린이는 그 일을 멈추지 않았습니다. 그러자 그 형수가 어린이를 나무에 묶어 놓고 매질을 하면서 말했습니다.

"부처와 비구들이 너를 구원해 줄 것이다."

어린이는 두려워 울면서 삼보에게 귀의하더니 곧 스로타판나의 도를 얻었습니다.

또 부처님의 위신력을 받아 묶인 나무를 뿌리 채 뽑아 등에 메고 담장이나 집의 벽에 막히지 않고 마음대로 날아다니되, 담장이나 집의 벽이 무너지지 않았습니다. 이 광경을 눈으로 직접 본 형수는 무서워하며 머리 숙여 절하고 스스로의 잘못을 뉘우쳤습니다.

어린이는 형수를 원망하지 않고, 형수를 위하여 선악의 실천을 설명하고 부처님 앞에 함께 나아가 계율을 받았습니다.

부처님께서 그들을 위하여 현세와 전생의 내력을 자세히 말씀하시자 형수도 기쁨에 젖어 감격하더니 마음의 문이 열리고 번뇌가 벗겨져 스로타판나의 도를 얻었습니다.

도의 내밀을 보지 않게 하라

옛날에 어떤 아라한이 사미를 데리고 산길을 걸었습니다.

사미는 날마다 그 길을 통과하여 사람들의 집에 가서 밥을 빌어 왔는데, 그 산길이 높고 험하여 가끔 넘어져 밥을 길바닥에 엎질렀습니다. 사미는 더러워지지 않은 밥은 스승에게 드리고, 더러워진 밥은 물에 씻어서 먹었습니다. 이와 같은 일들이 가끔 반복되자 이상하게 생각한 스승이 사미에게 물었습니다.

"왜 너는 더러워져 버려야 할 밥을 씻어서 먹느냐?"

"걸식하러 갈 때는 날씨가 맑은데 돌아올 때는 이따금 비가 옵니다. 언덕이 험하고 미끄러워 넘어져 밥을 엎질렀기 때문입니다."

아라한 스님은 조용히 선정에 들어 용이 사미를 번거롭게 하는 것을 알고, 곧 자리에서 일어나 언덕위로 가서 주장자로써 언덕을 두드렸습니다. 용이 늙은이로 변화한 채 머리를 땅에 대고 큰절을 했습니다.

"너는 무슨 이유로 나의 사미를 못살게 하느냐?"

노인이 말했습니다.

"그를 괴롭게 하는 것이 아니옵고, 사실은 그 용모를 예뻐할 뿐입니다."

그 노인은 계속하여 말했습니다.

"무엇 때문에 매일 그렇게 다니도록 하십니까?"

"밥을 빌러 다니게 하느니라."

"오늘부터 저의 목숨이 끝날 때까지 저의 집에서 날마다 공양하시기 바랍니다."

스님께서 말씀 없이 그의 간청함을 받고 돌아가서 사미에게 말하였습니다.

"너는 나를 위해 밥 비는 일을 그만 두어라."

사미는 매일 걸식을 하며 걸식한 곳에서 빈 밥을 먹었습니다. 그러한 어느 날 사미는 스승의 바루에 붙어 있는 밥알 두서너 개를 보고 그것을 떼어 먹었는데 그 밥알의 맛과 향기가 세상의 밥알 맛이 아니었기에 스승에게 물었습니다.

"스승님 하늘 세계의 밥입니까?"

스승은 아무 대답도 없었습니다.

사미는 그의 스승이 어디에서 공양을 하시는지 알고 싶어,

스승이 공양하러 갈 시간에 스승의 평상 아래 들어가 평상 다리를 꽉 잡고 있었습니다.

스승은 선정에 들어 평상 채로 용왕의 일곱 가지 보배 궁전으로 날아갔습니다.

용왕과 왕후와 여러 미녀들이 모두 나와 스님께 예배드리고, 사미에게 인사하였습니다. 스승은 비로소 사미가 같이 온 줄 알고, 그를 불러 말했습니다.

"너는 마음을 곧게 하여 흔들리지 마라. 이들의 모습은 항상 지니고 있는 모습이 아니니, 저들 때문에 마음이 흔들리지 않도록 하여라."

공양을 마치고 본래의 처소로 돌아와 스승은 제자에게 다시 말씀하셨습니다.

"그곳에 비록 칠보로 된 화려한 집들과 부인 그리고 미녀들이 있기는 하나, 따지고 보면 그들은 축생일 뿐이다. 너는 사미가 되어 비록 아직 도를 깨닫지 못했지만 반드시 도리천에 태어날 것인데, 도리천에서 받을 복을 용궁의 복과 비교할 때 백 배나 뛰어 나거든 왜 저들을 보고 뜻을 더럽게 하려느냐?"

다시 사미에게 말씀하셨습니다.

"그들의 온갖 만난 음식들은 첫째 입에 들어가면 곧 두꺼비로 변화하므로 구역질이 나서 토하나, 입 밖으로 나오지 않고 다시 목구멍으로 들어가기 때문에 다시 다른 음식들을 먹지 못한다. 둘째 여자들이 비록 단정하여 견줄 데가 없지만 부부간에 사랑의 행위를 하려고 하면 곧 뱀이 되어 서로 엉켜 교미한다. 셋째 용의 등에 거꾸로 박힌 비늘이 있는데 그곳에 모래와 자갈이 끼어 그 아픔이 가슴에 까지 미친다. 용에게는 이러한 세 가지 고통이 있거늘 너는 무슨 이유로써 거기에 가고자 하느냐?"

사미는 스승의 말을 끝끝내 듣지 않고 밤낮으로 용들을 생각하며 먹지 않다가 병이 나서 죽었습니다. 그의 혼은 용의 아들로 태어나 위력이 뛰어나고 용맹하였으며, 그의 아비 용은 죽어 사람으로 태어났습니다.

부처님께서 말씀하셨습니다.

"사람으로서 아직 도를 얻지 못한 이에게는 불도와 국왕의 내밀한 것을 그들로 하여금 보지 않도록 하여라."

나눈 것을 나눕시다

옛날에 어떤 국왕의 왕후가 공주를 낳자 '월녀'라는 이름을 지어 주었습니다. 그 공주는 너무나 예뻐 견줄 여자가 없었습니다. 왕이 공주에게 좋은 옷과 값진 보배를 주면 공주는 '나에게는 자연히 옷과 보배가 생긴다.'라고 하였습니다. 나이 방년이 되었어도 여전하자 왕이 성내어 꾸짖었습니다.

"네가 수용하는 모든 것은 모두 내가 준 것인데 너는 왜 자연스레 생긴다하느냐?"

그 뒤 어느 때 거지가 와서 구걸하는 것을 본 임금이 딸에게 말하였습니다.

"이 거지가 너의 지아비다."

공주는 곧 승낙하였습니다.

"좋습니다."

공주가 거지를 따라 갔으나 거지는 두려워하며 공주를 가까이 하지 않으려 했습니다. 공주가 거지에게 말했습니다.

"그대는 언제나 빌어먹었으니 배부르게 먹은 적이 없었습니다. 임금이 당신에게 아내를 주었거든 어찌하여 그대는 사양하십니까?"

두 사람은 성을 벗어나 낮에는 쉬고 밤에 걸어서 큰 나라로 갔습니다. 그 때에 그 나라의 왕이 죽고 태자가 없었습니다. 그들 부부가 성 밖에 머물러 살자 성을 나드는 사람들이 그들에게 물었습니다.

"그대들은 무엇하던 사람이며, 어느 나라에서 왔으며 이름은 무엇인가?"

"우리 부부는 자연입니다."

이와 같이 십여 일이 지났습니다. 그 때에 대신들은 관상가 여덟 사람을 성문에 파견하여 드나드는 사람들의 관상을 보게 하였는데 여덟 명이 모두 그들 부부의 상이 뛰어나다고 했습니다. 온 나라의 신하들과 백성들은 그들 부부를 맞이하여 왕을 삼았습니다. 왕이 된 부부가 바른 법으로써 나라를 다스려 백성들이 안락하게 되자, 여러 작은 나라 왕들이 모두 와서 조공을 바쳤습니다. 물론 월녀의 부왕도 그 궁전에 와서 조공을 바치고 대접을 받은 뒤 떠나려 했습니다. 월녀는 특히 부왕을 머물게 하고 장막 안에 일곱 가지 보배로써 고기를 만들어 놓고, 한 마리 고기를 당기면 백이십 마리 고기가 나오고,

한 마리 고기를 밀면 고기들이 나갈 문이 열리게 했습니다.

월녀는 왕후의 자리에서 내려가 부왕에게 절하고 말했습니다.

"지금 이미 자연을 얻었습니다."

부왕이 말했습니다.

"부인이 성취한 자연에 신은 미치지 못하겠습니다."

부처님께서 말씀하셨습니다.

"월녀와 빌어먹던 아이는 지난 세상에 부부가 되어 함께 밭에서 일을 하다가 부인에게 밥을 가져오게 하였다. 밥을 가져오던 부인이 물가 언덕에서 쉬면서 어떤 스님을 만나자 부인이 밥을 나누어 스님에게 주어 자시게 하는 것을 멀리서 보고, 두 사람이 나쁜 짓을 한다고 말하지 않았으나 몽둥이를 가지고 가서 보자, 즉시 스님은 날아서 가버렸다. 아내가 말했다.

'서방님 밥을 마음대로 했으나 성내지 마십시오.'

남편이 말했다.

'둘로 나눈 것을 또 둘로 나누어 함께 먹읍시다.'

남편은 악의를 가졌었기 때문에 가난한 집 자식으로 태어났고, 뒤에 스님을 보고 기뻐하고 참회했기 때문에 아내와 함께 복을 받은 것이니라."

저는 부처님 술을 먹지 않았습니다 하나

부처님께서 세상에 계실 때, 제자들을 데리고 길을 가시다가 도중에 술에 취한 세 사나이를 만났습니다.

한 사람은 숲속으로 도망쳤고, 한 사람은 꿇어 앉아 제 볼을 때리며 '모양새 사납게 술을 마셔 계율을 지키지 못했습니다.' 라고 자책하였고, 한 사람은 일어나 춤을 추면서 '내가 부처님의 술을 마시지 않았거든 무엇 때문에 두려워하겠는가.' 고 하였습니다.

부처님께서 아난다에게 말씀하셨습니다.

"숲속으로 도망친 사람은 미륵보살이 부처가 되면 아라한이 되어 해탈할 것이고, 앉아서 스스로 빰을 때린 사람은 미래에 천 부처가 나올 때 마지막 부처의 회상에서 아라한이 될 것이며, 일어나 춤을 춘 자는 아직은 나고 죽음에서 헤어날 기약이 없느니라."

아라한이 된 개 둘

옛날 어떤 스님이 밤낮으로 열심히 경전을 읽었습니다. 그 스님이 앉은 평상 밑에 개 한 마리가 일심으로 경전 읽는 소리를 듣느라 먹이를 구하지 못할 때가 많았습니다. 그렇게 여러 해를 지난 어느 때 그 개가 죽어 슈라바스티 나라의 어느 집에 여자로 태어났습니다. 성장하자 스님이 걸식만 오면 제뭇의 밥을 들고 나가 드리고 언제나 기뻐하였습니다. 그는 얼마 뒤에 출가하여 비구니 스님이 되어, 열심히 정진하더니 아라한이 되었습니다.

과일 한 개 하나

옛날 유위 부처님이 세상에 계실 때 그 나라에서 행세하는 집안들은 한 달에 각기 한 끼씩 부처님과 스님들께 공양을 올렸습니다. 그 때에 어떤 집안이 가난하여 부처님과 스님들께 공양을 올릴 형편이 되지 않자 절에 가서 아뢰었습니다.

"스님들 가운데 약을 쓰실 분이 계시면 제가 약간이나마 약을 대겠습니다."

그 때에 어떤 비구 스님이 병이 나자 단 과일 한 개를 드렸고, 스님은 그 과일을 드시고 병이 나았습니다. 그 우파사카는 수명이 다하여 죽어 하늘에 났고, 그 하늘 사람은 여느 하늘 사람보다 다섯 가지 뛰어난 일이 있었습니다.

첫째 병이 없고, 둘째 몸이 단정하였고, 셋째 수명이 길었고, 넷째 재산이 많았고, 다섯째 지혜가 많았습니다. 이렇게 구십일 겁 동안 하늘에 태어났고, 인간 세상에서는 훌륭한 가문에 태어나 세 가지 나쁜 갈래에 떨어지지 않았습니다. 더 나아가 석가모니 부처님 때에는 네 가지 계급 가운데 제일 좋은 계급에 태어나 이름을 다보多寶라 하였습니다. 부처님을 뵙고 기뻐하더니 스님이 되어 열심히 수행하여 아라한이 되었습니다.

대개 수행력이 뛰어난 한 분의 스님에게 보시하는 것은, 삿된 가르침에 영향 받아 더럽고 혼탁하게 된 한 나라의 백성 전체에게 보시하는 것보다 뛰어 납니다.

아, 괴롭구나 둘

옛날 어떤 부부는 다 같이 다섯 가지 계율을 지키면서 스님을 섬겼습니다. 어떤 새로 배우는 비구 스님이 불경을 모르면서 그 집 문 앞에 가서 밥을 빌었습니다. 그들 부부는 그 스님을 초청하여 공양을 올리고, 공양이 끝나자 땅에 내려가 예배하고 앞에 앉아 말하였습니다.

"젊을 때부터 스님들을 섬겼으나 아직 경전을 듣지 못했습니다. 이 미혹함을 열어 주십시오."

그 젊은 비구는 아무 말도 못하다가 한참 후에 독백처럼 '아아, 괴롭구나, 괴로워.' 라고 말했습니다.

그들 부부는 마음으로써 도의 자취를 얻었습니다. 젊은 스님도 이들이 환희하는 것을 보고 또한 마음으로써 도의 자취를 얻었습니다.

부처님께서 말씀하셨습니다.

"그들은 전생에 삼형제로서 도를 얻으려고 함께 공부한 인연으로써 도를 깨달았느니라."

끓는 솥의 반지

옛날 어떤 국왕이 수렵을 즐기고 돌아오다가 탑을 돌면서 스님께 예배드렸습니다.

신하들이 그 광경을 보고 웃으니 왕은 신하들에게 물었습니다.

"끓는 솥에 금반지가 있다면 그 금반지를 손으로써 집어낼 수 있겠는가?

"집어낼 수 없습니다."

"찬물을 물이 끓는 솥에 쏟을 수 있겠는가?"

"쏟아 부을 수 있습니다."

왕이 말하였습니다.

"내가 왕으로서 하는 일 가운데 사냥하는 일은 끓는 솥과 같고, 부처님 도량에 가서 향을 사르고 등불을 켜며 탑을 도는 것은 찬물을 가지고 저 끓는 솥에 붓는 것과 같다. 대개 왕이 되면 선행과 악행이 있을 수 있는데 어찌 악행만 저지르고 선행을 하지 않겠는가!"

서로 머오

옛날에 어떤 스님이 다른 나라에 갔습니다. 시간이 늦어 성 안에 들어가지 못하고 성 밖의 숲속에 앉아 좌선하고 있었습니다. 밤이 깊어지자 야차라는 귀신이 와서 꽉 잡고 말했습니다.

"반드시 그대를 잡아먹겠다."

스님이 말씀하였습니다.

"서로 떨어진 것이 머오."

귀신이 말하였습니다.

"왜 멀다고 하는가?"

"네가 나를 해치면 나는 하늘의 도리천에 가서 태어날 것이고, 너는 지옥에 들어갈 것이니 어찌 멀다고 하지 않겠는가?"

귀신이 곧 사과하더니 예배하고 떠났습니다.

국왕도 못 빼앗은 보물

옛날 어떤 국왕이 사람을 시켜 친구를 불렀습니다. 임금의 심부름꾼을 맞은 친구는 말했습니다.

"왕에게 죄송하다고 말씀해 주시오. 나는 지금 땅을 파서 구덩이를 만들고 일곱 가지 보물을 저장하고 있는 중이오."

왕은 이 말을 듣고 매우 놀라면서 사람을 시켜 다시 불렀습니다.

"지금 보물을 구덩이에 내려놓고 있는 중이오."

왕은 다시 불렀습니다.

"지금 막 땅을 평탄하게 하고 있는 중이오."

왕이 친구에게 말을 전했습니다.

"그대는 어찌 그렇게 어리석은가? 보물을 숨기면서 왜 다른 사람에게 말을 하는가?"

"온갖 맛난 음식을 장만하여 부처님과 스님들에게 공양을 올리는 것은 땅을 파고 구덩이를 만드는 것과 같고, 국과 밥을 차려 둔 것은 보물을 구덩이 속에 내려놓는 것이며, 땅을 쓸고 물을 돌리고 경전의 뜻을 밝히는 것은 땅을 평탄하게 것과 같습니다.”

그는 계속 말했습니다.

“이 보물은 국왕도 빼앗지 못하는 것입니다.”

“장하고 장하구나, 친구여! 그대는 남에게 먼저 알리지 마시오. 내가 먼저 알리겠소. 나의 창고에는 여러 가지 보물이 있소.”

왕은 즉시에 창고를 열고 크게 보시했으며, 부처님과 스님들에게 공양을 올렸습니다.

부처님께서 그를 위해 청정하게 축원하시자 그는 곧 도를 배우려는 뜻을 내었습니다.

60만 년의 양식

옛날 네 계급 가운데 어떤 씨족이 부처님을 초청하여 공양을 올렸습니다. 그 때에 마침 우유 장사가 왔기에 그에게 밥을 주고 그로 하여금 재계를 지키고 경전 해설을 듣게 하였습니다. 우유 장사가 집에 돌아가자 부인이 말했습니다.

"나는 당신을 기다리느라 아직 아침도 먹지 아니 했으니 같이 먹읍시다."

우유 장사는 아내의 강권으로 재계를 깨뜨렸습니다. 그러나 그는 하늘에 태어났다가 거기서 죽어 인간에 태어나고, 인간에서 죽어 하늘에 태어나기를 일곱 번이나 반복하였습니다.

부처님께서 말씀하셨습니다.

"하루만 재계를 지켜도 육십만 년의 양식이 생기며, 그 위에 다섯 가지 복이 있다. 첫째 병이 적고, 둘째 몸이 편안하며, 셋째 음욕이 적고, 넷째 잠이 적으며, 다섯째 천상에 태어나 전생 일을 아느니라."

전생의 인연 하나

부처님과 비구들이 어떤 사람의 공양청을 받아 그 집으로 가시고 있었습니다. 스님 한 분이 사미를 데리고 뒤에서 오다가, 어떤 여자를 만나 끌려 들어가 정을 통하고, 공양청을 한 집에 갔습니다.

부처님께서 사미를 불러 말씀하셨습니다.

"너는 수미산 밑에 있는 달콤한 우물에 가서 물을 길어 오너라."

사미는 이미 도를 얻었기 때문에 부처님 앞에서 합장하고 바리를 지니고 날아가 조금 뒤에 물을 길어 돌아왔습니다.

사미의 스승은 부끄러움과 불안으로써 초조해 하고 허물을 뉘우치고 자책을 심하게 하더니 곧 아라한이 되었습니다. 그 여자는 전생에 그의 아내였는데, 만나 서로 정을 통하자 업연이 다하여 곧 도를 얻게 된 것입니다.

전생의 인연 둘

옛날에 아쇼카왕은 날마다 천 명의 아라한 스님을 초청하여 궁중에서 공양을 베풀었습니다.

어느 날 천명의 아라한과 함께 젊은 스님 한 분이 궁전에 들어와 자리에 앉은 채로 아래위로 궁전을 살피고, 또 왕후를 계속 바라봄으로 왕은 속으로 괘씸하게 여겼습니다. 공양을 마치고 각기 돌아갈 때에 왕은 장로 세 분을 따로 모시고 말했습니다.

"젊은 스님은 어디서 왔습니까? 이름은 무엇이며, 어떤 분을 스승으로 섬겼습니까? 그는 스님이 아닙니다. 왜 궁중에 들어와서 왕후의 얼굴만 보면서 눈길을 돌리지 않았습니까?"

세 장로 가운데 한 분이 말씀하셨습니다.

"그 젊은 스님은 인도에서 왔습니다. 그의 스승님 이름은 ○○이며, 그의 이름은 ○○입니다. 그는 지혜롭고 경전에 통달하였기 때문에 일부러 궁전에 와서 일어났다 앉았다 하면서 살펴보았습니다. 위로는 도리천의 즐거움을 바라본 것이고 다른 생각이 없었습니다. 대왕은 전생에 모래 한웅큼을 부처님의 바루에 담아드린 공덕으로써 지금 이와 같은 복을 받으시며, 또 지금은 날마다 천 명의 아라한에게 공양을 베푸시니 복이 헤아릴 수 없습니다. 그가 왕후를 바라 본 것은 왕후가 단정하여 궁중에서 가장 뛰어나 견줄 이가 없으나, 이레 뒤에는 목숨을 마치고 지옥에 들어 갈 것이므로 세상이 덧없음을 알기 때문에 그렇게 한 것입니다."

왕은 당황하여 부인을 불러 말했습니다.

"이 세 분에게 귀의하시오."

"대왕께서 비록 날마다 우리 아라한들 천 명에게 공양을 베푸시지만 우리들 천 명의 힘만으로는 왕후의 마음을 깨우칠 수 없습니다. 하오니 저 젊은 스님을 초청하여 경전을 강독하게 하면 왕후께서 빨리 도를 볼 수 있습니다."

왕은 사람을 보내어 그 젊은 스님을 초청하자 젊은 스님이 궁중으로 들어갔습니다. 왕은 왕후와 함께 땅에 엎드려 발아래에 절하고, 귀의하여 무거운 죄를 가볍게 해주도록 빌었습니다. 젊은 스님은 왕후를 위하여 전생에 왕후가 겪고 본 것을 설명하고 요긴한 부분은 눈으로 볼 수 있게 해주었습니다. 왕후는 그 자리에서 너무나 기뻐하더니 온 몸의 털이 곤두서

전율하다가 곧 스로타판나가 되었습니다.

왕후는 오백 생 동안 젊은 스님과 자매가 되어 누구든지 먼저 도를 이루면 서로 제도해 주기로 맹세했던 도반이었습니다.

부처님께서 말씀하셨습니다.

"사람으로서 전생의 인연이 없으면 누구를 따른다 해도 깨달을 수 없고, 또 서로 만나 말할 수도 없으며, 마음에 들어 하지도 않는다. 사람에게는 누구나 본래 인연이 있는 스승이 있느니라."

수전노의 발심

옛날에 네 가지 계급 중에 제일인 바라문이 한량없는 부자이면서 아끼고 탐욕스러워 좋은 옷을 입을 줄 모르고 맛난 음식을 먹지 못하는 사람이 있었습니다. 그 때에 그와 가까이 살던 가난한 노인 한 분은 날마다 마음대로 고기를 먹었고, 손님들이 끊이지 않았습니다. 그 부자는 생각하였습니다.

'나는 헤아릴 수 없는 재물을 가지고 있으면서도 저 노인보다 못하구나.'

그는 닭 한 마리를 요리하고 쌀 한 되로써 밥을 지어 수레에 싣고, 아무도 없는 곳에 가서 음식을 펼쳐놓고 막 먹으려 하는데, 그 때에 제석천왕이 한 마리 개로 변하여, 부자의 눈치를 살피고 침을 흘리며 주위를 맴돌았습니다.

부자는 개에게 말했습니다.

"만일 네가 공중에 거꾸로 매달리지 못하면 나는 너에게 조금도 줄 수 없다."

개가 곧 공중에 거꾸로 매달렸습니다.

부자는 마음속으로 크게 두려워하며 생각했습니다.

'무슨 이유로 이러한 일이 있는가?'

"너의 눈알이 빠져 땅에 떨어진다면 내가 반드시 너에게 음식을 주겠다."

개의 두 눈알이 빠져 땅에 떨어졌습니다.

부자는 곧 자리를 옮겨 갔습니다. 제석이 바라문의 몸이 되어 말했습니다.

"수레를 타고 빨리 집으로 돌아가거라."

바라문의 몸으로 변화한 제석천왕이 문지기에게 말했습니다.

"어떤 놈이 내 모습을 하고, 거짓으로 나라고 우기며 들어오려 하거든 그를 두들겨 패 내 쫓아 버려라."

원래 바라문이 늦게 돌아가 집에 들어 가려하니 문지기가 크게 욕하며 패 내쫓아 버렸습니다.

제석천왕은 그의 재물로써 크게 보시하고, 원래 바라문은 집에 들어가지 못하고, 재물이 없어지는 것을 보고 그만 미쳐 버렸습니다.

제석천왕은 다시 다른 사람으로 변화하여 원래 바라문에게 접근하여 말했습니다.

"그대는 왜 그렇게 걱정하시오."

"내 재물이 다 없어졌기 때문이오."

제석천왕은 말하였습니다.

"대개 사람에게 재물이 많으면 걱정이 많소. 다섯 가지(도둑 · 국가 · 불 · 물 · 자식)는 갑자기 이르고 기약이 없는데 재물을 쌓기만 하고 먹지도 않고 보시하지도 않으면 죽어 아귀가 되고 항상 옷과 밥이 모자랄 것이며, 설령 아귀를 벗어나 사람이 된다고 해도 항상 하천한 집안에 태어날 것이오. 그대는 무상함을 깨닫지 못해 부자이면서 또 아끼고 탐욕스러워 먹지도 않으니 장차 무엇을 하려고 하는가?"

제석천왕은 그를 위하여 네 가지 거룩한 진리와 괴로움과 공함과 이 몸이 내가 아니라는 것을 설명해 주었습니다. 그 부자가 뜻을 알고 기뻐하자 제석천왕은 하늘로 가버렸습니다. 바라문은 집에 들어가 옛날의 마음과 행동을 스스로 뉘우치고 남에게 베푸는 일에 온 정열을 쏟더니, 도의 자취를 얻었습니다.

색을 여의면 프라데카

옛날에 어떤 명문가의 아들이 빼어난 용모로 매우 단정하였습니다. 부모가 결혼을 시키려 하니, 그는 금으로써 단정한 여자상을 만들어 놓고 부모에게 말했습니다.

"이와 같이 생긴 처녀가 있으면 장가를 들겠습니다."

그 때에 다른 나라에 얼굴이 무척 아름다운 처녀가 있었습니다. 그 여자도 부모가 결혼을 시키려 하자 금으로써 남자상을 만들어 놓고 부모에게 말씀드렸습니다.

"이와 같이 생긴 총각이 있으면 시집가겠습니다."

부모들이 각각 이러한 소식을 듣고, 멀리서 서로 맞이하여 두 사람을 결혼시켰습니다. 그 때에 여자 쪽 나라의 임금이 거울을 들여다보다가 신하들에게 말했습니다.

"이 세상에 얼굴이 나만큼 잘난 사람이 있는가?"

신하들이 대답하였습니다.

"이웃 나라에 얼굴이 너무나 아름다워 견줄 사람이 아무도 없다는 남자가 있다고 합니다."

왕은 곧 사신을 보냈고, 도착한 사신은 그 사람에게 말하였습니다.

"저의 나라 대왕께서 당신을 보고 싶어 하십니다."

그는 곧 수레를 타고 달려가다가 '왕이 나를 만나려 함은 내가 지혜 있고, 사물에 통달했기 때문이다.'라고 생각하였습니다. 곧 요술책을 휴대하고 왕에게 가려고 집으로 돌아갔습니다. 집에 도착하여 자기의 아내가 다른 남자와 통정하는 장면을 보고, 슬픈 생각에 기가 막혀 얼굴이 여위고 괴상하게 변하여 볼품없게 되었습니다. 그를 데리러 간 사신이 남자의 얼굴이 꼴사나와지자 그를 왕에게 보이지 않고 왕의 마구간 숙소에 넣었습니다. 그는 밤에 그 나라의 왕후가 남몰래 마부와 정을 통하는 장면을 목격하고 스스로 깨달았습니다.

'왕후도 저렇거든 하물며 내 아내이랴.'

마음의 근심이 걷히자 얼굴빛이 바로 회복되어 왕을 뵈었습니다.

"왜 밖에서 사흘이나 묵었는가?"

"대왕마마의 부름을 받고 오다가 잊고 온 책을 가지러 집에 갔더니 아내가 어떤 사나이와 간통하는 것을 보고, 마음이 상하여 얼굴빛을 잃었습니다. 그러던 중 어젯밤 마구간에 묵으면서 왕후께서 남몰래 마부와 사통하는 것을 보고 깨달았습니다.

'왕후도 저렇거든 하물며 다른 사람이겠는가?'

이렇게 저의 마음이 정리되자 안색이 예전과 같게 되어 지금 대왕을 뵙습니다."

왕이 말했습니다.

"왕후가 그러하거든 하물며 보통 여자이겠는가?"

두 사람은 함께 산에 들어가서 수염과 머리를 깎고 스님이 되어, 여자와는 사귈 것이 못된다고 생각하고 게으르지 않고 부지런히 정진하여 두 사람 다 프라데카 부처의 도를 얻었습니다.

짝을 만나면 인위적으로 막지 못한다

옛날에 어떤 여자가 딸을 낳았는데 얼굴이 아름다워 견줄 인물이 없었습니다.

나이 세 살이 되자 국왕은 불러서 보고 관상가를 초청하여 상을 보게 하면서 물었습니다.

"성장하면 나의 후궁이 되겠는가?"

"이 아이는 남편이 둘일 터인데 대왕님은 두 번째 남편이 될 것입니다."

"잘 키워서 꼭 나의 여자를 만들겠다."

왕은 큰 고니를 불러 물었습니다.

"네가 있는 곳이 어디냐?"

"저는 큰 산 중턱에 사는 데 나무가 울창하여, 사람은 말할 것도 없고 짐승도 다니지 못하며, 저의 둥지 밑에는 소용돌이 치는 물이 있어 배나 뗏목도 다니지 못합니다."

"이 여자 아이를 너에게 맡길 테니 잘 길러라."

고니는 곧 여자 애를 데리고 가서 날마다 왕이 주는 음식을 받아다 아기에게 주었습니다.

이렇게 십사오 년이 지났을 때 온 천지에 큰 비가 왔고, 고니가 사는 곳보다 더 위에 사는 마을 사람들이 홍수를 만나 소용돌이치는 곳에까지 떠내려 왔습니다. 많은 사람들이 죽고 큰 나무에 몸을 묶고 떠내려 오던 방년의 소년 하나가 소용돌이에서 밀려나 겨우 목숨을 부지했습니다. 산 속 생활에 익숙했던 소년은 곧 소녀를 만나 서로 사랑하게 되어 정을 통했고, 소녀는 이 남자를 고니가 모르게 숨겨 주었습니다. 고니는 매일 소녀를 들어 보았는데 아이를 가진 소녀의 몸무게는 날마다 조금씩 무거워졌습니다. 고니는 눈치를 채고 사방을 살핀 끝에 소년을 발견하였습니다. 고니는 그들을 그대로 두고 국왕에게 가서 그 사실을 알렸습니다.

"그 관상가는 참으로 상을 잘 보는 사람이었구나?"

부처님께서 말씀하셨습니다.

"사람은 나면서부터 짝이 있어 사람의 힘으로써 다르게 고칠 수 없다. 짝을 만나면 사랑하게 되고 몸을 섞나니, 짐승도 그러하느니라."

궁녀들을 놓아주다

옛날에 어떤 국왕이 왕비를 맞이했는데, 왕비는 성격이 매우 급했습니다. 왕비가 낳은 태자가 장성하여 청년이 되었을 무렵, 태자에게 말했습니다.

"나는 궁중에 들어온 이후 너의 어미가 되었고 아직 나라 안을 구경하지 못했는데, 한 번 나가보고 싶구나. 네가 대왕님께 여쭈어라."

이렇게 세 번이나 간절히 청하므로 태자가 국왕에게 간청하자 국왕이 허락하였습니다. 태자는 스스로 수레를 몰고 신하들은 길을 단장하고, 왕후를 환영하였습니다. 왕후는 자기의 손으로 가마뚜껑을 열고, 사람들이 자기의 얼굴을 보도록 하였습니다. 태자는 모친의 그러한 행동을 보고 거짓으로 배가 아프다하고 돌아가려 했습니다. 왕후가 말했습니다.

"내가 모양새 없음이 심했느냐? 나에게 잘못된 점이 있느냐?"

'왕후가 저러한데 하물며 다른 여자이겠는가?'

이렇게 생각한 태자는 밤이 되자 궁중을 떠나 산중으로 들어가 돌아 다녔습니다. 길가에 큰 나무가 있었고, 그 아래에는 좋은 샘물이 있었고, 태자는 나무위에 올라가 쉬고 있었습니다. 어떤 범지가 혼자 와서 물에 들어가 목욕하고 준비해 온 밥을 먹고 요술항아리 한 개를 입에서 꺼내니, 그 속에서 예쁜 여자가 나왔습니다. 두 사람은 으슥한 곳에서 사랑의 행위를 했습니다. 범지가 피곤했는지 잠이 들자 여자가 요술항아리 한 개를 입에서 꺼내니 그 속에서 젊은 남자가 나왔습니다. 함께 정을 통하고 누워 있다가 여자는 남자를 항아리에 넣고 집어 삼켰습니다. 조금 뒤 범지도 여자를 항아리에 넣고 삼키더니 주장자를 짚고 길을 떠났습니다.

태자는 궁중으로 돌아가 왕에게 말씀드렸습니다.

"범지와 신하들을 초청하여 한 곳에서 세 사람씩 밥을 먹도록 해주십시오."

범지가 미리 와서 말했습니다.

"저는 혼자입니다."

"그대는 꼭 부인을 불러내어 같이 자십시오."

태자가 부인에게 말했습니다.

"부인도 남자를 불러내어 같이 먹으시오."

이렇게 세 번을 말하자 부인도 어떻게 할 수 없이 남자를 불러내어 셋이 같은 테이블에서 밥을 먹고 떠났습니다.

왕이 태자에게 말했습니다.

"너는 어떻게 그것을 알았느냐?"

"저의 어머니가 나라 안을 구경 다니시자고 하시기에 제가 직접 수레를 몰았더니, 어머님께서 손을 들어 사람들로 하여금 자기를 보게 하셨습니다. 그래서 저는 '여자는 음욕심이 많다.' 고 생각하고 거짓으로 배가 아픈 체하며 그 자리를 물러나 산 속으로 들어갔습니다. 거기서 저 범지가 입속의 항아리 속에 감춰 둔 여자를 불러내어 음행하는 것을 보았으며, 범지가 잠들자 여자가 입속의 항아리 속에 감춰 둔 젊은 남자를 불러내어 음행하는 것을 보고, 여자는 신분에 관계없고 요술로 생긴 것과 현실을 불문하고 음욕심이 많은 것을 보고, 음행을 버릴 수 없는 사실을 알았습니다.

대왕이시여, 궁중의 여자들을 놓아 주어 자유롭게 살도록 해 주십시오."

왕은 왕자의 말을 옳게 여기고 모든 후궁을 불러서 가고 싶은 데로 가라는 명령을 내렸습니다.

부처님께서 말씀하셨습니다.

"세상에서 제일 믿지 못할 것은 여자의 마음이니라."

스승의 허물이 아니다

옛날에 두 사람이 한 스승을 모시고 도를 배우고, 함께 다른 나라로 가다가 길에 난 코끼리 발자국을 보고 한 사람이 말했습니다.

"이 코끼리는 암 코끼리고 배 안에 암놈 새끼가 있으며, 한쪽 눈이 먼 코끼리일 테고, 코끼리 옆에 여자가 있는데, 여자 애를 잉태하였다."

같이 가던 사람이 물었습니다.

"그대는 그것을 어떻게 아느냐?"

"나는 마음으로 생각하여 안다. 만일 믿기지 않거든 앞으로 가면서 살펴보면 알 것이다."

그들이 코끼리가 있는 곳에 도착하여 보니, 과연 말한 것과 같았고, 여자는 여자 애를 낳았고, 코끼리는 암놈 새끼를 낳았다. 같이 갔던 사람이 생각하였습니다.

'나는 저 사람과 같은 스승에게 배웠지만 나만 사물의 이치를 모르는구나.'

그는 돌아가 스승에게 여쭈었습니다.

"저희 두 사람이 길을 같이 갔는데, 저 사람은 코끼리 발자국을 보고 여러 가지 사실을 알았으나 저는 도무지 몰랐습니다. 스승님께서 거듭 가르쳐 주시기 비옵니다. 저는 정신을 집중하여 듣겠습니다."

스승은 다른 제자를 불렀습니다.

"너는 어떻게 그것을 알았느냐?"

"그것은 언제나 스승님께서 말씀하시던 것입니다. 저는 코끼리가 소변한 곳을 보고 그 놈이 암코끼리임을 알았고, 오른 발자국이 깊은 것을 보고, 그 코끼리가 새끼를 밴 줄 알았으며, 길가의 오른쪽 풀이 쓰러지지 않은 것을 보고는 오른쪽 눈이 먼 것을 알았고, 코끼리가 머문 곳에 소변 자국이 있는 것을 보고, 여자가 있는 줄 알았고, 오른쪽 발자국이 깊은 것을 보고 아이를 지닌 줄을 알았습니다."

부처님께서 말씀하셨습니다.

"대개 공부는 마음으로써 뜻을 깊이 생각해야 통달하나니, 건성으로 하는 사람은 뜻을 통달하지 못하는데, 이것은 스승의 허물이 아니니라."

누가 바보인가

옛날에 어떤 부인이 부자로서 금과 은을 지니고 있으면서 어떤 남자와 정을 통하고, 금과 은과 옷 따위를 꾸린 짐을 가지고 살던 곳을 떠나 함께 길을 가던 중 물살이 급한 냇물에 이르자 남자가 여자에게 말했습니다.

"그대는 재물을 가지고 오시오. 내가 먼저 건너갔다가 반드시 돌아와 그대를 맞이하겠소."

남자가 물을 건너가 돌아오지 않았습니다. 부인이 혼자 물가에서, 여우가 매를 잡았다가 매를 버리고 고기를 잡으려 했으나 고기를 잡지 못하고 매도 놓치는 것을 보고, 부인이 여우에게 말했습니다.

"여우야, 너는 왜 그렇게 어리석어 둘을 잡으려 했으니, 하나도 잡지 못한 것이 아니냐?"

여우가 말했습니다.

"나의 어리석음은 그럴 수도 있으나, 그러나 너의 어리석음은 나보다 더 심하단다."

당신만 여자요?

옛날에 용왕의 딸이 대낮에 육지로 외출을 했다가 목동에게 붙들려 심한 모욕을 당하고 있었습니다. 마침 국왕이 두드려 맞는 여자를 보고, 목동을 타일러 놓아주게 하였습니다. 용왕의 딸이 울면서 돌아가자 용왕이 물었습니다.

"왜 우느냐?'

"국왕이 함부로 저를 때렸습니다."

"저 왕은 늘 인자한데 왜 함부로 남을 때렸겠느냐?"

용왕은 작은 뱀이 되어 왕의 침대 밑에 들어가 왕이 왕후에게 하는 이야기를 들었습니다.

"나는 오늘 밖에 나갔습니다가 웬 소녀가 목동에게 매 맞는 것을 보고 목동을 타일러 소녀를 놓아주게 하였소."

다음 날 용왕은 사람이 되어 왕을 뵙고 말하였습니다.

"대왕님 저는 용왕입니다. 어제 대왕님께서 보신 목동에게 매 맞던 소녀가 바로 저의 딸애였습니다. 대왕님께서 베푸신 은혜를 조금이나마 갚으려 하오니, 가지고 싶은 물건이 있으시면 거리낌 없이 말씀하십시오."

"보물은 저에게 많습니다. 저는 모든 동물들의 말을 알아듣고자 합니다."

"반드시 이레 동안 재계齋戒를 실천하셔야 합니다."

이레 뒤에 용왕이 와서 말했습니다.

"절대로 다른 사람이 알게 하지 마십시오."

이와 같은 능력을 지닌 왕이 왕후와 함께 식사를 하는 데, 암나비가 숫나비에게 '밥을 가져다주시오.' 숫나비가 암나비에게 '식사는 각자 해결합시다.' 암나비가 숫나비에게 '저는 배가 불편합니다.'

이것을 본 왕이 자기도 모르게 빙긋이 웃자 왕후가 말했습니다.

"대왕님 무엇 때문에 웃으십니까?"

왕은 잠자코 아무 말도 안했습니다.

얼마 뒤에 왕후와 같이 앉았다가 나비가 벽에 붙어서 서로 싸우더니 함께 바닥에 떨어지는 것을 보고 왕은 다시 피식 웃었습니다.

왕후가 말했습니다.

"무슨 이유로 웃으십니까?"

왕후가 이와 같이 세 번을 물어보자 왕이 대꾸하였습니다.

"나는 그대에게 말할 수 없소."

왕후가 말했습니다.

"대왕께서 저에게 말씀하시지 않으시면 저는 스스로 죽어 버리겠습니다."

왕이 휑하니 밖으로 나가면서 말했습니다.

"나를 기다리시오. 갔다가 돌아 와서 그대에게 말하겠소."

이 때에 용왕이 목동이 되어 수 백 마리의 양을 몰고 물을 건너고 있었습니다. 양떼 가운데 새끼를 밴 암양이 새끼를 배게 한 숫양에게 말했습니다.

"그대는 돌아와 나를 데리고 건너시오."

숫양이 말했습니다.

"나는 너무나 피곤하여 그대를 건네 줄 수가 없소."

"만일 나를 건네주지 않으면 자살하겠소. 당신은 저 국왕이 왕후를 위하다가 장차 죽을 것을 모르십니까?"

숫양이 말했습니다.

"그 왕은 어리석어 왕후를 위하다가 죽겠지만, 네가 죽고 나면 나에게 따르는 암양이 없다고 말할 수 있겠느냐?"

양의 대화를 들은 왕은 곰곰이 생각하였습니다.

'한 나라의 왕으로서 저 숫양의 지혜보다 못한 것이 나로구나.'

곧 왕후에게 돌아가니, 왕후는 또 말했습니다.

"대왕께서 말씀하시지 않으시면 저는 자살할 수밖에 없습니다."

왕이 말했습니다.

"당신은 자살해도 좋소. 나의 궁중에 많은 여자가 있소. 당신만 여자가 아니오."

부처님께서 말씀하셨습니다.

"어리석은 남자는 여자의 욕심 때문에 몸을 죽이기도 하느니라."

지나친 교만

옛날에 어떤 나라가 있었는데 다섯 가지 곡식이 풍부하고 백성들은 편안하여 모두가 건강했으며 밤낮으로 풍류를 즐기며 걱정 없이 행복하게 살고 있었습니다.

왕이 신하들에게 물었습니다.

"내가 들으니 세상에 재앙이라는 것이 있다고 하는데 어떤 것인가?"

신하들이 대답하였습니다.

"저희들도 보지 못했습니다."

왕은 곧 신하 한 사람을 시켜, 이웃 나라에 가서 사오라고 하였습니다.

그 때에 천신天神이 그들의 교만과 방자함을 벌하려고 사람으로 변화하여 시장에서 그들이 찾는 것을 팔고 있었습니다. 모양은 돼지와 같은데 쇠사슬에 묶여 있었습니다.

신하는 주인에게 물었습니다.

"이것은 이름이 무엇입니까?"

"이것의 이름은 '재앙의 어미' 입니다."

"얼마에 팔겠습니까?"

"천만 냥 입니다."

"무엇을 먹습니까?"

"날마다 바늘 한 되씩을 먹습니다."

'재앙의 어미' 를 산 신하는 귀국하여 즉시 집집마다 바늘을 한 개씩 내게 하자, 백성들이 둘셋 씩 짝을 지어 바늘을 사러 다니느라 분주하였습니다. 벼슬아치가 모든 큰 도시 작은 도시는 말할 것 없이 시골까지 다니며 바늘을 독려하자 그들이 가는 곳은 어디나 요란하고 시끌벅적하여, 백성들의 원성이 거세어 갔습니다.

'재앙의 어미' 를 사온 신하가 임금에게 아뢰었습니다.

"이 '재앙의 어미' 는 백성들을 소란스럽게 하여 백성들이 할 일을 못하게 하고 있습니다. 이것을 죽이려고 합니다."

"그게 매우 좋겠구나."

곧 성 밖에 끌어내어 몽둥이로써 두들겼으나 상처가 나지 않았고 창으로써 찔렀으나 창이 들어가지 않았고, 칼로써 베었으나 베지 못하였습니다. 결국 나무를 쌓고 불을 질러 태웠습니다. 그러자 온 몸이 불덩이가 되어 내닫는데 시골을 지나가면 시골이 불타고, 마을을 지나가면 마을이 불타고, 도시를 지나가면 도시가 불타고, 도성을 지나면 도성이 불탔습니다. 이렇게 지나는 곳마다 모두 심한 피해를 입자 백성은 굶주리고 불행했습니다.

이것은 즐거움에 싫증이 나서 재앙을 샀던 어리석음과 교만 때문입니다.

앵무새의 보은

옛날 어떤 앵무새가 다른 산에 갔는데, 그 산의 새들은 말할 것도 없고 다른 짐승까지 그를 사랑하고 소중히 여겨 서로 아껴 주었습니다.

'비록 이렇게 잘 대접해 주지만 오래지 않을 테니 있던 곳으로 돌아가자.'

이렇게 생각한 앵무새는 곧 그 곳을 떠났습니다.

그런 몇 달 뒤 그가 잠깐 머물던 큰 산에 불이 나서 사방이 모두 탔습니다. 앵무새는 멀리서 그것을 보고, 곧 물에 들어가 날개에 물을 묻혀 공중으로 날아가서 젖은 날개를 털어 큰 불을 끄려고 했습니다. 이렇게 여러 번을 왕래하자 그것을 보고 있던 천신이 앵무새 곁에 가서 말했습니다.

"너는 어찌 그렇게 어리석으냐? 천 리에 붙은 불이 어찌 너의 두 날개에 묻은 물로 꺼지겠느냐?"

앵무새가 말했습니다.

"저도 저의 힘으로써 불을 끄지 못할 줄 압니다. 제가 몇 달

전에 이 산에 손님으로 와 있을 때, 이 산의 모든 새와 모든 짐승들은 모두 어질고 착해서 형제와 같이 저를 아껴주었습니다. 그러므로 저는 저들의 재앙을 보고만 있을 수 없습니다."

천신은 앵무새의 정성에 감동되어 곧 장대비를 퍼부어 불을 꺼지게 했습니다.

도둑은 피해야지

부처님께서 비구들과 함께 길을 가시다가 길이 아닌 숲 속으로 들어가셨습니다.

아난다가 부처님께 여쭈었습니다.

“세존이시여, 왜 길을 버리고 풀밭으로 들어오십니까?”

부처님께서 말씀하셨습니다.

“이 앞길에 도둑이 있다. 뒤에 범지가 셋이 올 텐데 그들은 모두 도둑에게 잡힐 것이다.”

범지 세 사람이 길을 가다가 길 가에 금덩이를 보고, 셋이 모두 멈추어 그 금덩이를 살펴본 뒤에 삼등분하여 각자가 가졌습니다. 그들은 세 사람 가운데 한 사람을 마을로 밥을 사러 보냈고, 밥을 산 사람은 밥에 독약을 넣으면서 ‘두 사람만 죽으면 금은 나 혼자 가질 수 있다.’ 고 생각했습니다. 두 사람도 나쁜 생각이 들어, 밥을 사가지고 오는 사람을 둘이서 죽여 버렸습니다. 그들은 독이 든 밥을 먹고 모두 죽었습니다.

부처님께서 말씀하셨습니다.

"탐욕 · 성냄 · 어리석음도 서로 죽임이 이와 같으니라."

간교한 여자

옛날에 어떤 제일 큰 성반이는 그의 아내를 감춰두고 남들이 보지 못하게 하였습니다.

부인은 하인을 시켜 땅굴을 파고 외부로 나가서 금·은 세공장이와 간통을 하고 지냈습니다. 그 뒤 남편이 알게 되자 부인이 말하였습니다.

"저는 지금까지 그런 일이 전혀 없습니다. 당신은 억울한 말씀 마십시오."

남편이 말했습니다.

"너를 데리고 수신樹神에 가겠다."

"좋습니다."

이레 동안 재齋를 치르느라 재실에 들어가면서 남몰래 세공장이에게 말했습니다.

"그대는 어떻게 하든지 해야 합니다. 그대는 미친 체 머리를 풀고 시장을 왕래하면서 사람을 만나면 껴안고 그를 당기며 끌어안아라."

남편이 재를 마치고 아내를 데리고 나올 때 아내가 남편에게 말했습니다.

"나는 아직 시장을 구경하지 못했으니 당신은 나를 데리고 시장을 지나가십시오."

그 때에 세공장이는 그 아내를 안고 땅에 뒹굴자, 아내가 곧 남편을 부르며 꾸짖었습니다.

"어찌하여 사람을 시켜 저를 껴안고 뒹굴게 하시요?"

남편이 말했습니다.

"이 사람은 미쳤을 뿐이요."

부부가 함께 신의 처소에 도착하여 머리를 숙이고 말했습니다.

"지금까지 살아오면서 나쁜 짓은 저지르지 않았습니다. 다만 이러 이러한 미친놈에게 안겼을 뿐입니다."

아내는 살길을 얻고, 남편은 말없이 부끄러워하였습니다.

생각은 각기 다르다

옛날에 어떤 처녀가 시집을 가게 되었습니다. 여러 여인들은 그를 전송하기 위해 다락에서 음식을 먹으며 서로 웃고 즐거워 하다가 귤 봉지를 아래층 땅에 떨어뜨렸습니다. 여러 여인들은 모두 내려다보며 말했습니다.

"누가 내려가서 저 귤을 가져와 같이 나누어 먹겠는가?"

시집 갈 처녀가 곧 다락을 내려가 보자 어떤 남자 아이가 귤을 주워 가지고 가려고 하였습니다. 처녀는 동자에게 말했습니다.

"그 귤을 이리다오."

동자가 말했습니다.

"네가 시집갈 때에 먼저 나를 만나 본다면 나는 이 귤을 너에게 돌려주겠지만, 그렇게 하지 않겠다면 주지 않겠다."

"그렇게 하겠다."

동자는 귤을 주었고, 처녀는 귤을 받아 다락으로 올라갔습니다. 여러 사람들은 음식을 만들어 같이 먹고 그 처녀를 신랑 되는 사람에게 보냈습니다. 처녀가 신랑에게 말했습니다.

"나에게는 중요한 약속이 있습니다. 먼저 동자를 가서 만나보고 돌아와 당신의 아내가 되겠습니다."

신랑은 곧 허락했습니다. 그 처녀는 성을 나가다가 도둑에게 붙잡히자 애걸복걸하였습니다.

"저에게는 중요한 약속이 있습니다. 놓아 주십시오."

도둑도 놓아주어 가도록 했습니다. 그 처녀는 앞으로 가다가 사람을 잡아먹는 귀신을 만났습니다. 그 처녀는 머리를 숙이며 약속을 지키게 해달라고 빌었습니다. 귀신도 놓아 주어 가게 하였습니다. 그 처녀는 동자의 집 앞에 이르렀습니다. 동자는 앉으라 하고 그를 위해 음식을 마련하여 대접하고 손도 한 번 잡지 않고 금 한 상자와 떡 한 상자를 주면서 돌려보냈습니다.

부처님께서 말씀하셨습니다.

"이와 같이 남편 · 도둑 · 귀신 · 동자는 모두 착하다. 그러나 그들이 생각하는 바는 각기 다르다.

남편이 훌륭하다고 하는 사람은 아내를 가지려는 생각이 급하기 때문이요, 도둑을 훌륭하다고 하는 사람은 재물을 가지려는 생각이 급하기 때문이요, 귀신을 훌륭하다고 생각하는 사람은 음식을 먹으려는 생각이 급하기 때문이요, 그 동자를 훌륭하다고 하는 사람은 겸손하고 청렴하기 때문이니라."

잃지 않는 복 하나

옛날에 어떤 부인이 늘 말하였습니다.

“나는 잃은 것이 없다.”

어머니의 이런 말을 늘 듣던 아들이 어머니의 반지를 훔쳐 큰 강물에 던져 버리고, 어머니께 가서 물었습니다.

“어머님 금반지를 어떻게 하셨습니까?”

어머니는 말했습니다.

“나는 잃어버린 적이 없다.”

뒷날 어머니는 마우드갈야야나와 아니룻다와 마하카샤파를 초청하여 공양을 올리기로 하였습니다. 그래서 고기가 있어야 되겠기에 시장에 가서 고기를 사가지고 와 칼질을 하다가 고기 배 안에서 옛날의 금반지를 발견하였습니다. 어머니는 아들에게 말했습니다.

“나는 잃어버린 적이 없다.’

아들은 매우 기뻐하며 부처님께 나아가 여쭈었습니다.

“저의 어머니는 어떤 인연으로써 잃어버리지 않는 복을 지녔습니까?"

부처님께서 말씀하셨습니다.

"옛날 어떤 신선이 산 북쪽에 살았는데 음산하고 추운 겨울이 되자 다른 사람들은 모두 산 남쪽으로 옮겨 갔으나 신선은 늙은 홀어머니가 계시고 또 가난하여 이사 갈 수가 없었다. 그 어머니는 남아 있으면서 여러 사람들의 그릇 따위 하찮은 물건들을 챙겨 잘 간수해 두었다가 봄이 되어 이사 간 사람들이 돌아왔을 때, 간수했던 물건들의 임자를 찾아 하나도 남김없이 원래 주인에게 돌려주었다. 이사 갔던 모든 사람들은 고마워하고 기뻐하였다."

부처님께서 계속 말씀하셨습니다.

"그 때의 그 홀어머니는 바로 지금의 네 어머니로서 전생에 여러 사람들의 물건을 잘 간수해 주었기 때문에 잃어버리지 않는 복을 얻었느니라."

궁전과 바꾼 진흙 집 둘

옛날에 어떤 귀족집의 아들이 이월 부처님을 위해 거처할만한 조그만 집을 짓고 다시 거닐만한 곳까지 만들었습니다. 그 뒤에 그는 죽어 도리천에 나서 보배로 된 집에 살았는데 둘레가 4천 리로 마음대로 즐겼습니다. 그는 부처님께 내려와 기쁜 마음으로써 지붕에 하늘 꽃을 흩었습니다.

그 하늘 사람은 말하였습니다.

"저는 조그만 진흙 집을 지어드렸을 뿐이거늘 그렇게 훌륭한 집에 태어났습니다. 그래서 그 은혜를 생각하고 일부러 와서 꽃을 뿌립니다."

도를 깨달은 인연

옛날에 스님 세 분이 서로 물었습니다.

"스님은 어떤 인연으로써 도를 얻었습니까?"

"저는 국왕의 공원에서 아주 탐스럽게 잘 익은 포도를 보았는데, 저녁이 되자 사람들이 모두 따가고, 떨어진 포도 낱알이 땅에 흩어져 있었습니다. 저는 그 광경을 보고 세상이 덧없음을 깨달아 도를 얻었습니다."

"저는 물가에 앉아 어떤 부인이 손으로 그릇을 씻을 때, 팔찌가 서로 부딪히는 것을 보고, 인연이 합해야 소리가 나는 것을 깨달아 도를 얻었습니다."

마지막 한 스님이 말했습니다.

"저는 연못가에 앉아 무성하고 아름다운 연꽃을 보았는데, 저녁에 수십 대의 수레를 타고 온 사람들이, 말을 목욕시키고 꽃을 꺾어 가버렸습니다. 저는 그것을 보고 '만물이 덧없는 것이 저러하구나.' 라고 깨달아 도를 얻었습니다."

똥 삼태기에 담긴 외도

옛날 어떤 외도 수행자 범지가 있었습니다.

그는 재주가 있고 학문이 높아 남의 의견을 반박하되, 진실성이 없는 이론으로 바른 법을 꺾고, 거짓을 끌어내어 진실이라 주장하며, 사물을 끌어오고 비유를 계속하여 아무도 그의 괴변을 당적하는 사람이 없었습니다. 그러자 여러 나라에서 나라의 스승國師으로 삼았습니다. 얼마 뒤 그는 슈라바스티 나라에 가서, 한 낮에도 등불을 들고 다니므로 도성 사람들이 그 이유를 물었습니다.

"왜 대낮에 등불을 들고 다니시오?"

그는 자신 있는 대답을 했습니다.

"이 나라가 너무나 어두워 밝음이 없기 때문에 불을 들고 다니오."

그 나라의 왕은 매우 부끄럽게 여기고 성문 아래 북을 매달아 놓고, 저 괴변가를 꺾을 수 있는 지혜로운 분의 출현을 간절히 바라고 있었습니다.

그 때에 어떤 스님이 그 나라에 들어가 성문 아래 달린 북을 보고 지나가는 사람에게 물었습니다.

"왜 성문 아래 북을 매달아 두었소?"

"어떤 외도 수행자가 펼치는 주장에 대하여 국내 사람으로서 대적할 이가 없는 것을 대왕께서 부끄럽게 여기시고, 현명한 분이 계시면 치시라고 북을 달아 두었습니다."

스님은 뒤꿈치를 들고 북을 쳤습니다.

임금은 북소리를 듣고 곧 스님과 외도 수행자를 궁전으로 초청하여 공양을 베풀었습니다.

스님이 대왕에게 말씀하였습니다.

"대왕님, 훌륭하십니다. 이 분 이교도 수행자는 지혜롭고 현명하고 통달하였으니 참으로 도인입니다. 헌데 남의 종도 아니고, 군대의 졸개도 아니고, 더구나 상두꾼의 등잡이도 아닌데도 등을 들고 다닙니다."

이교도 수행자는 아무 말도 못했습니다.

팡파르가 울리더니, 문득 이교도 수행자를 붙들어 똥 삼태기에 담아 분뇨수레에 실어 나라 밖으로 쫓아내고, 그가 앉았던 자리까지 깨끗이 청소했으니, 옛날부터 전해 내려오는 이야기입니다.

아라한의 전생 습기

부처님께서 세상에 계실 때였습니다. 어떤 비구가 밥을 먹고 양치하고 손을 씻고 얼굴에 화장을 하고, 옷을 손질하여 입는 것을 아난다 존자가 옆에서 처음부터 끝까지 지켜보고, 세존께 말씀드렸습니다.

"저 비구의 법답지 못한 행실이 저러합니다."

부처님께서 말씀하셨습니다.

"여자들 가운데 몸을 의지해 있다가 왔으니, 남은 습관이 아직 다하지 아니한 까닭일 뿐이니라."

비구는 즉시에 아라한 도를 나타내어 보이고 열반에 들어 버렸습니다.

말씀이 부풉니다

옛날에 슈라바스티성 밖 어떤 집 부인이 재가 신도가 되더니 모든 계율을 깨끗이 지켰습니다. 어느 날 부처님께서 그 여자 신도의 집 문 앞에 가서서 밥을 비시자, 부인이 밥을 가지고 나와 부처님의 바루에 옮겨 드리고 물러나 절을 올렸습니다.

부처님께서 말씀하셨습니다.

"하나를 심으면 열이 생기고, 열을 심으면 백이 생기며, 백을 심으면 천이 생기나니, 이렇게 하여 만이 생기고, 억이 생기고, 진리인 도를 얻어 보게 되느니라."

부처님의 도와 덕을 믿지 않던 남편이 잠자코 있더니, 부처님께서 축원하심을 듣고 말했습니다.

"고타마 사문이시여, 말씀에 과장하심이 어찌 그렇게 지나치십니까? 한 바루의 밥을 보시하여 말씀과 같이 복을 얻고 또 도를 얻겠습니까?"

"그대는 어디를 다녀왔습니까?"

"성안에 다녀왔습니다."

"그대는 오시다가 냐그로다 나무를 보았을 텐데 높이가 얼마나 되어 보이든가요?"

"높이는 대강 사십 리며, 해마다 몇 만 섬의 열매를 땁니다."

"그 씨는 얼마만 합니까?"

"겨자씨 만합니다."

"한 되쯤을 심었을까요?"

"씨 한 개를 심었을 뿐입니다."

부처님께서 말씀하셨습니다.

"그대의 말씀이 왜 그렇게 부푼가? 겨자씨 하나만한 열매를 심어 어떻게 높이가 4십 리나 되는 나무가 되었으며, 해마다 몇 만 섬의 열매를 딸 수 있단 말씀이오."

"진실로 그러합니다."

"땅은 지각작용이 없지만 그 갚음의 힘이 이러 하거늘 어찌 하물며 환희로움을 지닌 마음으로써 한 바루의 밥을 부처에게 바침이겠는가? 그 복됨은 말하거나 헤아릴 수 없느니라."

그 부부는 이내 마음이 열리고 가르침을 알더니, 시간에 맞게 스로타판나가 되었습니다.

내 곁에서 떠나라

이미 아나가민의 도를 얻은 어떤 스님이 산 위에서 풀을 삶아 가사에 물을 들이고 있었습니다.

그 때에 소를 잃어버린 사람이 소를 찾아 헤매던 중 산 위에서 불길과 연기가 나는 것을 보고, 문득 그 곳에 도착하여 보니, 가마솥 안의 풀은 모두 소 뼈로 변하고, 바루는 소머리로 변하고 가사는 소가죽으로 변했습니다.

그 사람은 바로 뼈를 스님의 머리에 이게 하고 온 나라 안을 누비고 다니며 모든 사람들이 그 광경을 함께 보게 했습니다. 스님이 데리고 있던 사미는 점심시간이 되자 쇠북을 쳤습니다. 그러나 스님이 공양하러 오시지 않자 곧 방에 들어가 좌정하고 사유하니, 스님께서 모욕당하시는 것이 보였습니다. 머뭇거리지 않고 가서 절하며 스님의 발을 붙들고 말씀드렸습니다.

"어떠한 인연이 이와 같습니까?"

"오랜 옛날의 죄업이니라."

사미가 말씀드렸습니다.

"잠깐 절에 가셔서 공양하실 수 있습니다."

두 사람은 곧 신통력을 발휘하여 함께 갔습니다.

사미는 아직 도를 얻지 못하여 항상 성내고 있으며 아직 성냄을 제거하지 못했기에 소의 임자와 나라 사람들을 돌아보고 '나라 사람들이 나의 스승을 데리고 이와 같이 괴롭게 하는구나. 용으로 하여금 모래와 돌을 날리게 하여 이 나라를 움직여 그들로 하여금 두렵게 해야겠다.'라고 생각하자, 온 사방에 모래가 흩뿌려져 성 안팎의 집들이 모두 큰 화를 당했습니다.

스님이 제자에게 말씀하셨습니다.

"내가 전생 가운데 어느 생에 소 잡는 일을 평생 했기 때문에 이러한 재앙을 받는다. 그런데 너는 왜 이러한 죄업을 저지르느냐? 너는 내 곁에서 떠나라. 다시는 나를 따르지 말아라."

부처님께서 말씀하셨습니다.

"죄와 복이 이와 같으니 삼가지 않을 수 있겠느냐?"

집게손가락이 지은 죄

부처님께서 세상에 계실 때였습니다.

어떤 국왕에게 다섯 명 큰 신하가 있었습니다. 한 신하가 이전부터 부처님을 초청했으나, 부처님께서 그의 초청을 받지 않으셨습니다. 그 대신은 돌아갔다가 왕의 이름으로 부처님을 초청하고 돌아갔습니다.

부처님께서는 대중들에게 말씀하셨습니다.

"저 대신은 오늘 밤에 반드시 목숨을 마칠 터인데, 내일 어떻게 복을 짓겠는가?"

그 대신이 일찍이 관상가에게 관상을 보이니 '장차 칼로 인하여 죽을 관상이니 칼로써 스스로를 지켜라.' 고 하였습니다.

그는 잠자리에 들면서 칼을 빼어놓고 있다가 밤이 깊어지자, 눕고 싶어 그 칼을 아내에게 주어 들고 있게 하였습니다. 그는 침상에 바로 누워 잠들었고, 칼을 든 부인은 졸다가 칼을 떨어뜨렸는데 불행하게도 대신의 목을 관통하여 대신이 즉사했습니다.

아내는 크게 울부짖었습니다.

"남편이 죽었습니다."

왕은 네 대신을 불러 문책하였습니다.

"너희들은 너희들을 호위하되 순찰하고 실행하면서 간교하게 일을 벌였구나. 그의 아내와 서로 짜고서 반드시 이러한 죄를 지었구나. 그 여자가 누구를 위하여 곁에 있었는가?"

바로 네 신하의 오른손을 잘랐습니다. 아난다가 부처님께 어찌된 인연인가를 여쭈었습니다.

"죽은 대신은 전생에 목동이었고, 부인은 흰 어미 양이었다. 네 명의 신하는 전생에 도둑들이었는데, 목동을 보고 함께 오른손의 손가락을 들고 흰 어미양을 가리키며 잡으라고 윽박질렀다. 목동과 다섯 사람이 그 양을 삶았으나 아이는 눈물을 흘리고 울면서 슬퍼하였다. 양을 잡아먹은 도둑들이 이와 같이 나고 죽음에 헤매다가 금생에 함께 만났기 때문에 그 지난 때의 죄업을 갚았느니라."

입이 지은 죄

옛날 어떤 지체가 높은 사람이 부자로서 많은 재산가였습니다. 항상 은혜 베풀기를 좋아하되 다른 이가 요구하는 것을 어긴 적이 없었습니다. 그러나 뒷날 남자아이를 하나 낳았는데 있어야 할 손발이 없고 형체가 물고기와 비슷했습니다. 때문에 이름을 어신魚身이라 했습니다. 부모가 돌아가자 가업을 물려받았지만 언제나 방에 누워 만나는 이가 없었습니다.

그 때에 어떤 힘 센 이가 왕의 주방에서 밥을 얻어먹고 살았지만 항상 굶주렸습니다. 혼자 열여섯 대 수레에 나무를 끌고 그것을 팔아서 생활에 보탰으나 그래도 부족하였습니다. 생각다 못한 힘 센 사람은 어신에게 가서 부족한 것을 주십사고 청하였습니다.

"오랫동안 왕실의 음식에 의지했으나 항상 공급이 부족하여 언제나 굶주림으로 배를 움켜쥐고 살았습니다. 듣자오니 그대는 밑천과 재물이 많으시니 일부러 와서 빕니다."

어신이 힘 센 이에게 그 형체를 보이니 힘센 이는 물러나와 혼자 생각했습니다.

'나는 힘이 센 사람인데도 이렇게 손발이 없는 사람만도 못하구나.'

그는 부처님의 처소에 이르러 의심나는 것을 물었습니다.

"세상에는 간혹 부호로서 존귀하기가 국왕과 같은 이도 죽고, 수족이 없는 자도 부유하여 저러한데, 저는 힘이 나라에서 상대 할 사람이 없을 만큼 셉니다. 그런데도 음식이 부족하여 항시 굶주립니다. 이것이 무슨 인연입니까?"

부처님께서 말씀하셨습니다.

"옛날 카샤파 부처님 때에 저 어신은 대왕과 함께 부처님을 초청하여 공양을 올리기로 했는데, 너는 그 때에 빈궁하여 심부름꾼으로서 그를 도왔다. 어신은 공양 올리려고 왕과 함께 가면서 왕에게 말했다. '오늘 처리해야 할 일이 있어 할 수 없이 못 갑니다. 이 일을 그만 두는 것은 저의 손발을 끊는 것이나 다를 바가 없기 때문입니다.' 그 때에 부처님께 공양을 올린 사람은 지금의 왕이고, 중간에서 일을 보러 간 사람은 어신이며, 어신의 일을 도와 준 이는 바로 너이니라."

이 말씀을 들은 힘 센 이는 곧 마음이 열려 뜻을 깨닫더니 스님이 되어 수행하여 아라한이 되었습니다.

구 잡비유경 下

吳天竺三藏 康僧會 한문번역

몽산(夢山) 관일(觀一) 한글 번역

아라한을 좋아할까봐

부처님께서 제자들을 위하여 설법하고 계실 때, 어떤 사냥꾼이 활을 메고, 또 잡은 새 십여 마리를 들고 절 앞을 지나 가다가 부처님을 뵙고, 그 뜻이 청정해지고 생각이 영민해져서 설법을 듣더니 마음으로 삼보를 받들려 하였습니다. 그러나 부처님께서는 곧 설법을 그치시고 그를 위해 설법하시지 않았습니다. 사냥꾼은 물러가면서 말했습니다.

"제가 만약 부처가 되면 남을 위해 두루 설법하되, 조금도 거절하지 않겠습니다."

아난다가 부처님께 여쭈었습니다.

"그 사냥꾼은 마음을 집중하여 들으려고 했사온데, 왜 설법을 거절하셨습니까?"

부처님께서 말씀하셨습니다.

"그 사냥꾼은 큰 보살의 마음을 굳게 세웠다. 옛날에 국왕이 되어 여러 여자들에게 마음을 평등하게 주지 못했다. 임금의 사랑을 받지 못한 여자들이 공동으로 모의하고 짐독으로써 왕을 시해했고, 왕은 사냥꾼의 집에 태어났으며 여러 여자들은 새가 되었다. 지금 그 죄가 끝났으니 이후에 보살이 될 것이다. 만약 그를 위하여 경전을 설명하면 그의 뜻이 아라한의 도에 떨어질까 하여 일부러 그렇게 말하지 아니한 것뿐이니라."

금솥이 스승님이다

옛날 절에 금으로 만든 솥이 있어 요리를 하면 다섯 가지 맛이 있는 음식이 되었고, 그 음식을 스님들께 자시게 했습니다. 그 때 평범한 사람이 절에 와서 금솥을 구경하고 훔쳐가려고 했으나 가지고 갈 방법이 없었습니다. 할 수 없이 거짓으로 스님이 되어 가사를 입고 스님들과 함께 살았는데 윗자리의 스님들이 토론하는 경전의 내용을 들었습니다.

"모든 죄와 복과 나고 죽음은 중요한 도를 증득케 하나니, 그림자와 메아리는 서로 뗄래야 뗄 수 없다."

이 말을 들은 도적은 마음으로 깨닫고 부끄러워하며 후회하더니 뜻을 모으고 마음을 한군데로 집중하여 곧 도의 자취를 보았습니다. 그리고 그 인연을 생각하고 '금솥이 내 스승님이다.' 하더니 특별히 먼저 금솥에 절하고 세 번을 돈 뒤에 여러 스님들에게 빠뜨리지 않고 자기가 얻은 도를 말했습니다. 대개 깨달음에는 반드시 인연이 있으니 마음이 한결같으면 진리를 보지 못할 이치가 없습니다.

여자가 된 남자

옛날 아니룻다가 이미 아라한이 되었을 때였습니다.

여러 비구 스님들 가운데 얼굴이 아름다워 마치 여자 같은 어떤 비구 스님이 혼자 숲 속에 들어가자 어떤 경솔한 젊은이가 여자라 생각하고 엉큼한 생각을 품고 숲 속에 들어가 희롱하다가 예쁜 스님이 비구인 것을 알자, 그의 몸이 변하여 여자 몸이 되었습니다. 부끄럽고 황당하며 답답하여 집에 돌아가지 못하고 산 속에서 이곳저곳을 헤매며 여러 해를 지냈습니다. 그의 아내와 자식들은 그가 어디에 살고 있는지 모르므로 이미 죽었다고 생각하고 날마다 슬피 울었습니다.

아니룻다가 걸식하면서 그 집에 이르렀습니다.

그 부인은 눈물을 흘리고 울면서 남편이 돌아오지 않는 것을 하소연하였고, 복력을 빌며 생활을 할 수 있도록 축원해 달라고 했습니다. 그러나 아니룻다는 말없이 불쌍히 여기는 마음이 일어나 산 중으로 들어가 그 사람을 찾아 만나 보았습니다. 그는 곧 잘못을 참회하며 뉘우치고 자책하자 몸이 본래대로 회복되어 집으로 돌아가 아내와 자식들을 만나게 되었습니다. 대개 도를 얻으려는 사람은 나쁜 마음으로 남을 대하지 않아야 하나니, 나쁜 마음으로 남을 대하면 재앙을 받기 때문입니다.

남겨서 동물에게 먹이자

옛날에 어떤 비구 스님이 아무도 없는 나무 밑에 앉아 도를 이루려 했습니다.

그 나무 위에 살던 암 원숭이가 비구 스님이 나무 밑에서 밥 먹는 것을 보고, 나무에서 내려와 스님의 곁에 서 있었습니다. 스님은 밥을 남겨 원숭이에게 주었습니다. 원숭이는 밥을 먹고 곧 물을 길어 와서 스님이 손을 씻게 하였습니다.

이렇게 여러 달이 지났습니다.

어느 날 스님은 밥을 먹을 때 다른 생각을 하다가 그만 원숭이를 잊고 밥을 남기지 못했습니다. 밥을 얻어먹지 못한 원숭이는 성을 내며 비구의 가사를 가지고 나무 위로 올라가 모두 찢어 버렸습니다. 스님이 '이 짐승이' 하고 막대기를 휘둘렀는데 원숭이가 정통으로 머리를 맞아 땅에 떨어져 곧 죽었습니다. 여러 원숭이들이 몰려와 시끄럽게 떠들면서 죽은 원숭이를 메고 절에 갔습니다. 비구 스님들은 반드시 무슨 까닭이 있음을 짐작하고 산중에 흩어져 있는 스님들을 부르고 그 이유를 따져 묻자 원숭이를 죽인 비구 스님이 처음부터 끝까지 다 이야기 했습니다.

이에 법규를 정했습니다.

"오늘부터 비구 스님들은 밥 먹을 때 다 먹지 말고 누구나 그 일부를 덜어 남겨 두었다가 다른 동물들에게 줍시다."

단월에게 밥을 비는 것도 이것을 말미암아 시작되었습니다.

입을 열지 마라 하나

옛날 어떤 자라는 가뭄이 심하여 숲이 마르고 호수가 말라 먹이가 있는 곳을 찾아가려 했으나 갈 수가 없었습니다.

그 때에 큰 고니들이 함께 곁에서 살았으므로 살려 달라고 애걸하였습니다. 그 간청을 들은 고니는 거역하지 못하고 자라를 입에 물고 도시 위를 날아가고 있었습니다. 자라는 잠자코 있지 못하고 소리쳤습니다.

"어디로 가기에 이렇게 쉬지 않고 가는가?"

고니가 대답하려고 입을 벌리자 자라는 땅에 떨어졌고 사람들에게 발각된 자라는 잡아 먹혔습니다. 대개 사람이 어리석어 생각 없이 말을 삼가지 않은 것에 대한 비유입니다.

삭발공덕 둘

옛날 어떤 스님의 머리를 속인에게 깎아 달라고 했습니다. 스님의 머리를 깎고 나서 그 사람은 머리를 땅에 대어 절하고 말했습니다.

"저로 하여금 훗날 세상에서 마음이 정결하고 지혜가 스님과 같게 되어지기를 원하옵니다."

도인이 말씀했습니다.

"그대는 나보다 더 훌륭한 지혜를 얻게 될 것이오."

그 사람은 절하고 떠나갔습니다.

그는 뒷날 목숨이 마치자 도리천에 났다가 하늘의 수명이 다하고 다시 이 땅에 내려와 좋은 집안의 아들로 태어났고, 그는 성장하자 스님이 되어 도의 자취를 보았으니 이것은 지극한 마음의 결과입니다.

약속이 건진 생명

옛날에 어떤 범지가 임금에게 구걸하러 갔습니다. 왕은 마침 사냥을 가다가 그 범지를 만났기 때문에 그에게 말했습니다.

"저 궁전 안에서 제가 돌아올 때까지 기다려 주십시오."

곧 사냥을 시작하여 짐승을 쫓아다니다가 신하들과 헤어졌는데 귀신들을 만났습니다. 귀신들이 해치려고 할 때 왕은 그 귀신들에게 말했습니다.

"내 말을 들어주시오. 내가 아침나절에 성문 근처에서 어떤 도인 한 사람을 만났는데 그는 나에게 필요한 물건을 구걸하러 왔었소. 나는 그에게 사냥이 끝날 때까지 궁중에서 기다리게 하였소. 그래서 하는 말인데, 지금 잠깐 돌아가 그에게 물건을 주고 다시 와서 그대들의 처분에 따르겠소."

귀신들이 말했습니다.

"지금 너를 먹고 싶은데 너는 다시 돌아오겠는가?"

"진실로 신용이 없는 자라면 내가 어떻게 그 도인을 생각하겠는가?"

귀신들은 왕의 청을 들어 주었습니다. 왕은 궁중으로 돌아가 그 도인에게 물건을 내어 주고, 나라를 태자에게 넘겨주고, 귀신들에게 돌아갔습니다. 귀신들은 왕이 오는 것을 보고 그의 지극한 정성에 감동되어 예의를 지키며 사과하고 해치지 않았습니다.

부처님께서 말씀하셨습니다.

"왕은 한결같은 정성으로써 목숨을 보전하고 나라를 건졌거늘 하물며 다섯 가지 계율을 받들어 지니는 어진 이를 말할 필요가 있겠는가. 지극한 정성으로 한 보시는 그 복덕이 헤아릴 수 없느니라."

거룩하신 스승님

옛날 아쇼카 왕이 항상 보시하기를 좋아하여 스님들께 공양을 베풀었습니다. 어느 때 왕자로 하여금 스님들 앞에 공양을 돌리도록 하였습니다. 태자는 마음속으로 화를 내며 생각하였습니다.

'내가 왕이 되면 그 때에 이 스님들 전부를 죽여버리겠다.'

어떤 노스님이 태자가 마음속으로 성낸 것을 알고 태자에게 말했습니다.

"태자님 저는 이 세상에 오래 살지 않겠습니다."

태자는 놀라며 생각하였습니다.

'내가 왕이 되면 이 스님들께 아버지보다 더 나은 음식으로써 공양을 올리겠다.'

이렇게 마음이 온화하여 악을 버리고 선으로 나아가겠다고 생각하니 그 스님이 말했습니다.

"태자님, 저는 그 때 벌써 하늘에 태어나 있을 것입니다."

태자는 말했습니다.

"거룩하신 스승님."

태자는 뒤에 국왕이 되어 다섯 가지 계율과 열 가지 선으로써 정치를 실천하니 나라가 번영했고 태평성대가 되었습니다.

보시를 싫어한 과보 하나

옛날에 어떤 문벌 좋은 집에서 주인이 두 명의 부인을 두었습니다. 큰 부인이 날마다 좋은 음식으로써 스님들에게 공양을 베풀기 때문에 스님들은 날마다 그 댁으로 가서 공양을 받았습니다. 그런데 작은 부인은 그 행위 자체와 스님들을 매우 미워했습니다. 어느 날 어떤 스님이 걸식을 갔을 때 작은 부인은 재빨리 뛰어나가 바리를 받아 들고 들어와 개똥을 바리에 담고 밥을 그 위에 덮어 스님에게 주었습니다. 스님은 그것을 가지고 산중에 가서 막 먹으려다가 똥을 발견하고는 바루를 씻고 그 뒤에는 다시 그 집에 가지 않았습니다.

어느 때부터 작은 부인의 입 안과 온 몸에서 구린내가 나서 사람들은 그녀를 만나면 모두 피했습니다. 그녀는 목숨을 마친 뒤 똥 · 오줌지옥에 떨어졌습니다. 그렇게 수천만 년 동안 삼악도에 떠돌아다니다가 죄업이 끝나고 사람이 되었을 때 언제나 대변을 먹고 싶어 하다가 먹지 못하면 뱃속이 뒤틀리듯 아팠습니다.

그 뒤 어느 때 남자의 부인이 되어 자주 밤에 일어나 대변을 남모르게 먹었습니다. 남편이 이상하게 생각하고 뒤를 밟았다가 그 부인이 대변을 먹는 것을 알았습니다.

이것은 전생에 지은 죄업의 결과입니다.

이루기 어려운 네 가지 둘

사람에게는 이루기 어려운 것이 네 가지가 있습니다.

첫째 탑을 세우는 것이요. 둘째 절을 짓고 스님들을 모시는 것이요. 셋째는 비구 스님들께 공양을 베푸는 것이요. 넷째는 집을 떠나 스님이 되는 것이니, 이 네 가지 중에서 한 가지만 성취해도 그 복이 한량없습니다.

왜 그러한가? 이 세상은 잠깐 동안만 존재하기 때문입니다.

이미 사람으로 태어났고 또 재산이 많으면 인색하고 탐하는 근본을 뽑아 버리고 시기에 맞게 은혜를 베풀면 공덕의 업이 순수해 지나니 이러한 것도 역시 쉽지 않습니다. 누가 여기에 대한 복을 아는가? 오직 부처님뿐입니다.

음식으로써 도반을 만들지 마라 셋

"비구는 음식을 마련해 놓고 서로 부르는 것은 친숙해지는 길이 아니고, 오직 경전의 법으로써 서로가 알려주고 훈도하도록 돕는 것이 친하게 되는 길이다.

비구가 맛있는 음식으로써 서로 보시하여 비구의 좋은 이름을 세상에 나타낸다면 후세에 아무도 대응할 이도 없고, 또 부처님께 나쁜 평가가 돌아가게 될 것이다. 왜냐하면 이교도들이 비구들을 보고 말할 것이다.

'부처님 제자들은 맛있는 음식과 좋은 옷을 서로 보시할 뿐이다. 누가 저렇게 가르쳤는가? 바로 부처님이다.'

이렇게 부처님이 나쁜 평판을 받게 된다. 비구는 경전과 계율과 도와 법으로써 서로 초청하면 그것은 매우 좋은 길이다. 왜냐하면 이교도의 수행자들이 비구들을 보고 말할 것이기 때문이다.

'저 부처님 제자들은 경전과 계율과 도와 법으로써만 서로 보시하고 다른 것은 서로 주지 않는다.'

그러한 비구는 현재 세상에도 좋은 이름을 얻고, 후세 세상에서는 해탈을 얻으며, 부처님에게도 좋은 평판이 있을 것이다. 이교도들은 무엇이라 말할까?

'부처님은 바로 저 비구들의 스승으로서 그 제자들에게 경전과 계율과 도와 법만을 가르쳤다.' 할 것이다. 그러므로 음식으로써 보시할 것이 아니요 다만 좋은 말로써 서로 보시해야 하느니라."

부처님께서 계속 말씀하셨습니다.

"비구는 만족할 줄 알아야 한다. 만족할 줄 안다는 것은 한 벌의 옷과 하루 한 끼를 구하고 항상 거닐면서 생각하며, 밖으로 구할 생각을 하지 말고, 마음을 쉴 수 있어 어지럽히지 않는 것이니, 이것을 만족할 줄 아는 것이라 한다. 또 비구는 만족할 줄 안다고 생각해서는 안 된다. 경전과 계율을 알고, 네 가지 선정과 네 가지 공정空定과 스로타판나와 사크르다가민을 얻었다고 만족할 줄 알아서는 안 된다. 이와 같이 만족하다고 생각하지마라."

서서 소변보는 비구를 보고 개종한 이교도 하나

어떤 비구가 걸식을 하다가 소변이 너무 마려워 할 수 없이 길가에 서서 소변을 보았습니다. 길 가던 사람들이 그것을 보고 모두 비웃으며 말했습니다.

"부처님의 제자들은 걸음걸이에도 법도가 있고 입은 옷에도 위의가 있는데 저 비구는 서서 소변을 보니 웃기는구나!"

그 때에 니르그란타 종족인 어떤 이교도가, 사람들이 그 비구의 행동에 대해 비웃는 것을 보고 가만히 생각했습니다.

'우리 니르그란타 종족은 알몸으로 다녀도 꾸짖는 사람이 아무도 없는데 부처님의 제자는 서서 소변한다 하여 사람들이 모두 비웃는구나. 그것은 우리들 스승에게는 법칙이 없기 때문에 사람들이 웃지 않을 뿐이다. 그런데 부처님 제자들의 법은 청정하고 예의가 있기 때문이다.'

곧 스스로 부처님께 귀의하여 스님이 되더니 곧 스로타판나의 도를 이루었습니다.

제석천왕의 말은 믿을 수 없다 둘

사자가 온갖 짐승 가운데 왕인 것 같이, 스님들은 사람 가운데 스승입니다. 그러므로 쓰는 말씨에 법도가 있어야 하고, 걸어 다니고 앉고 일어서는 데도 위의가 있어서 사람들의 귀감이 되어야 하므로 스스로 가벼이 여기지 않습니다. 스스로 가벼이 여기고 스스로 비방하는 것은 성현을 욕되게 하는 길입니다.

제석천왕과 사천왕은 보름이면 세 번이나 세상을 살펴봅니다. 누가 계율을 지키는가? 계율을 지키는 분을 보면 그들은 매우 기뻐합니다. 보름날이 되면 제석천왕은 정전正殿에 앉아 가만히 말합니다.

"보름날에 세 가지 재를 이행하는 이가 세상에 있으면 그는 목숨이 끝나면 반드시 내 자리를 이을 수 있다."

곁에 있던 여러 하늘 사람들이 깜짝 놀라면서 말했습니다.

"다만 보름날에 세 가지를 재를 이행한다 해서 제석천왕과 같은 자리를 얻을 수 있습니까?"

아라한이 된 어떤 비구가 제석천왕이 먹은 마음을 알고 부처님께 여쭈었습니다.

"과연 저 제석천왕의 말과 같이 될 수 있습니까?"

부처님께서 말씀하셨습니다.

"저 제석천왕의 말은 믿을 수 없다. 그것은 진실한 말이 아니다. 왜냐하면 보름날에 세 가지 재로써 정진하는 사람은 세상을 건너 갈 수 있는데, 제석천왕을 해서 무엇 하겠느냐. 이와 같이 제석천왕의 말은 진실한 말이 아니니 믿을 것이 못된다. 누가 재하여 얻는 복을 말할 수 있겠는가. 오직 부처인 나뿐이니라."

비를 바다에 내리듯

바다 속에 큰 용이 있었습니다.

그 용은 잠부드비파에 비를 내리게 하려다가 잠부드비파 땅이 빗물을 감당할 수 없을까 두려워하였습니다.

'이 땅은 내 물을 감당할 힘이 없을 터이니, 도로 내 바다에 비를 내리자.'

부처님의 지혜로운 제자들은 위엄과 덕이 매우 커서 96종 이교도들에게 법을 주려 하다가 그것을 감당할 이가 없을까 두려워합니다. 그러므로 부처님 제자들이 서로 서로 베풀어 주는 것은 마치 저 용왕이 도로 바다에 비를 내리듯이 자기들끼리 법을 주고받습니다.

제 몸을 드리겠습니다

옛날에 나이 백이십 살인 스님이 있었습니다. 그는 젊어서부터 음욕심이 없어서 장가들지 않고, 사람이 없는 깊은 산에 살면서, 띠풀로써 집을 짓고, 쑥대로써 자리를 만들고, 물과 과실로써 음식을 삼아 어떤 재물도 쌓아 두지 않았습니다. 그리고 국왕이 초청하였으나 가지 않고, 마음은 하염없이 고요한 곳에 있으면서 산중에서 수십 년을 지내다 보니 날마다 짐승들과 한가족처럼 즐겁게 살았습니다. 거기에 네 마리 짐승이 있었으니 여우 · 원숭이 · 수달 · 토끼였고, 그 네 마리 짐승은 날마다 스님께 경전과 계율과 법을 들었습니다. 이렇게 오래 지나자 그 주위에 그렇게 흔하던 과일이 동나 스님이 다른 곳으로 옮겨가려 하였습니다. 네 마리 짐승은 시름에 겨워 서로 의논했습니다.

"우리는 각자가 따로 가서 스님께 올릴 수 있는 공양물들을 구해오자."

원숭이는 다른 산으로 가서 맛있는 과실을 가져와 도인에게 바치면서 이곳에서 떠나지 말 것을 빌었습니다. 여우는 산을 떠나 사람으로 변하여 한 포대의 미숫가루와 밥을 구해 와서 스님께 올렸습니다. 그것은 한 달 양식이 되었으니, 스님이 이곳에서 떠나지 않기를 마음속으로 빌었습니다. 수달은 물에 들어가 한 달 양식거리가 될 만한 큰 물고기를 잡아 스님에게 바치며 떠나시지 않기를 원했습니다.

토끼는 생각하였습니다.

'나는 무엇으로써 저 스님께서 잡수시게 할 수 있을까?'

다시 생각하였습니다.

'나는 내 몸으로써 공양을 올리자.'

그리고 그는 곧 마른 나무를 주어와 불을 붙여 숯불을 만들고 스님께 가서 말씀드렸습니다.

"저는 지금 토끼가 되어 올릴 공양이 아주 없습니다. 이 불속에 들어가 제 몸을 구워 스님께 바치려 합니다. 하루 양식은 될 것입니다."

말을 마치자마자 토끼는 불 속으로 몸을 던졌습니다. 스님은 토끼를 보고 그의 정성에 감동되고 또 그들을 가엾이 여겨 떠나지 않고 그곳에 머물렀습니다.

부처님께서 말씀하셨습니다.

“그 때의 스님은 바로 저 제화갈提和竭 부처님이셨고, 토끼는 나였으며, 원숭이는 사리푸트라요, 여우는 지금의 저 아난다였으며, 수달은 마우드갈야야나 였느니라.”

나약하지 마라

옛날에 스님 다섯 분이 함께 길을 가다가 눈과 비를 만나 어떤 신사神社에 들어가 잠을 자게 되었습니다. 그 신사 안에는 신상神像이 있는데, 그 신상을 온 나라 백성들과 관리들이 받들고 섬겼습니다. 그 가운데 네 사람이 말했습니다.

"오늘 밤은 너무 춥다. 이 목상을 태워 불을 지피자."

한 스님이 반대하였습니다.

"이 신상은 사람들이 받들어 섬기는 상이니 부술 수가 없다."

할 수 없이 그대로 두고 잠을 자고 있었습니다.

그 집에 있던 귀신들은 언제나 사람을 잡아먹었습니다. 그들은 저희끼리 의논하였습니다.

"저 한 사람을 잡아먹자. 저 사람은 우리를 두려워하는데, 다른 네 사람은 너무 억세어 해칠 수 없다. 그리고 그들은 '신상을 부수지 못합니다.'는 사람을 억누르고 신상을 부술 것이다."

네 스님은 귀신의 말을 듣고 일어나 도반을 불러 깨웠습니다. 그리고 신상을 끌어내어 불태우며 말했습니다.

"무엇 때문에 불을 지피지 못하는가?"

이 말을 들은 귀신들은 도망가 버렸습니다.

대개 도를 배우는 이는 항상 마음을 굳게 가지고 겁내거나 나약해지지 않아야 귀신이 틈을 타지 못하게 됩니다.

시원하다

옛날 어떤 국왕이 나라를 버리고, 스님이 되어 산중에서 고요히 생각하면서 띠풀로써 집을 짓고, 쑥대로써 자리를 만들어 스스로 뜻을 이루었습니다.

그는 크게 웃으면서 말했습니다.

"아! 시원하다." 그러자 곁에 있던 스님이 물었습니다.

"그대는 시원하다고 하지만 산중에 혼자 앉아 도를 배우는데 과연 무슨 즐거움이 있습니까?"

국왕 스님은 말했습니다.

"제가 왕으로 있을 때는 많은 걱정이 있었습니다. 이웃 왕이 나라를 빼앗을까 두려웠고, 사람들이 내 재물을 빼앗을까 걱정하였고, 이익을 탐하는 사람에게 해침을 당할까 두려웠고, 간혹 신하들이 내 재물을 탐하여 뜻밖에 반역할까 두려웠습니다. 그러나 지금 나는 이익을 탐하는 무리의 해침을 전혀 받을 걱정이 없으니, 시원하기가 말할 수 없습니다. 그래서 시원하다고 말한 것입니다."

그들을 막지 마라

옛날에 어떤 국왕이 매우 도덕을 좋아하여 매일 탑을 백 번씩 돌았습니다.

탑을 돌기 시작하여 백 바퀴를 돌기 전에, 이웃의 어떤 나라 왕이 침공해 오자, 가까운 신하가 매우 당황하여 곧 왕에게 가서 말씀드렸습니다.

"적의 군사가 쳐들어옵니다. 대왕께서는 탑 돌기를 그만 두시고 궁중으로 돌아가셔서 계책을 세워 큰 도적을 물리치소서."

"군사들이 여기까지 쳐들어오는 것을 막지 말라. 나는 이대로 탑을 돌겠다."

이렇게 말한 왕은 미동도 하지 않은 걸음으로 태연스럽게 탑을 돌고 있었습니다. 그런데 탑 도는 수행을 백 번도 채우기 전에 적군들은 흩어져 돌아갔습니다.

대개 사람이 한결같은 마음으로 확고한 뜻을 세우면 어떤 재앙도 닥치지 않습니다.

사람 머리를 사는 사람은 없습니다

옛날에 어떤 임금은 부처님을 모신 곳을 지날 때마다, 그 곳을 향하여 절을 했는데 진흙이나 눈 · 비를 피하지 않았습니다. 곁에서 모시던 신하들은 임금님의 그런 행동을 걱정하여 저희들끼리 의논하였습니다.

"왕의 마음 씀은 어찌 저처럼 번거롭고도 자질구레한가?"

왕은 이 소식을 듣고 궁중으로 돌아가 신하들에게 명령하였습니다.

"그대들은 시장에 가서 짐승 머리 백 개와 사람 머리 한 개를 구해 가지고 오너라."

얼마 뒤에 신하들은 아뢰었습니다.

"모두 가지고 왔습니다."

왕은 그들을 시켜 그것을 가지고 시장에 가서 팔게 하였습니다. 그러나 짐승 머리는 쉽게 팔았으나 사람 머리는 팔리지 않았습니다.

신하들은 왕에게 아뢰었습니다.

"짐승 머리 백 개는 다 팔렸지만, 사람 머리는 냄새 나고 썩어 문드러져 전혀 사는 사람이 없습니다."

왕은 곁에서 모시는 신하에게 말했습니다.

"그대들은 모르는구나. 이전에 내가 부처님을 모신 곳을 지나다가 부처님께 예배할 때, 그대들은 '왕의 뜻은 번거롭고 자질구레하다.' 고 말했다. 내 머리를 알고 싶은가? 저 깨끗하지 못한 죽은 사람의 머리와 같은 것이다. 그러므로 복을 구하여 천상에 나야 하는데 그대들은 어리석어 그 도리를 모르고 도리어 번거롭다고 말하였다."

신하들은 머리 숙여 공손히 사과하였습니다.

"진실로 대왕님 말씀과 같습니다. 신들이 어리석어 미처 생각지 못했습니다. 만일 뒤에 임금님께서 다시 부처님께 예배하시면 저희 신하들도 말에서 내려 반드시 부처님께 절하되, 대왕님으로써 규범을 삼겠습니다."

오르기만 합니다

옛날에 어떤 국왕은 밖에 나가서 스님네를 만나면 반드시 수레에서 내려 절하였습니다.

그러자 스님네들이 말했습니다.

"대왕마마는 그만 두시오. 수레에서 내리지 마십시오."

대왕은 대답했습니다.

"저는 오르고 내리지 않습니다. 오르고 내리지 않는다고 말한 까닭은, 저는 지금 스님들에게 절함으로써 목숨을 마친 뒤에는 천상에 날 것입니다. 그러므로 오르기만 할 뿐 내려가지 않습니다."

백골에 은혜 갚음

옛날에 어떤 사람이 죽고 난 뒤에 혼이 도로 스스로 마른 뼈에 돌아오므로 지혜의 눈을 가진 어떤 사람이 물었습니다.

"그대는 이미 죽었는데 무엇 하러 다시 그 마른 뼈에 돌아오는가?"

혼은 대답하였습니다.

"이것은 나의 옛 몸이다. 이 몸은 살생하지 않았고, 도둑질하거나 간음하거나 이간하는 말 · 욕설 · 거짓말 · 번드르르한 말을 하거나 질투하거나 성내거나 어리석지 않았기 때문에 죽은 뒤에 천상에 나서 소원이 저절로 이루어져 즐겁기 끝이 없다. 그러므로 사랑하고 소중히 여기기 때문이다.

참으로 유쾌하겠소

옛날 외국의 어떤 스님이 산길을 가는데 어떤 귀신이 머리 없는 사람으로 변화하여 스님 앞에 이르자 스님이 말씀하였습니다.

"머리 아플 걱정이 없구나. 눈으로 빛깔을 보고, 귀로 소리를 들으며, 코로 냄새를 맡고, 입으로 맛을 보는데 머리가 없으니 얼마나 한결같이 유쾌하겠는가?"

귀신은 사라지더니 다시 몸은 없고 머리와 손발만 있는 사람으로 변화하였습니다. 스님이 말씀하셨습니다.

"몸이 없으면 아프거나 가려움을 모르고 다섯 내장이 없으면 병을 모를 것이니 얼마나 한결같이 유쾌하겠는가?"

귀신은 다시 손발이 없는 사람으로 변화하여 수레를 타고 스님 앞으로 오자, 스님은 말씀하셨습니다.

"아주 유쾌하겠구나. 손과 발이 없으면 다른 곳에 가서 남의 재물을 가져올 수 없을 테니 얼마나 유쾌하겠는가?"

귀신은 말하였습니다.

"스님께서는 한결같이 마음을 지켜 움직이지 않으셨습니다."

귀신은 곧 얼굴이 단정하고 건장한 남자가 되어 스님의 발에 절하고 말씀드렸습니다.

"스님은 어떻게 하여 그처럼 굳은 뜻을 가지셨습니까? 지금 스님께서 하시는 공부는 머지않아 성취될 것입니다."

그는 다시 스님의 발에 절하고 떠나갔습니다.

부끄러움을 모르면 불자佛子가 아니오

옛날에 어떤 스님이 산길을 가다가 속옷 끈이 풀어져 땅에 떨어졌습니다. 그 스님은 좌우를 돌아보고 천천히 옷을 당겨 입었습니다.

산신이 그 앞에 나와 말했습니다.

"여기는 어떤 사람의 옷도 땅에 떨어진 일이 없고, 보는 사람도 없는데 왜 엉거주춤하게 하고 옷을 입습니까?"

그는 말했습니다.

"산신이 지금 나를 보았고, 나도 또한 위를 쳐다보았으며, 해와 달과 여러 하늘이 나를 보는데, 도리에 있어서 몸을 드러낼 수 없는 것이요. 부끄러움이 없으면 부처님의 제자가 아니오."

글자 하나 밖에 발음할 수 없는 상황

옛날에 여섯 사람이 지옥에 함께 떨어져 한 솥 안에 같이 있으면서 각각 생각을 말하려 하였습니다.

첫째 사람은 '사沙'라고 말했고, 둘째 사람은 '나那'라고 말했고, 셋째 사람은 '특特'이라 말했고, 넷째 사람은 '섭涉'이라 말했고, 다섯째 사람은 '고姑'라고 말했고, 여섯째 사람은 '다라陀羅'라고 말하였습니다.

부처님께서 그것을 보고 웃으시자 마우드갈야야나가 앞으로 나가 부처님께 여쭈었습니다.

"왜 웃으십니까?"

부처님께서 말씀하셨습니다.

"여섯 사람이 한 떼를 이뤄 함께 지옥에 떨어져 한 솥에 있으면서 각각 스스로의 생각을 말하려 하는데 솥의 물이 펄펄 끓으니 첫 마디 말을 하고 둘째 마디를 내기도 전에 물을 따라 밑으로 내려가는구나.

첫째 사람이 '사'라고 한 것은 '세간의 60억 년이 지옥의 하루이니 언제나 끝날까?' 하는 뜻이고, 둘째 사람이 '나' 라고 한 것은 '언제 벗어날지 기약이 없네.' 라는 뜻이고, 셋째 사람이 '특' 이라고 말한 것은 '아아, 어떻게 살아갈까!' 라는 뜻이니, 제 마음을 조복 받지 못하고, 다섯 집의 재물을 빼앗아 거룩한 삼보에게 공양을 올렸지만 어리석고 탐하여 만족할 줄 몰랐으니 지금 후회한들 무슨 이익이 있겠는가?' 라는 뜻이고, 넷째 사람이 '섭' 이라고 말한 것은 '살림을 잘 살지 못하여 내 재산이 남에게 넘어갔으니 매우 고통스럽다.' 는 뜻이다. 다섯째 사람이 '고' 라고 말한 것은 '누가 나를 보호하여 이 지옥에서 나갈 수 있다면 다시는 계율을 범하지 않고 천상에 나서 즐기겠다.' 는 뜻이며, 여섯째 사람이 '다라' 라고 말한 것은 '위의 일은 원래부터 계획한 것이 아니니, 마치 수레를 잘 몰지 못하여 바른 길을 잃고 삿된 길로 들어가 수레 굴대를 부러뜨린 것과 같으니 후회해도 어떻게 변화될 수 없다.' 는 뜻이니라."

칠주보살 하나

옛날에 부처님께서 사리푸트라를 서쪽의 장엄유위국에 보내어 그 부처님에게 세 가지 일을 여쭈어 보라고 하셨습니다.

'부처님께서 편안하신가? 한결같이 설법하시는가? 받드는 이가 불어나는가?' 였습니다.

사리푸트라는 부처님의 위신력을 받들고 그 나라에 가서 그와 같이 전하였습니다.

그 부처님께 말씀하셨습니다.

"모두 편안합니다."

그리고 그 부처님은 물러나지 않은 칠주보살七住菩薩을 위해 설법하셨습니다. 사리푸트라는 이 설법을 듣고 그 나라에서 돌아오는데 얼굴빛은 빛나고 걸음걸이는 보통 때보다 훌륭하였습니다.

부처님께서 물으셨습니다.

"그대가 장엄유위국에 갔다 오더니 걸음걸이가 어떻게 그렇게 이상해졌으며 그처럼 편하고 즐거워 보이는가?"

사리푸트라는 아뢰었습니다.

"마치 굶주리고 떨던 가난한 사람이 수미산 같은 큰 보물을 얻은 것 같사온데 어찌 즐겁지 않겠습니까?"

"그래, 매우 좋은 일이다."

"저는 거기에 가서 그 부처님으로부터 물러나지 않는 매우 깊은 법을 들었나이다. 그래서 기뻐서 어쩔 줄을 모르겠나이다."

"그대의 말과 같이 좋겠구나."

부처님께서 계속 말씀하셨습니다.

"큰 장자나 거사는 순도가 높은 자마금紫磨金과 티 없는 마니주摩尼珠를 보배로 삼는데, 그 집에 있는 구리쇠와 아연과 주석은 모두 밖으로 쓸어내어 쓰레기통에 버렸을 때 어떤 가난한 사람이 그것을 주워 가지고 돌아와서 기뻐하면서 '나는 장자한테서 보배를 많이 얻었습니다.'라고 말한다면 과연 그것이 장자에게 진기하고 묘한 보배이겠느냐?"

"아니옵니다."

부처님께서 말씀하셨습니다.

"네가 듣고 얻은 것도 저 가난한 이가 말한 그것과 같다. 저 부처님이 말씀하신 것은 다만 십주十住와 또 그 안에 있는 청정한 것만 칭찬한 것이니, 네가 들은 것은 말할 것도 못되느니라."

사리푸트라가 곧 실망하고 근심하면서 말했습니다.

"제가 얻었다는 보배는 아연이나 주석이었습니다."

사리푸트라가 이렇게 말할 때 헤아릴 수 없는 사람들이 다 위없는 바른 도에 대하여 공부하겠다는 마음을 내고 또 한량없는 수의 사람들은 물러나지 않는 자리에 머물게 되었습니다.

칠주보살 둘

옛날 마우드갈야야나는 나무 밑에 앉아, 자기 도의 눈을 스스로 시험하여 8천 곳 부처님 세계를 보고 가만히 생각하였습니다.

'부처님께서 보시는 것도 나보다는 못할 것이다.' 하고 사자 걸음으로 부처님께 나아갔습니다.

부처님께서 그에게 말씀하셨습니다.

"그대는 성문으로서 왜 사자걸음을 걷느냐?"

그는 부처님께 말씀드렸습니다.

"저는 스스로 여덟 방면의 8천 부처님 세계를 보았습니다. 아마 부처님께서 보신 세계도 저보다는 못할 것이옵니다. 그래서 사자 걸음을 걸었습니다."

"장하다, 마우드갈야야나야. 네가 본 세계가 그처럼 넓고 크더냐?" 부처님께서 계속 말씀하셨습니다.

"그것은 마치 등불을 마니 구슬에 비교하는 것 같아서 그 차이가 너무 심하느니라."

부처님께서 말씀을 계속하셨습니다.

"내 눈은 시방에 각기 열 개 갠지스 강가의 모래알 같은 수의 세계를 본다. 한 개 모래알은 한 부처님의 세계인데, 그 가운데 있는 것을 모두 본다. 도솔천에서 내려와 어머니 뱃속으로 들어가는 장면, 악마를 항복받는 장면, 제석천과 범천이 와서 설법을 권하는 장면, 모든 법을 설명하는 장면, 열반에 들려고 하는 장면, 열반에 든 뒤에 사리를 모시는 장면 등, 이와 같은 것은 이루다 말할 수 없다. 그렇게 많지만 나는 이 눈으로 그러한 것들을 모두 보느니라."

부처님께서 두 눈썹 사이의 터럭 모양에서 광명을 놓아 시방을 두루 환히 비추시고, 몸 안의 광명을 놓아 팔방을 비추시고, 발밑으로 광명을 놓아 아래쪽의 백천 세계를 모두 비추시니, 그 때마다 시방의 모든 세계는 여러 번 진동하였으나 그 큰 광명은 아무 걸림이 없으셨습니다.

그 때에 마우드갈야야나는 부처님 앞에서 한량없는 수천의 갠지스 강가의 모래알 같은 끝없는 세계를 보았는데, 그 속에 있는 모든 것은 아까 부처님께서 말씀하신 것과 같았습니다. 그가 부처님께 말씀드렸습니다.

"아까 부처님께서 열 개 갠지스 강가의 모래알 같은 세계가 지금 부처님께서 나타내신 것이옵니까?"

부처님께서 말씀하셨습니다.

"네가 믿지 않을 것 같아서 조금 말하였을 뿐이다. 지금 내가 드러내 보인 것들도 이루 다 헤아릴 수 없느니라."

마하마우드갈야야나는 이 말씀을 듣고, 마치 큰 산이 무너지듯 땅에 쓰러져 소리 높여 울면서 말하였습니다.

"저는 부처님의 공덕이 이러하다는 것을 지금에야 알았습니다. 차라리 저의 몸을 큰 지옥에 떨어뜨려, 오른쪽 옆구리를 보면서 백겁을 지나더라도 아라한에 머물지 않겠습니다."

다시 대중에게 말하였습니다.

"부처님께서 저를 신통제일이라고 하시지만 그것으로는 말을 붙일 수도 없습니다. 제가 지은 공덕도 이처럼 미치지 못하는데 하물며 아라한 도를 얻지 못한 이들이겠습니까? 마음을 내어 더 공부하려면, 마땅히 부처님과 같이 되기를 뜻할 것이요, 제발 저를 본받아 몹쓸 종자가 되지 마십시오."

거기에 모인 일체 용과 귀신과 백성과 한량없는 수천의 무리들은 모두 위없는 바른 도를 공부하겠다는 뜻을 내었고, 큰 도에 마음을 낸 이는 곧 물러나지 않는 자리를 얻었으며, 물러나지 않는 자리를 얻은 이는 모두 물러나지 않는 자리에 머무르게 되었습니다.

먼저 관찰하라

옛날에 '발저' 라는 용왕이 있었는데, 위엄이 대단하고 신통력이 뛰어나서 감동시키는 바가 많았으나, 성질이 조급하여 일에 시행착오가 많았습니다. 그 예로 많은 용들을 모아 법답지 않은 일을 많이 했으니, 바람과 비와 우박과 벼락으로써 사람과 짐승과 곤충을 죽여 그 시체가 수 없이 쌓였습니다.

아라한 일만 명이 모여 논의하였습니다.

"만약 한 사람을 죽이더라도 한 겁 동안 지옥에 떨어져 백 번 갚아도 죽인 죄는 오히려 끝나지 않는데, 지금 저 용은 앞뒤를 헤아리지 않고 중생을 죽입니다. 저렇게 하기를 쉬지 않으면 더욱 제도하기 어려울 것이니, 우리들이 함께 가서 충고하여 그러한 짓을 그치도록 합시다."

그 때에 부처님께서 사실을 아시고 찬탄하셨습니다.

"그대들이 집을 떠나 하염없는 법을 구하는 것은, 모든 재앙을 만난 목숨을 구제하려는 것인데, 죄가 있는 이를 건지려는 것은 매우 기분 좋은 것이니, 그것이 곧 은혜를 갚는 것이다."

그 때에 아라한들은 자기들끼리 말하였습니다.

"우리 만 사람이 한꺼번에 갈 이유가 없습니다."

이렇게 결정하고 한 사람씩 갔으나 번번이 창피만 당하고 앞으로 나아 갈 수도 없었습니다. 그러자 아라한들은 다시 저희들끼리 상의하였습니다.

"혼자 가서는 저 용을 꺾고 항복받아 허물을 고치고 선으로 나아가도록 교화할 수 없습니다. 우리들이 힘을 모아 한꺼번에 갑시다."

그렇게 모두 모여 다시 갔습니다. 그러나 이번에도 용이 바람과 비와 우박과 벼락을 내리니, 그들은 모두 놀라고 두려워하여 갈 바를 몰라 도리어 항복하는 망신을 당하고 돌아왔습니다.

아난다가 부처님께 사뢰었습니다.

"저 용이 그곳의 사람들과 짐승과 곤충을 죽인 것만으로, 그 죄악은 헤아릴 수 없이 크고 많나이다. 그런데 지금 다시 우박을 퍼부어 만 명의 아라한을 떨게 하고 그들의 옷에 비를 쏟아 마치 물에 빠진 사람 같사온데 그 죄는 크고 깊어 헤아리기가 어렵습니다."

그 때 부처님께서 그리드라쿠타산에서 일만 보살과 일만 아라한과 함께 계셨는데, 그 산을 떠나 그 용이 있는 곳으로 가셨습니다. 용은 곧 화를 내어 사나운 비와 큰 우뢰와 우박과 벼락을 쳐서 우박 하나를 떨어뜨리면 사방 사십 발이 부서지고, 만일 땅에 떨어지면 땅 속으로 넉 자나 들어갔습니다. 그렇게 부처님과 보살들을 해치려 했습니다.

그 때에 마침 우박이 오다가 공중에 멈추어 하늘 꽃으로 변화하였고, 부처님께서 광명을 놓아 여러 곳을 두루 비추었습니다. 산 중에 있던 여러 사냥꾼들은 비를 만나 어둠 속을 헤매면서 동서를 분간하지 못하다가 일만 명 아라한들과 만나 빛을 찾아 부처님 계신 곳으로 왔습니다.

용은 다시 뇌성 벼락을 치면서 땅에 떨어지면 땅 속으로 485cm나 들어가는 네 길이가 각 485cm되는 큰 돌을 떨어뜨렸습니다. 그 돌들도 부처님 위에 떨어지면 앞의 꽃과 합하여 꽃 일산으로 변화하였습니다. 그리고 작은 용들이 떨어뜨리는 사각이 30.3cm 돌들과 우박들도 모두 꽃일산이 되어 버렸습니다. 아라한들은 용이 일으키는 재앙과 변화를 보고 모두 무서워 부처님 앞으로 나와 부처님께 의지하였습니다. 용은 구름 속에서 직접 떨어뜨린 우박과 돌들이 모두 꽃일산으로 변화하여 허공에 머물러 떨어지지 않는 것을 보고 '나는 지금 내 몸을 단속하여 나를 지켜야 하겠다.' 고 마음속으로 생각하였습니다. 그는 몸을 485cm로 키워 '부처님과 아라한 위에 떨어지겠다.' 생각하고, 곧 그대로 떨어졌으나 부처님과 스님들을 맞추지 못하고 땅에 떨어져 한참동안 정신을 잃을 정도로 몸이 아팠습니다. 얼마가 지난 뒤 용은 머리를 들고 눈을 떠서 부처님을 우러러 보고, '내 계획은 하나도 뜻대로 성취되지 못했구나. 아마 이 분은 거룩하고 오묘하고 위없이 신령하신 분이 아니신가?' 라고 생각하였습니다. 그리고 작은 용들도 저희들의 몸으로 부처님과 스님들에게 떨어졌으나 부처님과 스님들에게 조금도 피해를 주지 못하고 저희들의 몸만 다쳤습니다.

그 때에 용왕은 곧 목숨을 마치고 하늘에 태어났고, 작은 용들도 모두 죽어 하늘의 남자로 태어나 그들 모두가 하늘 사람으로서 부처님께서 계신 곳에 내려와 부처님을 모시고 곁에서 있었습니다.

부처님께서 아난다에게 말씀하셨습니다.

"아난다야, 너는 이 하늘 사내들의 내력을 아느냐?"

"모르옵니다."

"아까 네가 말했지. '나쁜 생각을 일으킨 저 용들의 큰 죄는

다 헤아릴 수 없다.' 고. 그러나 그들이 스스로의 몸으로써 나와 비구들을 공격하려고 몸을 던져 죽는 순간에 나와 대중을 보고 착한 마음과 기쁨 마음으로써 부처인 나와 대중이 거룩한 존재임을 알고 죽었기 때문에 죽어 하늘 사람이 되었다. 이들 하늘 사내들이 바로 저 용들의 후신이란다."

부처님의 말씀을 직접 들은 하늘 사내들은 모두 위없는 바른 도에 대하여 공부하겠다는 마음을 내었습니다.

그 때에 산중에서 사냥을 하며 살던 이들로서 부처님께 나아간 이들은 모두 바른 도에 마음을 내려고 하다가 '우리가 많은 생명을 죽였지만 저 용들이 저지른 악행에 비교하면 아무것도 아닐 것이다.' 라는 생각을 했습니다.

부처님께서 아난다에게 말씀하셨습니다.

"저 일만 명의 아라한들은 그 용들의 모든 죄를 구제하려 하였으나 힘이 미치지 못했다. 만일 내가 개입하지 않았으면 용들에게 억눌려 그들을 제도하지 못했을 뿐만 아니라, 도리어 용들의 죄악만 더해 주었을 것이다. 만일 모든 중생을 제도하려거든 먼저 선정에 들어 제도할 수 있는가를 관찰한 뒤에 실행하여야 하느니라. 너희들이 제도하지 못하는 중생들이라도 나는 방편을 알기 때문에 제도하느니라."

그 때에 사냥꾼들은 위의 말씀을 듣고, 모두 위없는 바른 도를 믿는 마음을 내었습니다. 그 모임에 있던 하늘 사람과 용과 사람들을 위하여 부처님께서 설법하셔서 모두 물러나지 않는 자리를 얻게 하셨습니다.

부처님께서 말씀하셨습니다.

"용왕 '발저'는 옛날에 나와 같은 바라문이었다. 그때 '발저'의 제자 일만 명은 나의 인품을 알고 용감하게 스승 '발저'를 버리고 나를 섬겼다. 그 때에 '발저'는 원한을 품었다. 그 원한을 품은 마음 때문에 용이 되었고, 나는 이미 복덕과 지혜를 이루어 일체 중생을 많이 제도하였고, 그 제자들 일만 명도 아라한이 되었다. 그러나 '발저'의 깊은 원한은 끝내 쉬지 못해 모든 것을 죄다 해치려 했다. 일만 명의 아라한은 용들을 가엾이 여겼기 때문에 그들을 제도하려 했다. 그러나 일찍이 스승이었기에 비록 네 가지 갈래의 중생을 제도할 넉넉한 신통을 지녔지만 오히려 모욕을 당했다. 그들이 만일 보살이었다면 '발저'가 아무리 해치려 했어도 끝까지 해코지 하지 못했을 것이다."

방편바라밀

부처님이 세상에 계실 때, 어떤 나라가 하나 있었습니다. 백성들이 많았으나 남자 · 여자 · 늙은이 · 젊은이가 나쁜 짓을 아니 하는 이가 없었고, 성질이 흉포하고 사나워 가르쳐 변화시키기가 무척 어려웠습니다. 부처님께서 제자들을 거느리시고 그 나라의 이웃나라로 가셨는데, 오백 아라한의 자긍심은 대단하였습니다.

마우드갈야야나가 부처님 앞에 나아가 사뢰었습니다.

"제가 저 나라에 들어가 모든 백성들을 제도하겠습니다."

부처님께서 곧 그렇게 할 것을 허락하셨습니다.

그는 가서 경전과 도를 설명하고 '반드시 착한 일을 하라. 만약 뭇 죄악을 저지르면 그 죄악은 헤아리기 어렵다.' 고 말하니, 온 나라가 발칵 뒤집혀 그를 꾸짖고 욕하며 손찌검을 하며 그의 가르침을 따르지 않았습니다.

그는 기가 죽어 돌아 왔습니다.

샤리푸트라가 마우드갈야야나에게 말했습니다.

"여러 사람을 제도시키려면 지혜로서 못난 듯이 설명해야 합니다."

샤리푸트라가 부처님께 아뢰었습니다.

"제가 저 나라에 가서 그 사람들에게 부처님의 가르침을 믿도록 권고하겠습니다."

부처님께서 다시 허락하셨습니다.

그가 가서 교리와 계율을 설명했으나 그들은 또 따르지 않고 도리어 꾸짖고 욕하고 손찌검까지 했습니다. 다음은 마하카샤파가 갔다 오고, 이렇게 순서에 따라 오백 명의 아라한이 차례로 제도하러 갔다가 제도는커녕 무시당하고 욕먹고 창피당하고 비방만 받고 돌아왔습니다.

아난다가 부처님께 말씀드렸습니다.

"저 나라 사람들은 포악하여 좋은 가르침을 받아들이지 않고 가는 이들에게 모욕만 주었습니다. 한 사람의 아라한을 욕해도 그 죄가 작지 않거늘 하물며 오백 명 아라한의 가르침을 거역함이겠습니까? 허공에 채워도 채울 곳이 모자랄 만큼의 무거운 죄를 지었습니다."

부처님께서 말씀하셨습니다.

"비록 그 죄가 깊고 무겁지만 보살이 보면 깨끗하여 죄가 없느니라."

부처님께서 문수사리 보살을 보내어 제도하라 하셨습니다. 곧 그 나라에 도착하여 모두 찬탄하는 말만 하였습니다.

"어지신 분들께서 하시는 일은 어찌하여 이렇게 마음에 꼭 들게 하십니까?"

그들의 왕궁에 나아가 앞에 칭찬을 늘어놓고, 각각 큰 사람, 작은 사람 할 것 없이 그들로 하여금 듣고 알게 하였습니다.

"어떤 분은 들으니 용감하다 하고, 어떤 분은 들으니 어질고 효성스럽다 하고, 어떤 분은 들으니 도량이 넓고 지혜롭다 합디다."

이렇게 그들에게 있는 장점을 따라 뜻에 맞게 칭찬하자 모두가 기쁨을 이기지 못하며 말했습니다.

"이 어지신 분이 말씀하시는 바는 신령하고 오묘하여 우리의 마음을 아시니 어찌 기분이 좋지 않겠는가?"

여러 사람들이 금과 향과 꽃을 보살에게 흩뿌리고 또 모두 좋은 담요와 비단 옷과 맛난 음식을 보살에게 올렸습니다. 그리고 위없이 바른 도를 배우겠다는 마음을 내었습니다.

문수사리 보살은 그들에게 말했습니다.

"여러분들은 저에게 공양을 베풀기보다는 저의 스승님께

공양을 올리십시오. 저의 스승님의 존함은 '부처님' 이라 합니다. 모두 같이 가서 공양을 올리면 받는 복이 한량없이 많습니다."

그들은 무지하게 기뻐하며 문수사리를 따라 부처님께 나아갔습니다.

부처님께서 그들을 위해 설법하시니, 그들은 곧 물러나지 않는 자리에 이르렀으며 삼천대천 세계는 크게 진동하였고, 그리고 산천초목도 모두 '문수사리는 이렇게 잘 제도하시네.' 하고 찬탄하였습니다.

부처님께서 아난다에게 말씀하셨습니다.

"아난다야, 그 깊고 크다는 죄업이 어디 있느냐?"

5백 명의 아라한들은 땅에 엎드려 눈물을 쏟으면서 말했습니다.

"보살의 교화가 위엄과 신령스러움이 이와 같은데 부처님의 교화야 말할 수 있겠는가? 저희들은 몹쓸 종성(성문성)으로서 교화에 이익을 주지 못하는구나."

부처님의 눈물

어느 때 부처님께서 나무 밑에 앉으셔서 한량없는 사람들을 위해 설법하셨습니다. 그 무리에는 스로타판나 · 사크르다가민 · 아나가민 · 아라한 등, 그런 이들을 헤아릴 수 없었습니다. 설법이 끝난 뒤 부처님의 얼굴에 빛나는 광명이 없어지면서 마치 근심하는 낯빛으로 변하셨습니다. 아난다는 부처님의 마음을 짐작하고 꿇어 앉아 사뢰었습니다.

"제가 8년 동안 부처님을 모시고 있었사온데 오늘처럼 부처님 신관이 변하신 적이 없었습니다. 어떤 사연이 있어 부처님께서 이러한 조짐을 보이십니까? 지금 누가 큰 수행에서 벗어남이 있습니까? 누가 나쁜 짓을 하여 지옥에 떨어졌습니까? 누가 분분에서 멀리 벗어났습니까?"

부처님께서 말씀하셨습니다.

"장사하는 사람이 많은 보물을 가지고 수천만 리 먼 길을 가서 이익을 남기려 하다가 중간 길에서 강도를 만나 보물을 모두 빼앗기고 벌거벗은 몸이 되어 살아갈 방법이 없게 되었다면 누가 근심하지 않겠느냐?"

아난다가 사뢰었습니다.

"그 근심은 아주 큰 근심이겠습니다."

부처님께서 말씀하셨습니다.

"나는 헤아릴 수 없는 겁劫 동안 부지런히 고행하여 도를 닦아 모든 사람을 제도하며 부처가 되게 하려고 하였는데 나는 지금 스스로는 부처가 되었으나 어떤 공덕도 짓는 이가 없구나. 그 까닭으로 나는 씁쓸한 기분이라 신색이 변하였느니라."

아난다가 사뢰었습니다.

"지금 부처님의 제자로서 아라한이 된 이가 과거에도 헤아릴 수 없었고, 현재에도 있으며, 미래에도 있을 것입니다. 그리고 아나가민 · 사크르다가민 · 스로타판나가가 된 이도 있습니다. 그들도 헤아릴 수 없습니다. 그러하온데 어찌하여 제도한 공덕이 없다고 하시옵니까?"

부처님께서 말씀하셨습니다.

"만일 늙은 부부가 딸만 수십 명을 두었다면 그래도 집을 잘 돌보고 집안을 유지할 수 있겠느냐?"

"유지할 수 없습니다."

"비록 헤아릴 수 없을 만큼의 아라한이 나의 법을 인연하여 생겨났다고 하지만 그들은 오히려 나의 아들이 아니다. 비록 나의 문하에 모였지만 부처의 나무 아래 앉기에는 익숙하지 못한 이들이다. 이것은 아무리 많은 딸들이 있으나 시집가고 나면 늙은 부부는 의지할 데가 없는 것처럼 나도 또한 그와 같으니라."

이때에 부처님께서 눈물 세 방울을 떨어뜨리셨습니다. 삼천대천세계가 부처님의 눈물에 감동되어 들끓자 헤아릴 수 없는 하늘사람들 · 용 · 신神 · 인간들이 모두 위없이 바른 도를 닦겠다는 마음을 내었습니다. 이윽고 부처님의 신광은 아름답게 빛나며 수없는 광명은 천만억으로 변화하여 보통 때보다 몇 배나 더 시방세계를 환하게 비췄고, 그 광명을 보는 이는 모두 제도를 받았습니다.

아난다가 부처님께 아뢰었습니다.

"무슨 까닭으로 이중 광명이 신비롭게 변화하며 오묘하고 좋음이 이와 같사옵니까?"

"마치 늙은 부부가 하늘에 제사하고 땅에 기도하여 아들 두기를 소원하다가 늘그막에 아들을 낳아 집안의 대를 이은 것과 같거늘 어찌 기뻐하면서 스스로 위로하고 축하하지 않겠느냐. 지금 모든 중생들은 대승大乘이 되려는 뜻을 내었다. 부처의 종자佛種가 끊어지지 않게 되었기 때문에 기뻐하느니라."

부처님께서 수제마 보살을 지구의 위쪽에 있는 나라 육십억 갠지스 강의 모래 수와 같은 부처님 세계를 지난 세계에 보내어 사자좌와 온갖 공양거리를 가지고 오게 하셨습니다. 그는 팔을 굽혔다 펴는 시간에 그곳에 갔다가 돌아와 높고 넓은 사자좌를 잘 꾸미고 부처님을 모시고 중생들을 초청하니 오지 않는 이가 없었습니다.

이렇게 위없는 바른 도를 배우겠다는 마음을 낸 이들은 모두 저절로 만들어진 사자좌의 천 잎의 금연꽃 자리에 앉았고, 일곱 가지 보배로 얽어 만든 장막 안이나, 일곱 가지 보배로 된 나무 밑에 앉은 이는 온갖 당과 번을 세우되, 일곱 가지 보배로써 자루를 만들었고, 하늘 비단으로써 번을 만들었으며, 하늘 무늬 비단으로써 꽃잎 일산을 만들었습니다.

부처님께서는 삼천대천세계 곳곳에 목욕 시설을 변화로 만드시고 일곱 가지 보배 연꽃이 그 안에 가득 피게 하신 뒤에 자기 몸을 보살로 변화시키시고, 혹은 제석천왕 · 범천왕 · 사천왕의 모습을 나타내셔서 온갖 맛난 음식으로써 일체 중생에게 두루두루 보시하여 공양하게 할 때, 그 향기는 시방 일체 중생에게 널리 퍼져 향기를 맡은 이는 모두 위없는 바른 도를 공부하려는 마음을 내었습니다. 다시 온 몸의 털구멍에서 향기를 풍기셔서 그 향기를 맡은 사람은 계속하여 위없는 바른 도를 공부하려는 마음을 내었습니다. 이렇게 되자 시방의 끝없는 나라까지 모두 크게 진동하였고 그 나라마다 부처님께서는 모두 곁에 있는 거룩한 보살들을 보내어 축하해 주셨으니, 그 까닭은 석가모니 부처님께서 모든 사람들로 하여금 보살의 마음을 내게 하셨기 때문이었습니다.

그들 가운데는 자마금으로 된 연꽃을 가지고 온 이도 있고, 마니보로 된 꽃을 가지고 온 이도 있고, 명월주로 된 연꽃을 가지고 온 이도 있는 등 제 각각 여러 가지 진귀한 보배로 된 연꽃을 가지고 와서 부처님 위에 흩었습니다. 부처님은 위신의 힘으로써 그 꽃들을 모아 꽃일산을 만들어 시방의 무수한 세계를 남김없이 덮으니 그 꽃일산의 빛이 모든 세계를 밝게 비춰 음침하고 어두운 곳도 밝아졌으며 지옥에 있는 중생과 아귀 등 육축六畜(소 · 말 · 돼지 · 양 · 닭 · 개)들도 모두 큰 뜻을 내어 부처가 되겠다고 하였습니다.

부처님께서는 모인 그들을 위하여 설법하시니, 이루 다 헤아릴 수 없는 보살들은 불퇴전의 얼굴로 안주함을 얻고, 이루다 헤아릴 수 없는 하늘 사람들은 나고 죽지 않는 진리를 얻고, 또 이루 다 헤아릴 수 없는 용과 신과 사람들은 모두 물러나지 않는 자리에 들었고, 또 모든 보살 마하살들은 다 위없이 바른 도를 더 열심히 공부하려는 마음을 내었습니다.

서원의 차이

옛날에 어떤 젊은이가 빈궁하여 다른 나라에 돈을 벌러 갔다가, 달디 단 과일 한 개를 샀습니다. 그 과일은 향기롭고 아름다우며 큼직한 것이 세상에 흔한 과일이 아니었습니다. 문득 애착이 가고 아까워 감히 먹지 못하고, 마음속으로 부모에게 드릴 생각이 나서 과일을 간직한 채 유야리維耶離로 돌아가고 있었습니다.

그 때에 부처님께서 여러 보살들과 큰 제자들을 거느리고 '공양을 올리겠다.' 고 초청한 성안에 사는 장자의 집으로 향하고 계셨습니다. 과일을 지닌 젊은이가 집에 도착하기 전에, 부처님과 제자들이 그 앞을 지나가시자 그는 과일을 부처님께 올리려 했습니다. 그 사람은 어릴 때부터 지금까지 부처님이라는 명칭도 들어 보지 못했습니다. 그러나 부처님의 발자국에 난 수레바퀴의 무늬가 일산 같고 갖가지로 변화하며 광명을 발산하되 조금도 흠잡을 데가 없음을 보고, 그 곁에 서서 싫증 없이 들여다보다가 마음으로 행복을 느끼며 슬픔도 기뻠도 잊은 채 깊이 생각하고 있었습니다.

'걸어가신 발자국이 이러하시다면 이 발자국 주인공의 몸은 참으로 세상 사람이 아닐 것이다. 한 번 지나가셨으니 반드시 돌아오실 것이다. 나는 우선 부모님께 드릴 생각은 접어두고, 이 발자국의 주인공이 오신다면 이 과일을 드리겠다.'

부처님이 아직 돌아오시지 않자 그는 발자국 곁에 앉아 눈물을 흘리면서 슬퍼하였습니다. 길가는 사람들이 그에게 와서 물었습니다.

"왜 그 과일을 가지고 여기 앉아 슬퍼하는가?"

그는 대답하였습니다.

"끝없이 거룩한 이의 발자국을 지키며 기다리고 있습니다. 발자국 주인공께서 돌아오시기를 기다려 스스로 귀의하고 이 과일을 드리려 하였는데, 그 빛나는 신관을 지금까지 뵙지 못하여 뜻을 이루지 못했으니 얼마나 박복합니까? 그 때문에 슬퍼합니다."

길을 가다가 모여 든 사람이 마치 구름 모이듯이 모여 그를 보고 괴상히 여기며 어리석다고 생각하였습니다.

"한번 지나간 사람이 돌아올 적에 어느 처소로 올는지 모르는데 여기에서 돌아오기를 기다리시오."

부처님께서 단월의 집에 도착하여 앉으시고 여러 스님들도 손을 씻고 차례로 앉으셨습니다. 장자집 식구들은 누구나 손수 음식을 날라다 돌렸습니다. 부처님께서는 멀리 지나온 길 위에 발자국을 지키며 과일을 가지고 자기에게 주려고 계속 기다리는 이의 보시를 생각하시고 공양을 마치셨습니다.

단월은 생각하였습니다.

'부처님께서는 나의 공양을 받으시고 나를 생각지 않으시고 길에서 과일을 가지고 있는 이를 축원하시니, 혹시 내 공양에 잘못된 점이 있는가?'

부처님께서는 아난다에게 말씀하셨습니다.

"장자가 베푼 공양에는 복이 있을 뿐이다. 그는 아무리 넓은 마음으로 바라는 것이 있어도 마음에 네 가지 두려움이 있고 그 뜻은 멸도滅道에 있으나, 저 길에 있는 젊은이는 맛있는 과일 한 개를 가지고 한결같은 마음으로써 딴 생각이 없다. 즉 내 발자국을 지키면서 간절히 나를 기다려 일체를 위하여 그 과일을 나에게 주려고 생각하며 큰 도를 공부하려는 마음을 내었다. 그러므로 여기 앉아서 멀리 있는 사람을 축원하느니라."

장자는 조용히 생각하였습니다.

'저 사람은 과일만을 보시하고 다른 음식은 없으나, 부처님께서는 그 덕을 찬탄하여 매우 높고 묘하다 하시고, 나는 큰 부자라서 풍부하게 음식을 차렸으나 그 경중을 생각해 보시고 내 복이 그 사람보다 못하다 하시니, 나도 부처님을 모시고 가서 그 사람을 보고 싶다.'

부처님께서 자리에서 일어나 발자국을 지키는 사람이 있는 곳으로 가셨습니다. 보살과 제자들과 장자와 거사와 그 밖의 여러 사람들도 부처님을 따라갔습니다.

과일을 가진 사람은 멀리 부처님께서 오시는 것을 보았습니다. 몸은 온갖 좋은 모양을 갖추셨고 광명은 해와 달빛보다 빛났습니다. 그는 곧 앞으로 나가 부처님을 맞이하여 머리를 굽혀 큰 절을 한 뒤 과일을 가지고 꿇어 앉아 부처님께 올리면서 위없는 바른 도를 공부하겠다는 마음을 내었습니다.

부처님께서 곧 광명을 놓아 끝없이 밝게 비추셨습니다. 삼천대천세계는 광명으로 인하여 크게 진동하고 시방의 모든 부처님과 보살들이 모두 광명 속에 모습을 나타내셨습니다. 마치 거울 속의 영상이 멀거나 가깝거나 보이지 않는 것이 없는 것 같았습니다.

부처님께서는 그 과일을 받아 여러 부처님께 꼭 같이 드리니 한 개의 과일로서 두루 끝없이 나누었습니다. 시방의 여러 부처님과 보살들도 각각 가사에 감춘 금빛 광명의 손을 펴 천억 개의 불꽃을 만드셨습니다. 그 불꽃 끝마다 각각 저절로 보배 연꽃과 구슬로 얽은 커튼과 사자좌가 있었고, 그 위에 앉으신 부처님과 보살들은 모두 보배 바리를 가지고 그 과일을 받은 뒤에 각기 과일 하나씩을 가지고 신통력으로써 축원하셨고 석가모니 부처님께서도 또한 그렇게 하셨습니다. 이 세계가 시방세계를 밝게 비춰 모든 허공과 신神과 하늘 등 일체에 가득 비춰 사방팔방에 빈틈이 없으며, 죄다 잘한 일을 기뻐하고 찬탄하니 삼계의 모든 보살도 죄다 알맞게 은혜를 입었습니다.

그 때에 과일을 올린 사람은 나고 없어짐이 없는 법을 얻었고, 부처님께서는 그에게 수기하셨습니다.

"뒷날 반드시 부처가 될 터이니, 이름은 과존왕果尊王 부처라 할 것이고, 세계는 아미타 부처님의 세계와 같을 것이다."

부처님께서 분별하시는 이 말을 들은 이는 모두 저절로 청정하여져서 물러나지 않는 얼굴을 하였고, 장자와 거사로서 도의 자취로 향하던 헤아릴 수 없는 사람들은 모두 물러나지 않는 자리를 얻었으니, 크게 제도하는 분의 공덕은 이와 같았습니다.

삼보에 귀의한 공덕

부처님께서 도리천에 가셔서 어머님을 위해 설법하실 때 어떤 하늘 사람에게 수명이 다하려는 일곱 가지 징조가 나타났습니다. 첫째 목에서 나는 광이 없어지고, 둘째 머리에 꽂은 꽃이 시들고, 셋째 낯빛이 변하고, 넷째 옷에 먼지가 앉으며, 다섯째 겨드랑이에서 땀이 나고, 여섯째 몸이 여위어지고, 일곱째 본래 자리를 떠나는 것들입니다.

그 하늘 사람이 가만히 생각하였습니다.

'내가 여기서 목숨을 마치면 장차 하늘 자리와 일곱 가지 보배 궁전과 목욕하는 못과 동산의 과일과 자연으로 된 음식과 많은 여자와 이 좋은 풍류를 버리고, 아래 세계의 쿠시나가라의 문둥병 든 돼지의 뱃속에 새끼가 되겠구나.'

그는 이러한 사실을 알고 몹시 걱정하면서 당황해 하였습니다.

'무슨 방편으로 이 죄업을 면할 수 있을까?'

그 때에 어떤 하늘 사람이 그에게 말했습니다.

"지금 부처님께서 이곳에 오셔서 어머님을 위해 설법하고 계십니다. 부처님께서는 세 세계 일체 중생을 구제해 주시는 분입니다. 오직 부처님만 그대의 업보를 면하게 해 주실 수 있습니다."

그는 바로 부처님께 나아가 큰 절을 하고 말씀을 경청하기도 전에 부처님께서 먼저 말씀하셨습니다.

"일체 만물은 모두 덧없음으로 돌아간다는 것을 그대는 본래부터 아는데 왜 근심하고 걱정하는가?"

하늘 사람이 부처님께 말씀드렸습니다.

"하늘 복이 오래가지 못하는 줄 알기는 하나, 이 자리를 떠나 문둥병 든 돼지의 뱃속에 들어가는 것은 숨 막히게 싫습니다. 다른 몸을 받는 것은 두렵지 않습니다."

부처님께서 말씀하셨습니다.

"돼지 몸을 벗어나고 싶으면 반드시 삼보에 귀의하라. '나무불 · 나무법 · 나무승' 이라고 말하라. 이와 같이 삼일 동안 '부처님께 귀의합니다. 가르침에 귀의합니다. 스님들께 귀의합니다.' 라고 외쳐라."

하늘 사람이 부처님께서 가르치신 대로 밤낮 스스로 귀의한 이레 뒤에 하늘 수명이 다하고 바이샬리 나라의 어떤 장자의 아들로 잉태되어 태 안에서 날마다 삼보에 귀의했습니다.

처음으로 세상에 태어나 꿇어 앉아 스스로 삼보에 귀의했고, 어머니가 아기를 낳았으나 나쁜 흔적이나 고통이 없었습니다. 어머니 곁에서 시중드는 여자들은 두려워 아기를 버리고 달아나고 어머니도 매우 괴상하게 여겼습니다. 아기의 몸이 땅에 닿자마자 말을 하는 것은 요망한 일이라 생각하고 남몰래 죽이려 하다가 다시 생각을 바꾸었습니다.

'이 아이가 괴상하지만 만일 이 아이를 죽이면 이 애의 아버지가 반드시 나에게 벌을 줄 것이다. 남편에게 사실을 말한 뒤에 천천히 죽여도 늦지 않다.'

곧 아이를 안고 남편에게 가서 말했습니다.

"아들을 낳았으나 낳자마자 꿇어 앉아 합장하고 '거룩한 세 분께 귀의합니다.' 라고 말해 온 집안사람들이 모두 요망한 일이라고 무서워합니다."

아버지가 말했습니다.

"수고하셨소. 그리고 앞으로 그런 말은 마시오. 이 아이는 비범한 아이요. 사람이 세상에 태어나 팔십 년 · 구십 년 · 백 년을 살아도 거룩한 세 분께 귀의할 줄 모르는데 하물며 아이가 태어나자마자 '나무불' 했다는 것이 평범한 일인가. 잘 보살펴 기르고 부디 가벼이 여기지 마시오."

아이가 자라 일곱 살이 되어 동무들과 길가에서 놀고 있을 때였습니다. 부처님의 제자 샤리푸트라와 마우드갈야야나가 마침 아이들 곁을 지나자, 아이는 앞에 나아가 이마가 그들의 발에 닫게 절을 하고 말하였습니다.

"샤리푸트라님과 마우드갈야야나님께 문안드립니다."

두 스님은 놀라고 괴상히 여기면서 말하였습니다.

"어린애가 비구에게 절하는 방법을 아는구나."

어린애가 계속 말씀드렸습니다.

"두 분 스님은 저를 모르시겠습니까? 부처님께서 도리천에 가셔서, 그 분의 어머님을 위해 설법하실 때, 저는 그 때에 하늘 사람이었습니다. 목숨이 다하여 이곳에 내려와 문둥병 든 돼지의 새끼로 태어나게 되어 있었습니다. 그런데 부처님의 가르침을 받고 삼보에 귀의하여 사람으로 태어났습니다."

두 스님들은 곧 선정에 들어 바로 자초지종을 알고, 축원해 주면서 자리기咨梨祇라고 이름 지어 주었습니다.

아이는 두 스님께 말씀드렸습니다.

"저의 이름으로 부처님과 보살님들과 또 두 분과 스님들을 모두 초청하옵니다."

두 스님은 그의 초청을 수락하였습니다.

아이는 돌아가 부모님께 아뢰었습니다.

"아까 길에서 놀다가 부처님의 제자 두 분이 지나가는 것을 보고, 부처님과 대중이 내일 저의 집에 오셔서 공양을 해주십사하고 초청하였습니다. 맛있는 음식을 준비하여 주십시오."

부모는 그를 사랑하여 그 뜻을 들어 주었습니다. 어린 나이에 어울리지 않게 큰 뜻을 내고 또 그 전생을 아는 일이 기특하여 아주 진귀한 음식을 준비하되 아이의 생각보다 더 좋은 음식을 모두 마련하였습니다.

부처님과 스님들은 모두 신통력으로써 그 집에 도착하셨으니 전에 없었던 일이었습니다. 부모와 모든 사람들은 진지를 거들었고, 공양이 끝나자 손씻을 향기로운 물을 돌리는 등 모든 것을 법답게 하였습니다.

부처님께서는 그들을 위하여 설법하셨습니다.

그 부모와 아이와 안팎 친지들은 곧 물러나지 않는 자리를 얻었습니다. 귀의하는 복이 제도하는 힘이 이와 같거늘, 하물며 한 평생을 부처님의 가르침대로 수행함이겠는가.

중경찬집비유경 上

比丘 道略 編集

姚秦三藏 鳩摩羅什 한문번역

몽산(夢山) 관일(觀一) 한글 번역

재산을 보존하는 방법

지혜로운 이는 '재물은 오래 보존할 수 없음'을 압니다. 마치 집에 불이 나면 지혜로운 이는 분명히 불의 기세를 알고, 불이 아직 번지기 전에 재빨리 재물을 끄집어냅니다. 집은 비록 타버렸으나 재산을 보존했기 때문에 다시 집을 짓고, 돈벌이가 될 사업을 벌일 수 있습니다. 지혜로운 이가 복을 심되 부지런히 보시를 실천함도 이와 같습니다.

몸은 위태위태하고 재물은 영원하지 않음을 앎으로 복밭에 보시할 때를 만나면, 불이 난 집에서 재물을 끄집어내어 뒤에 즐거움을 받음은, 저 사람이 다시 집을 짓고 돈을 벌 수 있는 사업을 벌려 스스로 안정되게 사는 것과 같습니다.

어리석은 사람은 아낄 줄만 알고 바쁘게 경영하며 이익만 추구하다가 정신을 차리지 못하고 지혜를 잃어버려 불의 기세를 헤아리지 못하고, 거센 바람과 사나운 불길에 모든 것이 다 타서 잠깐 사이에 집과 재물을 다 잃고 굶주림과 추위에 떨며 고생고생 하다가 세상을 마칩니다. 아끼는 사람도 이와 같습니다.

몸과 목숨은 항상 하지 못하여 잠깐 동안도 보존하지 못함을 모르고, 재물을 긁어모으고 지키고 보호하고, 사랑하고 아끼지만 죽음은 기약 없이 다가와 홀연히 죽어 버리면 몸이 토목과 같아 재물도 함께 버려집니다.

현명하고 지혜로운 사람은 잘 깨닫고 몸이 꼭두각시 같고 재물은 보존할 수 없으며, 만물은 영원함이 없고 오직 복만 믿을 수 있음을 잘 깨닫고, 장차 사람이 괴로움을 벗어나 도를 이룰 수 있음을 압니다.

육신의 보시

보살은 몸을 아끼지 않고 보시합니다.

이것은 옛날에 시비왕尸毘王이 자기의 몸을 매에게 준 것과 같습니다.

제석천왕이 '시비왕은 최고로 보시를 잘 한다.'는 소문을 듣고 가서 보살의 뜻이 있는가를 알아보려고 하늘 사람인 비수갈마에게 말했습니다.

"너는 비둘기가 되어라. 나는 매가 되어 너를 쫓아가겠다. 너는 일부러 시비왕의 품속에 파고들어 오들오들 떨고 있거라."

조금 뒤 비수갈마는 도망가는 비둘기로 변하고 제석천왕은 비둘기를 잡아먹는 매로 변했습니다. 비둘기가 시비왕의 품속으로 들어가 오들오들 떨고 있었습니다. 비둘기를 쫓던 매는 나무 위에 앉아 시비왕에게 말했습니다.

"그 비둘기를 저에게 돌려주시오. 그것은 저의 먹이요, 대왕의 소유가 아닙니다."

"내가 처음 부처가 되려고 마음을 낼 때 일체 중생을 구제하여 괴로움에서 건지려 했느니라."

"대왕님이 일체 중생을 구제하시려 하셨다면 저도 일체 중생 가운데 하나이니 저의 먹이를 빼앗지 않으셔야 하는 것이 아니옵니까?"

"너는 이 비둘기 대신 무엇을 먹고 싶으냐?"

"저는 갓 잡은 살코기를 먹고 싶습니다."

시비왕이 말하였습니다.

"나도 서원을 세웠다. 나를 의지하려는 일체 중생을 한결같은 마음으로써 구제하여 일체 재앙을 당하지 않게 하려했다. 하니 이 비둘기가 아닌 다른 먹이를 내가 너에게 주겠다."

매가 말했습니다.

"제가 먹으려는 것은 갓 잡은 살코깁니다."

왕은 생각하였습니다.

'이것은 참으로 처리하기 어려운 일이다. 살생을 하지 않으면 얻을 방법이 없구나. 하나를 살리기 위해 다른 하나를 죽이지 않을 수 없구나.'

왕은 마음으로 자기의 살을 베어 매에게 주기로 하고, 사람을 불러 칼을 가져오게 하였습니다. 왕은 곧 넓적다리 살을 베어 매에게 주었습니다. 살을 받으며 매가 왕에게 말했습니다.

"살을 저에게 주시려면 반드시 비둘기의 무게만큼 저에게 주십시오."

왕은 저울을 가져 오게 하여 비둘기를 저울에 올려놓고 살을 베어 저울에 놓았으나 비둘기는 무겁고 왕의 살은 가벼웠습니다. 왕은 두 넓적다리의 살을 다 베었으나 비둘기보다 가벼웠습니다. 다음은 장딴지, 다음은 젖가슴, 다음은 등짝 등 온 몸의 살을 다 베었으나 역시 저울은 수평이 되지 않았습니다. 왕은 할 수 없이 자기가 직접 저울대에 오르니, 비로소 저울대가 수평이 되었습니다.

매가 왕에게 말했습니다.

"대왕님, 이것은 있을 수 없는 일입니다. 왜 이렇게 하십니까? 그 비둘기를 저에게 주십시오."

"비둘기가 내게 와서 의지하였으니 나는 어떤 일이 있어도 그것을 너에게 줄 수 없다. 나는 지금까지 많은 숫자의 내 몸을 중생을 위하여 버렸다. 그러면서 처음에는 법을 위하지 않고 아까워했으나 그러나 지금은 부처가 되려고 마음을 결정하고 저울에 앉으니 마음이 평온하고 후회가 없다."

그 때에 모든 하늘 사람과 용들과 신들과 사람들 모두가 찬탄하였습니다.

"한 마리 비둘기를 위하여 저와 같은 고통을 당하시는구나."

이러한 일은 세상에 드문 일이라 땅덩이가 크게 진동하였습니다.

비둘기였던 비수갈마가 찬탄하였다.

"보살(시비왕)의 보시는 진실이요, 거짓이 아닙니다. 이 분이야말로 일체 중생의 복밭이시다."

매와 비둘기는 본래 신분으로 돌아가 한없이 찬탄하며 기뻐하였고, 시비왕의 몸은 본래보다 더 훌륭하고 건강하게 되었습니다.

누가 진실한 나인가?

옛날에 어떤 젊은 사람이 남의 심부름으로 먼 길을 가다가 날이 저물자 빈 사당에서 혼자 잠을 자고 있었습니다. 밤이 깊어지자 어떤 귀신이 사람의 시체를 메고 와서 그 사람 앞에 내려놓았고, 뒤따라 다른 귀신이 쫓아 와서 앞에 온 귀신을 꾸짖었습니다.

"이 시체는 내가 가지고 있었던 것인데 왜 네가 메고 왔느냐?"

두 귀신은 각각 팔 하나씩 잡고 당기며 서로 다투더니 앞에 왔던 귀신이 말했습니다.

"여기 마침 사람이 한 분 있구나. 이 분에게 물어보자."

"이 시체를 누가 메고 왔느냐?"

그 사람은 다음과 같이 생각했습니다.

'이 두 귀신은 모두 힘이 세다. 바른 말을 해도 죽을 것이고, 거짓말을 해도 죽을 것이다. 어차피 죽을 상황이니 왜 거짓말을 하겠는가?'

"앞의 귀신이 메고 왔습니다."

뒤에 온 귀신은 그 사람의 한 쪽 팔을 뽑아 땅에 던졌습니다. 앞에 왔던 귀신은 죽은 사람의 한쪽 팔을 뽑아 그 사람에게 붙여 주었습니다. 이와 같이 두 팔, 두 다리, 머리, 옆구리 등을 뽑고 떼어 내어 땅에 던져버리자 그 때마다 앞에 온 귀신은 그 사람이 떼어 낸 부분에 해당하는 부분을 죽은 사람한테서 떼어내어 붙여 주었습니다. 두 귀신은 땅에 버려진 산 사람의 몸뚱이의 부분들을 열심히 주워 먹더니 입을 문지르며 길을 떠났습니다.

자기 몸을 잃은 사람은 생각했습니다.

'어머님이 내 몸을 낳았는데 나는 지금 내 눈으로 저 두 귀신이 내 몸을 다 먹고 가는 것을 보았다. 지금 내 몸이라고 하는 것은 다른 사람의 몸이다. 지금 내게는 과연 내 것이라 할 내 몸이 있는가? 없는가? 만일 몸이 있다면 그것은 모두 남의 몸이다. 없다면 지금 이와 같은 현재의 이 몸은 누구의 몸인가?'

그는 마음이 헷갈리고 머리가 어지러워 미친 사람과 같았습니다. 이튿날 아침 길을 따라 가다가 부처님 탑과 스님들이 계시는 절을 보고 스님들에게 물었습니다.

"다른 일은 여쭙지 않겠습니다. 저의 몸이 있는 것입니까?

없는 것입니까?"

비구 스님이 물었습니다.

"그대는 무엇 하는 분입니까?"

"저는 지금 제가 사람인가 사람이 아닌가도 모릅니다."

이렇게 말한 그는 스님들에게 어젯밤부터 생긴 일들을 자세히 이야기 했습니다. 그의 말을 들은 비구 스님들은 자기들끼리 말했습니다.

"이 사람은 내가 없다는 것을 확실히 알고 있으니 쉽게 제도할 수 있겠습니다."

"그대 몸에는 본래부터 언제나 나라고 할 것이 없다. 지금만 아니다. 오직 네 가지 요소가 모였기 때문에 내 몸이라고 생각하는 것이다."

그는 곧 도를 닦아 모든 번뇌를 끊고 아라한의 도를 얻었습니다.

이것을 가리켜 '내가 없음을 알 수만 있다면 멀지 않아 도를 얻는다.' 고 하는 것입니다.

착한 마음 유지하기 하나

계율을 지키는 사람은 안 되는 일이 없고,
계율을 깨뜨린 사람은 되는 일이 없다.

마치 어떤 사람이 항상 하늘 사람에게 공양을 바치며 소원을 빌었던 일과 같습니다.

어떤 사람은 항상 가난하여 이곳저곳에서 구걸하면서도 12년 동안 빠지지 않고 하늘 사당에 공양을 바치며 부유하고 귀하게 되기를 소원하였습니다. 사람이 이렇게 뜻을 세웠기 때문에 하늘 사람들도 그 사람을 가엾게 여겨 도와주려고 그 사람 앞에 몸을 나타내어 그에게 물었습니다.

"그대는 무엇을 구하는가?"

"저는 부유하고 고귀하게 되기를 원합니다. 저는 이 소원을 이루고 싶습니다."

하늘 사람은 그에게 덕병德甁 하나를 주면서 말했습니다.

"그대가 소원하는 것은 모두 이 병에서 나올 테니 잘 간직하여라."

그는 그 병을 얻어 무엇이나 갖고 싶은 것은 모두 뜻대로 되었습니다. 좋은 집 · 코끼리 · 말 · 수레 · 칠보 등 모두를 갖춰 손님들과 이웃들에게 주되 어느 것이나 모자람이 없었습니다. 그러자 그를 아는 사람들이 그에게 물었습니다.

"그대는 지금까지 매우 가난했는데 지금은 어떻게 부자가 되었는가?"

"나는 하늘 사람에게 십이 년 동안 공양을 올리고 덕병 한 개를 받았소. 그 병이 내가 소원하는 것은 무엇이나 다 주었기 때문에 이렇게 부자가 되었소."

"병을 가지고 나와서 물건이 나오는 것을 보여주시오."

그는 곧 병을 들고 나와 사람들이 보는 앞에서 갖가지 물건을 꺼내어 보였습니다. 그는 교만한 마음이 일어나 병을 손에 든 채로 덩실덩실 춤을 추다가 실수하여 병을 바닥에 떨어뜨렸습니다. 병이 산산조각이 나자 지금까지 병에서 나온 모든 것들이 죄다 없어져 버렸습니다.

이와 같이 계율을 지키는 사람은 어떤 묘한 즐거움도 원하기만 하면 얻지 못할 것이 없습니다. 그러나 만일 계율을 비방하고 교만하고 방자하면 마치 저 사람이 병을 깨뜨려 지금까지 얻었던 온갖 것을 모두 잃는 것과 같습니다.

그러므로 어떤 사람이라도 하늘의 즐거움이나 열반의 즐거움을 얻으려거든 부디 계율을 받아 바르게 지키되 받은 것을 깨뜨리지 않아야 합니다. 만일 깨뜨리면 오랫동안 삼악도에 떨어져 괴로움을 받으며 다시 나올 기약이 없습니다.

항심恒心을 지녀라 둘

좋은 과보를 얻으려 하면 항상 착한 마음을 지니고 닦고 익히되 늘 계속하여 끊어지지 않게 해야 합니다. 그렇게 하면 목숨을 마칠 때에 온갖 악을 물리치고 좋은 과보를 받습니다. 왜냐하면 만일 미리부터 착한 마음으로써 익히지 않으면 목숨을 마칠 때 비록 마음을 좋게 가지려 해도 갑자기 뜻대로 되지 않기 때문입니다.

언제나 수행하라 셋

서쪽의 어떤 나라에 왕이 있는데 그 나라에는 본래부터 말馬이 없었습니다. 나라의 돈으로써 말 오백 마리를 사서 훈련을 시켜 그것으로써 외적을 막아 나라를 편안히 하기에 넉넉하였습니다. 온 나라가 편안하자 말을 먹이는 것이 거추장스러워 왕은 이런 생각을 하였습니다.

'오백 마리 말이 먹는 것도 적지 않고 또 일도 많다. 나라에 아무 이익이 없구나.'

왕은 곧 말 관리인에게 명령하여 말의 두 눈을 가리고 연자방아를 끌게 하여 밥값을 하게하고 국고를 축내지 않게 하였습니다. 말들이 연자방아를 돌리는 일에 이력이 났을 때, 갑자기 이웃 나라가 군대를 일으켜 국경을 침입해 왔습니다. 왕은 명령을 내려 말들에게 전쟁에 필요한 장비를 갖추고 용감한 장수들을 태워 법대로 싸우려 적진을 향해 돌진하게 했습니다. 그러나 채찍을 본 말들은 연자방아를 돌던 습관대로 빙빙 돌기만 할 뿐 외적을 향해 돌격할 뜻이 없었습니다. 이웃 나라의 적이 이것을 보더니, 마병馬兵이 아무 능력이 없는 것을 알고 곧 쳐들어 와 왕의 군사를 크게 무찔렀습니다.

이것으로써 알 수 있습니다.

좋은 과보를 구하려면 죽을 때 마음의 말心馬(원 관념 마음의 움직임)이 혼란스러워 하지 않아야 뜻하는 데로 가나니, 반드시 마음의 말을 미리 조종하여 올바르게 해두지 않으면 안 됩니다. 만일 마음의 말을 미리 훈련시켜 올곧게 조련시키지 않으면 죽음의 도적이 갑자기 올 때 마음의 말은 돌기만 하고 끝까지 의지대로 부리지 못합니다. 이것은 마치 왕의 말이 도는 것만 익혀 적을 향해 싸우지 못해 나라를 적에게 빼앗기는 것과 같습니다.

그러므로 수행하는 사람은 항시 수행에 걸맞은 마음을 가슴속에 품고 있어야 합니다.

지극한 보시

빈궁한 사람이라도 몸과 말과 뜻의 잘못된 업을 끊어 버리고 보시하면 그 복이 한량없습니다.

옛날에 어떤 나라의 임금이 보시하는 모임을 열고 모든 부처님과 스님들께 여러 가지로써 공양을 올렸습니다. 그 때에 가진 것이라고는 아무 것도 없는 가난한 할머니 한 분이 항상 빌어서 살아가고 있다가 임금님이 부처님과 스님들을 초청하여 보시회를 연다는 소문을 듣고 마음속으로 기뻐하며 그 일을 돕고자 하였습니다. 그러나 자신을 생각하니 가진 것이라고는 아무 것도 없었습니다. 마침 옛날에 얻어 둔 콩이 조금 있어서 그것으로써 왕의 보시회에 보태려 하였으나 왕궁의 수위가 할머니의 출입을 허락하지 않았습니다. 그 때에 부처님께서 그 할머니의 착한 마음을 아시고 곧 신통의 힘으로써 대중의 바루 안에 몇 알씩의 콩이 들어있게 하셨습니다. 그 콩을 본 왕은 공양을 차리는 주방 책임자를 불러 꾸짖었습니다.

"왜 밥에 콩을 넣었느냐?"

부처님께서 왕에게 말씀하셨습니다.

"그것은 주방장의 잘못이 아닙니다. 그것은 궁문 밖에 있는 빈궁한 할머니가 보시한 콩입니다. 그 할머니는 대왕께서 보시회를 연다는 소문을 듣고 그에게 있던 유일한 공양거리인 콩으로써 도운 것입니다. 이 밥의 콩들은 바로 저 할머니가 보시한 콩입니다."

부처님께서 이어 말씀하셨습니다.

"저 할머니의 보시는 비록 보잘 것 없지만 그가 얻을 복은 거짓말을 하지 않는다면 대왕께서 베푼 공양으로써 얻는 복보다 더 많을 것입니다."

왕이 부처님께 말씀드렸습니다.

"저는 여러 가지 음식을 보시하였사온데 왜 얻은 복이 적으며, 저 할머니는 약간의 콩만 보시했는데 왜 그가 얻는 복이 저보다 더 많습니까?"

"대왕께서 비록 여러 가지를 보시했으나 그것은 모두 백성들에게서 거둔 것이니 대왕에게는 큰 손해가 없습니다. 그러나 저 할머니는 가난하여 먹거리라고는 콩 뿐이었는데 그것 전부를 보시했습니다. 위와 같은 이유로 할머니가 얻은 복과 대왕께서 얻은 복은 비교가 되지 않습니다."

부처님께서 원음으로써 설법을 하셨기 때문에 왕도 할머니도 도의 자취를 깨달았습니다.

이것으로써 본다면 복을 심고 덕을 심음은 오직 지극한 마음에 있는 것이니 우주에 실존하는 일체 현상을 통달하여 알면 과위를 이루지 못한다고 왜 근심하겠는가?

미루지 마라

옛날에 암소 한 마리를 먹이는 가난한 바라문이 있었습니다. 그는 암소에서 짜는 우유로써 근근이 살아가는 어려운 처지였습니다.

그는 '보름날에 스님들과 사문들께 공양을 올리면 큰 복이 온다.'는 말을 듣고, 소 젖 짜는 일을 멈추고 한 달이 지난 뒤에 한꺼번에 석 섬을 짜서 그것으로써 여러 사문에게 공양을 올리려 하였습니다.

젖을 짜지 않은 지 한 달이 되던 날 그는 여러 사문들을 초청했고, 그 사문들은 모두 그의 집에 와서 자리 잡고 앉았습니다. 그 때에 그는 젖소를 끌고 나와 오신 사문들이 보는 앞에서 젖을 짰습니다. 그러나 아무리 노력해도 젖은 한 말을 넘지 않았습니다. 여러 사람들은 그를 꾸짖었습니다.

"어리석은 사람아, 왜 날마다 짜지 않고 한 달을 미뤘다가 한꺼번에 많이 얻기를 바라느냐?"

지금 세상 사람들도 그 바라문과 같습니다. 많거나 적거나 재물이 있을 때에 보시하지 않고, 오래 쌓아 두었다가 한꺼번에 많이 보시하려 합니다. 그러나 덧없는 목숨은 잠깐도 보존하기 어려워, 만약 불행을 만나게 되면 하루아침에 모두 잃고 아무 것도 가져 갈 것이 없습니다.

독사가 보이느냐?

재물이 사람의 몸을 위태롭게 하는 것은 마치 독사와 같으므로 탐하고 집착할 것이 못 됩니다.

옛날에 부처님께서 프라세나짓 왕국에서 유세하실 때 땅에 묻힌 창고에 보물들이 가득한 것을 보시고 아난다에게 말씀하셨습니다.

"너도 이 독사를 보느냐?"

"예, 저도 독사를 보았습니다."

그 때에 어떤 사람이 부처님 뒤를 따라 가다가 이 말을 듣고 궁금히 여겨 가서 보았습니다. 그는 거기에 좋은 보물들이 가득한 것을 보고 부처님의 말씀을 어처구니없이 여기며 생각하였습니다.

'그것은 거짓으로 꾸민 말씀이다. 이것은 진실한 보물인데 '독사' 라고 말씀하셨구나.'

곧 남몰래 가족들을 데리고 그 보물들을 가지고 가서 큰 부자가 되었습니다. 갑자기 큰 부자가 된 그를 어떤 사람이 나라에 고발했습니다.

"저 아무개는 매물을 얻고도 나라에 신고하지 않았습니다."

왕은 그를 구속시키고 집안을 뒤져 모든 보물을 가지고 갔으며, '보물이 더 있을 것' 이라 생각한 왕은 여러 가지 방법으로써 그를 고문하였으나 그는 더 이상 내놓을 보물이 없었습니다. 왕은 더욱 의심하여 칠족七族을 모두 죽이려고 수레에 실어 사형장으로 보내고 남모르게 사람을 보내어 그가 무엇이라 하는 가를 살펴보게 하였습니다. 그는 형장에 도착하자 후회하는 독백을 늘어놓았습니다.

"부처님의 말씀은 진실하구나. 그것이 참으로 독사였는데, 나는 믿지 않다가 지금 독사에게 물려 죽게 되었으니 어떻게 하면 좋은가? 비록 독사 때문에 죽게 되어도 나만 벌 받는 것이 옳거늘 지금 죽음이 칠족에까지 다가왔으니 진실로 부처님 말씀과 같구나."

사자는 왕에게 가서 자세히 말씀드렸습니다. 왕은 그 말을 듣고 곧 그를 불러서 그에게 말하였습니다.

"부처님께서는 참으로 큰 공덕을 가지신 어른이시다. 너는 부처님을 기억하고 가서 이 사실을 여쭈어라."

왕은 기뻐하며 그 보물을 돌려주고 또 그를 석방하여 행복하게 살도록 했습니다. 그는 부처님의 말씀을 생각한 공덕으로써 죽음의 재앙을 면하였습니다. 그러므로 부처님의 지극하신 말씀은 지극한 마음으로써 생각하여야 합니다.

계율의 중요성

계율을 지키는 사람은 차라리 생명을 버리는 한이 있어도 부처님의 가르침은 어기지 않았습니다.

옛날에 어떤 장사꾼들이 배를 타고 바다에 들어간 때와 같습니다.

장사꾼들이 다른 나라로 가려고 짐을 싣고 바다 복판에 이르렀을 때 사나운 바람을 만나 파선되었습니다. 여러 장사꾼들은 각각 제가 믿는 바를 의지하여 겨우 살아났습니다. 그때에 상좌上座 비구와 하좌下座 비구 두 분이 이 배에 탔습니다. 파선 되었을 때 하좌 비구 스님이 널빤지 하나에 몸을 의지하고 헤엄치고 있었는데 이것을 본 상좌 비구스님이 말하였습니다.

"부처님께서 상좌 비구를 공경하라고 말씀하셨으니, 그대는 그 널빤지를 나에게 양보하게. 계율을 범하는 것이 두렵지 않거든…."

하좌 비구 스님은 생각해 보았습니다.

'어느 것이 중요할까? 계율을 지키는 것이 사는 것보다 더 중요하다.'

이렇게 판단한 그는 '나는 부처님의 가르침을 지키다가 죽겠다.'

그는 널빤지를 상좌 비구에게 양보하고 바다에서 허우적댔습니다. 물의 신神이 하좌 비구 스님이 그처럼 계율을 지켜 부처님의 가르침을 어기지 않는 것을 보고 그를 안전하게 이끌어 언덕 위에까지 데려다 주었습니다. 그 하좌 비구 스님이 지극한 정성으로써 계율을 실천한 공덕 때문에 바다는 잠잠해졌고, 배를 같이 탄 모든 사람이 죽지 않게 되었습니다.

물의 신은 하좌 스님을 찬탄하였습니다.

"스님께서는 참으로 계율을 실천하시는 분입니다."

이러한 영험이 있기 때문에 '차라리 계율을 지키다가 죽을지언정 계율을 어기며 살기를 바라지 않겠다.' 고 하는 것입니다. 그러므로 계율의 덕은 믿을 수 있는 것으로서 중생들을 나고 죽음의 괴로움에서 건져줍니다.

안수정등岸樹井藤

일체 중생은 세상의 쾌락에 탐닉하여 그것이 덧없음을 생각하지 않고 그것이 재앙임을 생각하지 못합니다.

옛날에 어떤 사람이 큰 잘못을 저질러 사형언도를 받고 감옥에 갇혀 죽음에 떨다가 요행히 도망을 쳤습니다. 그 나라의 법은 사형당할 죄수가 탈옥을 하면 미친 코끼리를 내몰아 뒤따라가서 밟아 죽이게 했습니다. 예외 없이 죄수가 도망가자 코끼리가 뒤쫓아 갔고, 죄수는 코끼리가 쫓아오는 것을 보고 더 피할 방법이 없자 우물을 발견하고 그 속으로 뛰어 들었습니다. 다행히 우물 중간쯤에 나무 한 그루가 있었고 죄수는 간신히 나무의 큰 뿌리를 하나 잡았습니다. 그는 뛰는 가슴을 진정하며 사방을 살펴보았습니다. 우물에는 독한 용 한 마리가 사람을 향하여 입을 벌린 채로 우짖고, 우물의 네 귀퉁이에는 귀퉁이마다 독사가 한 마리씩 있어 혀를 낼름 거렸으며, 흰 쥐와 검은 쥐 두 마리가 교대로 나와 죄수가 잡은 나무뿌리를 갉아먹고 있었습니다. 그러나 우물 위에 있는 큰 나무의 벌통에서 꿀이 가끔 한 방울씩 떨어져 죄수의 입으로 들어갔습니다. 그는 꿀맛에 심취하여 우물 위에서 땅을 구르는 코끼리 · 독한 용 · 네 마리 독사 · 흰 쥐 · 검은 쥐 등을 잊어버리고 우물에서 탈출할 생각을 하지 않았습니다.

성인께서 이 사실을 이끌어 비유로 삼으셨습니다.

감옥은 세 세상이고, 죄수는 중생이고, 미친 코끼리는 덧없음이고, 우물은 중생의 집이고, 우물의 독한 용은 지옥이고, 네 마리 독사는 네 가지 요소고, 나무뿌리는 사람의 수명이고, 흰 쥐 · 검은 쥐는 해와 달이고, 꿀방울은 오욕락입니다.

해와 달이 사람의 목숨을 갉아먹기 때문에 목숨은 날마다 줄어들어 잠깐도 머물지 않습니다. 그러나 중생들은 세상의 쾌락에 푹 빠져 그것이 큰 재앙임을 생각하지 못합니다.

그러므로 수행하는 사람은 항상 덧없음을 식별觀하여 갖가지 괴로움에서 벗어나야 합니다.

오계가 보시다

옛날에 인색하고 탐욕에 찌든 어떤 장자가 있었습니다. 부처님께서 그를 제도하시려고, 먼저 샤리푸트라를 보내어 보시의 공덕을 그에게 설명하게 하셨습니다. 그러나 장자는 인색하고 탐욕이 많아 전혀 보시할 마음이 없어 점심 때가 되었을 때에야 샤리푸트라에게 말했습니다.

"너는 왜 가지 않느냐? 나에게는 너에게 줄 밥이 없다."

샤리푸트라는 그를 교화할 인연이 없는 줄 알고, 곧 부처님께서 계신 곳으로 돌아갔습니다.

부처님께서는 다시 마우드갈야야나를 보내어 신통변화로써 그에게 설법하게 하셨습니다. 그 장자는 다시 마우드갈야야나에게 말했습니다.

"너는 나에게 물건을 얻고자 해서 일부러 그런 요술을 부리는 것이다."

마우드갈야야나도 그를 교화할 인연이 없음을 알고 부처님께서 계신 곳으로 돌아갔습니다. 부처님께서는 꼭 그의 인색함과 탐욕을 깨뜨려 주려고 직접 그 집으로 가셨습니다. 장자는 부처님께서 몸소 오시는 것을 뵙고 부처님께 예배하고 인도하여 자리에 모셨습니다. 부처님께서도 여러 가지 방편으로써 말씀하시고 계속 말씀하셨습니다.

"그대는 다섯 가지 보시를 실천할 수 있겠는가?"

"저는 조그마한 보시도 하지 않을 것이 온데, 하물며 큰 보시를 할 수 있겠습니까? 하온데 다섯 가지 큰 보시란 어떤 것이옵니까?"

부처님께서 말씀하셨습니다.

"다섯 가지 보시는 첫째 산 것을 죽이지 않는 것이니, 너는 지킬 수 있겠느냐?"

장자는 생각하였습니다.

'산 것을 죽이지 않는 것은 우선 나의 재물이 들거나 손해가 나지 않는다.'

그는 부처님께 사뢰었습니다.

"할 수 있습니다."

이렇게 차례로 말씀하시자, 그는 술을 마시지 않는 계율까지 지킬 수 있다고 말했습니다. 그 때에 부처님께서는 그를 위하여 다섯 가지 계율의 이치를 갖가지로 말씀하시고 덧붙여 말씀하셨습니다.

"만약 이 다섯 가지 계율을 지킬 수 있다면 이것이 바로 다섯 가지 큰 보시를 모두 실천하는 것이니라."

그는 매우 크게 기뻐하며 질이 좋지 못한 담요 한 장을 부처님께 보시하려고 곧 창고에 들어가 질 나쁜 담요를 찾았으나 전부 좋은 담요뿐이었습니다. 그 가운데 한 장을 골라 부처님께 드리려고 가지고 나오자 창고 안에 있는 모든 다른 담요들이 모두 줄줄이 부처님 앞으로 따라 나왔습니다.

부처님께서는 그 장자가 보시하려는 마음이 아직 결정되지 아니 한 것을 아시고 그에게 말씀하셨습니다.

"하늘의 제석천왕이 아수라와 싸울 때에 마음으로 확실히 결정하지 못한 까닭에 세 번을 싸워 세 번을 졌다. 그 뒤에 마음속으로 확실한 결정을 짓고 싸워 아수라 군대를 크게 무찔렀느니라."

이 말을 들은 장자는 '부처님은 큰 성인이셔서 사람의 마음을 밝게 아시는구나.' 라고 하면서 곧 믿는 마음이 돈독해졌습니다. 부처님께서 그를 위해 다시 설법하시니, 그는 곧 스로타판나의 도를 이뤘습니다.

이튿날 악마가 장자의 마음을 알고 그 마음을 부수려고 부처님으로 변화하여 장자의 집으로 갔습니다. 장자는 아직 남의 마음을 아는 지혜를 얻지 못했기 때문에 그것이 악마인 줄 모르고 기쁘게 맞이하였습니다.

"잘 오셨습니다."

인도하여 자리에 모시자 부처님 모습으로 변화한 악마는 장자에게 말했습니다.

"내가 어제 너에게 한 말은 모두 나의 진실한 말이 아니다. 너는 그 말들을 빨리 잊어 버려라."

이 말을 들은 장자는 아무리 생각해도 이상한 점이 있음을 알았습니다.

'모습은 부처님인데 그 말이 이치에 맞지 않으니, 마치 사자 가죽을 쓴 당나귀처럼 형상은 사자 같으나 마음은 당나귀와 같다.' 며 장자는 그의 말을 믿지 않았습니다. 악마는 장자의 마음을 알고 본래의 모습으로 돌아가 말했습니다.

"나는 일부러 와서 당신을 시험해 보았지만 당신의 마음은 흔들리지 않았습니다."

그러므로 경전에 말씀하였습니다.

"도를 본 사람은 부처님의 말씀이 아니면 믿지 않거늘 하물며 도를 믿는 사람이겠는가?"

장자는 그 이치를 살펴 알았기 때문입니다. 그러므로 부처님 제자는 반드시 깊은 이치를 이해하여 악마의 말과 부처님의 말씀을 자세히 구분할 줄 알아야 합니다. 그러므로 이치를 배우지 않아서는 안 되고 보시를 행하지 않아서는 안 됩니다.

공양을 올리려 한 복

옛날에 목동이 큰 숲 속에서 아주 훌륭한 금빛 꽃에서 광명이 나는 것을 보고 곰곰이 생각했습니다.

'부처님께서 멀지 않은 곳에 계신다. 나는 이 꽃을 꺾어 바치겠다.'

그는 꽃을 여러 다발 꺾어 잔뜩 짊어지고 가다가 도중에 소한테 떠 받혀 죽었습니다. 그러나 그의 마음에는 부처님께서 자리하셨기 때문에 곧 둘째 하늘인 도리천에 태어났습니다. 그가 사는 궁전은 아주 넓고 아름답게 장엄되었고 궁전 사방 육지에는 금빛 꽃이 피어 광명이 두루 비췄습니다.

모든 하늘의 법에는 하늘에 태어난 사람은 먼저 전생의 일을 식별하여 안 뒤에 하늘 복을 누립니다. 따라서 그 하늘 사람도 전생에 '꽃을 꺾어 짊어지고 부처님께 올리려고 길을 가다가 소한테 떠 받혀 죽은 것' 을 환히 알고 기뻐하며 찬탄하였습니다.

"부처님께 공양을 올리는 복은 한량없겠다. 아직 공양을 올리기도 전인데 그 갚음이 이처럼 훌륭하거늘 하물며 항상 공덕을 닦음이겠는가?"

그는 다시 하늘 궁전 주위의 꽃을 꺾고 또 갖가지 공양거리를 준비하여 부처님께 공양을 올리려는 본래의 소원을 이루게 되었습니다. 여러 하늘 사람들은 그가 꽃을 꺾어 공양물을 준비하는 것을 보고 물었습니다.

"그대는 지금 금방 와서 하늘 복을 받았는데, 다섯 가지 향락을 누려야 할 것이거늘 무엇을 하는가?"

그 하늘 사람은 대답했습니다.

"내가 사람으로 있을 때 부처님께 나아가 꽃으로써 공양을 올리려 하다가 끝끝내 소원을 이루지 못하고 죽어, 여기에 와서 났거늘 하물며 공덕을 지은 이겠는가? 지금 내가 꽃을 꺾는 것은 본래의 소원을 이루고 장래에 복을 더 받으려는 것입니다."

그 때에 여러 하늘 사람들은 다 착한 마음이 생겨 모두 함께 내려 와서 음악을 연주하며 하늘 꽃과 하늘 향 등 갖가지로써 모든 탑과 사부대중에 공양을 올렸으나 아직 부처님을 뵙지 못했습니다. 그 때에 어떤 상좌上座로서 도를 얻은 비구가 있어 설법해 주었습니다. 모든 하늘 사람들이 법을 듣고 마음으로써 다 기뻐하더니 모든 공덕이 증가되어, 드디어 부처님을 뵈옵게 되자 음악을 연주하고 좋은 꽃 등 갖가지로써 부처님과 대중들에게 공양을 올렸습니다. 부처님께서 그들을 위하여 청정한 묘법을 말씀하시니, 많은 사람들과 팔만사천 명의 하늘 사람들이 죄다 법의 눈이 깨끗함을 얻었습니다. 이 하늘 사람은 팔만사천 명 하늘 사람들의 전생 선지식善知識이었기 때문에 금생에 서로 부처님께 공덕 짓는 일을 하게하여 한꺼번에 도를 얻었습니다.

아난다의 전생 하나

오랜 겁 이전의 일입니다.

어떤 절이 있었는데 그 절에는 수천 명의 스님들이 함께 살았고, 사미 스님들도 몇 백 명이 있었습니다. 사미 스님들은 마을에 나가 탁발을 하여 비구 스님들이 공부할 수 있도록 필요한 물품들을 이바지 하며 하루에 시 한 수씩을 외웠습니다. 어떤 사미 스님이 시를 외우며 시장 가운데를 지나가고 있을 때 가게 2층에 있던 어떤 분이 사미 스님이 탁발을 하면서 시를 외우는 것을 보고 합장하고 물었습니다.

"스님은 왜 탁발하면서 시를 외우십니까?"

"밥이나 공양 거리를 얻어 비구 스님께 올리고 겸하여 하루 시 한 수씩을 외우는 것이 일과입니다."

"만일 하는 일이 아무 것도 없다면 하루 몇 수의 시를 외울 수 있겠습니까?"

"아마도 하루 열 수 정도는 될 것입니다."

"며칠이나 구걸을 하여야 합니까?"

“구십 일입니다. 반드시 구십일 동안 구걸하여 구십 말의 쌀을 절까지 가져가야 합니다.”

어진 분이 사미 스님께 말했습니다.

“스님 절로 돌아가십시오. 돌아가서 편안한 마음으로 경을 외우십시오. 제가 반드시 필요한 쌀을 대신 드리겠습니다.”

사미 스님은 매우 기뻐하였고, 어진 분은 쌀 구십 말을 절로 보냈습니다. 사미 스님은 절로 돌아가 스승에게 말씀드리고 한가하게 경전을 읽어 석 달 만에 천사백 수의 시를 외웠습니다. 그는 스승에게 말씀드렸습니다.

“스승님 경전을 다 외웠으니, 저 단월의 댁에 가서 시험해 보아야 하겠습니다.”

스승은 허락하였고 그는 현자賢者에게 가서 말했습니다.

“군자님의 정중한 은혜를 입고 편안히 경전을 외워 이제 다 끝냈기 때문에 지금 와서 말씀드립니다.”

이렇게 말한 사미 스님은 경문을 외우는데 흐르는 물 같아 빠뜨리거나 막히는 것이 없었습니다. 군자는 기뻐하며 머리 숙여 예배하고 서원을 세웠습니다.

“저도 오는 세상에는 총명하고 지혜로워 두루 통달하고 많이 들어 잊지 않게 되기를 원하옵니다.”

그는 그 복과 서원으로써 태어나는 세상마다 분명하게 알고 잘 기억하다가 부처님께서 이 세상에 오시자 지금 제자가 되었으니 이름이 아난다입니다. 항상 부처님을 모시고 특별한 변재와 많이들은 이들 가운데 제일이 되었습니다.

부처님께서 말씀하셨습니다.

"그 때의 군자가 바로 지금의 저 아난다다. 대개 공부하는 이를 돕고 원을 세우면 그 공덕은 헛되지 않나니 그 복의 갚음으로 말미암아 이처럼 서원대로 되느니라."

사람의 무게는 지혜와 정비례한다 둘

부처님께서 말씀하셨습니다.

"수미산 남쪽에 큰 나무가 있는데 높이가 사천 리이며, 많은 발차새가 그 나무에 깃들어 있지만 언제나 나무는 흔들리지 않는다. 그러던 어느 때 그 모습이 메추라기 같은 어떤 작은 새가 그 나무에 앉자 나무가 심하게 흔들렸다."

놀란 발차새들이 나무 신에게 물었다.

"알 수 없습니다. 저희의 몸은 무거우나 나무가 흔들리지 않더니 저 새는 크지도 않는데 왜 나무가 진동합니까?"

나무 신이 말했습니다.

"저 새는 비록 작으나 큰 바다 밑에서 순전히 금강석만 먹다가 여기 왔습니다. 금강석이 떨어지는 곳에는 어떤 물건도 모두 다 깨어집니다. 따라서 나는 매우 두려워 평상심을 지킬 수가 없어서 그러는 것입니다."

경전에서 이것을 비유로 삼은 것은 만일 어떤 평범한 사람이 경전의 한 구절을 깊이 이해하고 입으로 외우고 마음으로 생각하면 몸속의 세 가지 독과 네 가지 악마와 팔만 가지 번뇌가 모두 스스로 없어지고 편안해 지거늘 하물며 온갖 법을 두루 알아 세상의 교량이 되는 사람이겠습니까.

죄와 복은 피할 수 없다

부처님께서 마우드갈야야나에게 말씀하셨습니다.

"너의 상대가 오려고 한다."

"저에게는 신통이 있어 수미산을 뛰어 넘나이다. 그러므로 상대가 만일 동쪽에서 오면 저는 곧 서쪽으로 향할 것이며, 북쪽에서 오면 저는 곧 남쪽으로 나아갈 것이니 어찌 저를 붙잡겠습니까?"

"죄와 복은 스스로 피할 수 없느니라."

그가 멀리 날아가 쉬지 않더니 결국 산중에서 수레바퀴의 살을 만드는 노인의 앞에 떨어졌는데 마우드갈야야나의 모습은 귀신 같았습니다. 노인은 '이것은 나쁜 물건이다.'라고 말하며 바퀴살을 들고 그를 때려 몸을 부러뜨렸습니다. 바퀴살에 맞은 마우드갈야야나는 부끄러움과 괴로움에 뒤범벅이 되어 정신을 잃었습니다.

부처님께서 그를 가엾이 여기시고 그에게 위신력을 주자 그때에서야 스스로 생각하더니 본래의 모습으로 돌아갔습니다.

바퀴살을 만드는 노인은 바로 마우드갈야야나의 전생 아버지였습니다. 그는 전생에 아버지와 다투면서 '이 늙은이를 때려 죽여 뼈를 부러뜨려 놓으면 좋겠다.'라고 생각하였습니다. 그 때문에 이런 갚음을 받은 것이니, 부디 불효不孝의 죄를 짓지 말아야 합니다.

그러므로 사람이 세상에 태어나 살 때에는 마음과 입을 삼가하고 부모에게 효도하고 봉양하지 않아서는 안 됩니다.

임종 때

옛날에 어떤 스님이 길을 가는데 큰 뱀이 불렀습니다.

"스님, 스님."

스님은 놀라 좌우를 둘러보았다. 뱀이 계속 말하였습니다.

"스님은 두려워하지 마시고, 저를 위해 설법하여 저로 하여금 이 죄업의 몸을 벗어나게 해 주십시오. 스님은 아자타사트루 대왕의 이름을 들어 보았습니까?"

"익히 들었소."

"제가 바로 그 왕의 후신입니다."

스님이 말했습니다.

"아자타사트루 왕은 절을 많이 짓고 공양을 베푼 공덕이 뛰어나므로 반드시 하늘 세상에 났을 것인데 무슨 악연으로써 뱀이 되었습니까?"

"제가 목숨을 마치려 할 때에 곁에 있던 궁녀가 가지고 있던 부채를 제 얼굴에 떨어뜨려 저를 성나게 하였고, 저는 그 성난 상태로 죽었기 때문에 뱀의 몸이 되었습니다."

스님은 곧 그를 위해 설법하였고, 뱀은 일심으로 설법을 들었습니다. 얼마 뒤 뱀은 굶어서 스스로 목숨을 끊고 하늘에 태어났습니다. 그 뒤 여러 달 동안 부처님에게 꽃을 뿌려 공양을 올렸으므로 사람들은 이상하게 생각하였습니다.

뱀의 후신인 하늘 사람이 허공에서 말했습니다.

"저 아자타사트루는 어떤 스님의 설법을 듣고 그 은혜로써 하늘에 태어났습니다. 때문에 여러 달 동안 꽃을 올려 부처님께 입은 은혜를 갚는 것입니다."

위와 같으므로 목숨을 마치려 하는 사람들 곁에서 모시는 사람은 그 병자의 마음과 몸을 보호하여야 합니다.

비밀은행

외국의 어떤 사람이 사업을 잘하여 금과 은 수천 근을 모았습니다. 그는 그것을 소중하게 여겨 땅속에 묻어두려 했으나 지렁이 · 벌레 · 쥐 등이 침입하여 상하게 할까 두려웠고, 늪 속에 깊이 감추려 했으나 여우 · 삵 등의 들짐승이 가져갈까 두려웠고, 또 집안의 안팎 사람들과 형제와 처와 자식들도 미덥지 못해 품속과 가방, 궤짝 등에 보관했으나 드나들 때나 오갈 때 잃어버릴까 항상 걱정하고 두려웠습니다.

오랫동안 재齋하는 어느 달에 네 부문 제자들은 모두 절에 가서 향을 피우고 꽃을 올리고 과일을 올리는 이러한 의식을 그는 빠짐없이 보았습니다. 그는 또 절 앞에 큰 그릇(지금의 복전함: 역자주)을 두었는데 네 부문의 제자들이 탑을 돌면서 금 · 은 · 돈을 그 그릇에 던져 넣는 것을 보고 그들에게 물었습니다.

"왜 보배를 그릇에 던집니까?"

스님들이 대답하였습니다.

"첫째 이것을 보시라 하고, 둘째 창고라 하고, 셋째 썩지 않는 데라고 합니다."

그는 '정말 저 분의 말과 같다면 내가 찾는 보관할 장소가 바로 저곳이다.'라고 생각하였습니다. 그는 그가 가지고 있던 금과 은 모두를 그 그릇에 던져 버렸습니다.

스님은 그를 위해 축원한 뒤에 말했습니다.

"든든하다는 것은 물이 쓸어가지 못하고, 불도 태우지 못하고, 도적이나 원수가 노략질하지 못한다는 것이며, 보배 창고에 넣어 두면 언제나 썩지 않고, 장래에 백 곱 천 곱의 갚음을 받는 것이니, 이것을 보시라 합니다."

그는 마음의 문이 열려 한량없이 기뻐하다가 그 탑 앞에서 즉시에 스로타판나의 도를 얻었습니다.

그러므로 지극한 마음으로 복을 지으면 그 공덕은 헛되지 않고 스스로 도를 얻게 됩니다.

중경찬집비유경 下

比丘 道略 編集

姚秦三藏 鳩摩羅什 한문번역

몽산(夢山) 관일(觀一) 한글 번역

고행만으로써 부처가 된 게 아냐

아난다가 부처님께 사뢰었습니다.

"부처님께서는 왕가에 탄생하셔서, 나무 밑에 앉아 육 년 동안 도를 생각하셔서 이와 같이 부처님이 되셨사오니, 그것은 매우 쉽게 성취하신 것이옵니다."

부처님께서 아난다에게 말씀하셨습니다.

"옛날에 어떤 장자는 온갖 보물을 못 가진 것이 없었으나 오직 빨간 진주가 없어 언제나 만족하지 못했다. 그가 많은 사람들을 이끌고 바다에 들어가 구슬을 캐려할 때, 험악한 곳을 많이 지나야 비로소 보배가 있는 곳에 이를 수 있었다. 그곳에서 자기의 몸을 찔러 피를 내어, 기름 주머니에 넣고 싸서 바다 바닥 돌에 매어 두었다. 조개들이 그 피 냄새를 맡고 그것을 먹고 진주를 만들게 되었고, 그 사람은 그 조개를 쪼개어 구슬을 끄집어내었다.

이렇게 3년 동안이나 진주를 캔 뒤 겨우 빨간 진주 하나를 캐자 곧바로 육지로 돌아왔다. 오는 도중 동행한 친구는 그가 좋은 보물을 채취한 것을 보고 그것이 갖고 싶어 우물에서 물을 길을 때 그를 밀어 우물에 떨어뜨리고 우물의 뚜껑을 덮어 단단히 잠그고, 그의 보배와 다른 구슬을 가지고 집으로 돌아갔다. 우물에 빠진 장자는 죽지 않고 정신을 차리고 있었다. 상당히 시간이 지난 뒤 사자 한 마리가 우물의 옆 구멍을 통해 들어와 물을 먹는 것을 보고, 그는 두려웠으나 다행히 사자는 그를 발견하지 못하고 그냥 갔다. 그도 이내 사자가 나간 길을 따라 본국으로 돌아갔다. 그는 친구의 집에 들러 친구만 불러 말했다.

'너는 나를 죽이려 했고, 또 내가 캐낸 보물들을 몽땅 훔쳤다. 너는 그것들을 전부 남몰래 돌려다오. 그렇게 하면 나는 결코 남에게 네가 저지른 만행을 폭로하지 않겠다.'

친구는 당황해 하다가 그의 보물을 모두 돌려주었다. 장자는 그것을 가지고 집에 돌아가 그것들을 방에 내려놓자 어린 아이들이 구슬을 가지고 놀면서 서로 말했다.

'이 구슬은 어디에서 생겼는가?'

'이 주머니 속에서 나왔다.'

'우리집 항아리 속에서 나왔다.'

장자는 그것을 보고 싱긋이 웃었다.

그것을 본 부인이 물었다.

'왜 웃으십니까?'

'나는 저 구슬들을 얻기 위하여 생각도 할 수 없는 고생을 했소. 그러나 아이들은 저것들을 보고 그 내력은 모르고 주머니 또는 항아리 속에서 나왔다 하는구려.'

"아난다야, 너는 내가 부처가 된 것만 보고, 내가 수없는 겁 동안에 수행하여 지금에야 성취한 것을 모르고, 그저 '쉽게 성취했다.' 고 말하는 것은 저 장자의 아이들이 그 구슬을 '주머니 속에서 나왔다.', '항아리에서 나왔다.' 라고 말하는 것과 같으니라."

그러므로 온갖 행을 닦으려면 여러 겁 동안 공을 쌓아야 하는 것이지, 단지 한 번의 고행이나 한 번의 수행이나 한 몸으로써 공부한 것으로 성취되는 것이 아닙니다.

보물지팡이

옛날에 오백 사람이 보배를 캐기 위해 어떤 길잡이의 인도를 받아 바다에 들어갔습니다. 길을 떠나기 전에 길잡이가 주의를 환기시켰습니다.

"바다에는 다섯 가지 어려움이 있습니다. 첫째 사나운 파도요, 둘째 거센 소용돌이요, 셋째 큰 고기요, 넷째 여자 귀신이요, 다섯째 취醉하게 하는 과일입니다. 이 어려움을 견딜 수 있어야 같이 갈 수 있습니다."

모든 사람들은 굳게 약속을 하고 바람을 이용하여 보물섬에 도착하자 곧 각자가 보물을 캐기 시작하였습니다. 그들 가운데 어떤 사람이 한 번 먹으면 취하여 이레를 자야하는 향기에 유혹되어 과일을 따먹었습니다.

다른 사람들은 보물도 풍족하게 캐고 또 순풍이 불어 와서 출발하려고 북을 울려 사람을 모아보니 한 사람이 오지 않았습니다. 모두 사방으로 흩어져 찾아 나섰습니다. 그가 과일에 취해 나무 밑에서 나뭇가지 하나를 꺾어 쥐고 잠든 것을 발견했습니다. 그를 업어 메고 배에 태워 함께 무사히 본국에 도착하였습니다.

보물을 캐러 간 사람들이 돌아왔다는 소식이 전해지자 집 안 사람들은 기뻐하며 나와 맞이하였습니다. 그러나 과일에 취했던 사람은 아무 것도 가지고 온 것이 없어 걱정하고 슬퍼하였습니다. 그는 손에 쥐고 왔던 나무막대기를 짚고 집으로 돌아가고 있었습니다. 그 때에 어떤 무역상이 지팡이를 이만 냥에 팔라고 하자, 그는 지팡이를 주고 돈을 받고는 물었습니다.

"이 지팡이가 무슨 값어치가 있습니까?"

"이것은 보배 나무로서 이것을 태우며 그 불빛에 기와나 돌을 쬐기만 하면 모두 그 돌과 기와가 황금이 됩니다."

지팡이 원 주인이 사정하여 조금 얻어가지고 집에 가서 시험해 보니 과연 그의 말과 같았습니다. 위의 내용은 비유입니다.

길잡이는 보살이요, 다섯 가지 어려움은 색·수·상·행·식色受想行識이요, 보물섬은 반야般若의 일곱 가지 재물이요, 취함은 마음을 놓아 게으름이요, 보배 나무를 꺾는 것은 스스로 닦고 힘써 다시 정진하는 것이요, 기왓장이나 돌에 쬐면 보배가 된다는 것은 법과 도로써 온갖 악행을 쪼아 내어 모두 법의 그릇을 만든다는 것입니다.

가사의 힘

옛날에 어떤 산중에 두 스님이 한적하게 살면서 도를 닦아 여섯 가지 신통을 얻었습니다. 그 스님들과 가까운 곳에 암사자 한 마리가 새끼 두 마리를 낳아 기르다가 외출할 일이 생겼습니다.

사자는 '오직 도력이 있고 자비스러운 저 두 분이라면 이것들의 목숨을 지켜주실 것이다.' 이렇게 생각한 어미 사자는 스님들을 찾아가 말했습니다.

"어디를 다녀 올 일이 있습니다. 저의 새끼를 사람이나 다른 짐승이 해칠까 염려 되므로 두 분에게 잠시 맡길까 합니다. 부디 사랑으로써 보호해 주시면 돌아와서 찾아가겠습니다."

스님들은 허락하였습니다. 어미 사자는 갔다가 돌아와 새끼들이 스님들 곁에 있는 것을 보고 그대로 두고 또 볼일을 보러 갔습니다. 스님들은 걸식하여 먹고 남은 밥을 그들에게 먹였습니다. 사자 새끼들은 스님들이 돌아오는 것을 볼 때마다 꼬리를 흔들며 내달아 맞이하였습니다.

하루는 스님들이 걸식을 떠난 뒤 사냥꾼이 그 곳에 오자 새끼들은 숲속으로 도망을 갔습니다. 사냥꾼들은 스님들의 방에 들어가 스님들이 입던 가사를 걸치고 숲속으로 들어가 그들을 유인하여 사로잡으려 했습니다. 새끼 사자들은 가사를 걸친 사냥꾼들을 스님으로 잘못 알고 나왔다가 그들에게 잡혀 죽었습니다. 그들은 가죽을 벗겨 값나가는 가죽옷을 만들었습니다.

스님들이 돌아와 사자 새끼들이 보이지 않으므로 선정에 들어 그것들이 사냥꾼에게 죽은 것을 알았습니다. 그 스님들은 신통력으로써 그 가죽 옷을 찾아 와서 담요를 만들고 그 위에 앉아 축원하였습니다. 그런 뒤 선정에 들어 죽은 새끼 사자들이 그 나라의 어떤 장자 집에 쌍둥이로 태어날 것을 알았습니다. 그 스님들은 장자의 집에 가서 장자에게 물었습니다.

"당신에게 부족한 것이 없습니까?"

"자식이 없는 것만 빼고는 부족한 게 없습니다."

스님들은 곧 장자를 위하여 쌍둥이 아들을 낳게 해주겠다고 말하자 장자는 매우 기뻐하였습니다. 스님들은 다시 말했습니다.

"아들을 낳으시면 우리들에게 무엇으로써 보답하시렵니까?"

"아들이 성장하면 스님들의 제자가 되게 하겠습니다."

스님들은 말했습니다.

"약속을 잊지 마십시오. 오직 아들 낳기를 기다리시오."

장자는 열 달 뒤에 과연 쌍둥이 아들을 낳아 애지중지 길러 겨우 일 년을 지난 듯 했는데 어느 새 아이들이 열 살이 되었습니다. 그 때에 스님들이 집 앞을 지나가자 스님들을 본 두 아이는 시키지도 않았는데 자연스레 기쁜 마음을 내고 스님들께 절을 했습니다. 스님들은 곧 그 집에 들어가서 장자에게 말했습니다.

"장자님, 본래의 맹세를 아시지요."

장자는 감히 옛날의 맹세를 어기지 못하고 두 아들을 스님들에게 맡겼습니다. 스님들은 그들을 데리고 산에 들어가 공부를 시켰고, 오래지 않아 그들은 아라한이 되었습니다. 그들이 선정에 들어 스스로를 관하다가 바로 그들이 앉은 사자 담요가 자기들 전생의 가죽임을 알고 각각 일어나 스승님께 감사드리며 말씀드렸습니다.

"스승님들께서 베풀어주신 혜택의 힘이 저희들로 하여금 도를 얻게 하셨으니, 모두 자비의 힘입니다."

짐승이 가사를 믿은 좋은 마음도 오히려 해탈을 얻게 했거늘 하물며 지극한 마음으로써 좋은 서원을 세우고 어찌 해탈 하지 않겠는가?

주는 이와 받는 이의 도리

옛날에 어떤 도살업자가 스님들에게 공양을 올리려 하였으나 자기의 죄악 때문에 뜻을 이루지 못하고 있었습니다. 그러던 어느 때 처음 스님이 된 어떤 스님의 위의가 의젓한 것을 보고, 그는 그를 초청하여 자기 집으로 모시고 가서 공양을 올렸습니다. 스님이 공양을 마치고 돌아갈 때 그는 스님에게 말씀드렸습니다.

"스님, 스님께서 세상을 떠날 때까지 저희 집에 오셔서 공양하십시오."

스님은 곧 승낙하였습니다. 그들은 오래 사귀어 친하게 되자 스님은 자기 앞에서 살생하는 것을 감히 야단치지 아니했습니다. 이렇게 여러 해를 지난 뒤 도축업자의 부친이 죽어 강 귀신이 되었습니다. 그에게 공양을 받던 스님이 배를 타고 강물을 건널 때 그 귀신이 칼로써 자기 배를 가르고 배 안에 얼굴을 디밀고 배를 붙잡은 채 사공에게 말했습니다.

"저 스님을 죽여 던져 버리지 않으면 배를 보내 주지 않겠다."

사공과 배를 탄 모든 사람들이 덜덜 떨고 있자 귀신이 다시 말했습니다.

"내가 살아있을 적에 저 스님에게 여러 해 공양을 올렸으나 그러나 저 스님은 우리 식구들이 살생하는 것을 보고도 나무라지 않았습니다. 그래서 나는 지금과 같은 재앙을 받았기 때문에 저 스님을 죽이려 하는 것입니다."

사공이 말했습니다.

"짐승을 죽이고도 그러한 재앙을 받았는데, 하물며 스님이겠는가?"

귀신이 말했습니다.

"나는 그대들의 마음을 안다. 만일 나를 위해 보시하여 복을 짓고 내 이름을 불러 축원해 주기를 약속하면 해코지 하지 않겠다."

사공은 그를 위해 복을 지어 주기로 약속했고, 귀신은 배를 놓아 주었습니다.

스님은 곧 그 귀신을 위해 보시회를 열고 그의 이름을 부르며 축원해 주었고, 다른 사람들도 그를 위해 보시회를 열어 강가에 나가 귀신을 불러 물었습니다.

"너는 복을 받았는가?"

"복을 얻었소. 지금은 고통이 없소."

사공이 다시 말했습니다.

"내일 너를 위해 복을 지을 텐데 올 수 있겠는가?"

"갈 수 있습니다. 가고말고."

이튿날 아침에 귀신은 바라문의 형상으로 변화하여 그 집에 가서 직접 공양을 베풀고 스스로 축원하는 것을 보았습니다. 상좌上座가 그를 위해 설법하자 그 귀신은 그 자리에서 스로타판나의 도를 얻고 기뻐하며 떠나갔습니다.

위와 같은 일로써 주인과 손님은 도리를 보아 마땅히 그 잘못을 충고하여 바르게 되도록 해주어야 합니다. 비록 나쁜 갈래에 떨어졌더라도 반드시 좋은 인연이 있나니 선지식을 만나는 것이 바로 좋은 인연입니다.

칭찬에 거들먹거리지 마라

옛날에 어떤 상인들이 보배를 캐려고 바다에 들어갈 때 큰 용이 배를 들고 뒤엎으려 하는 상황을 만나 상인들이 두려워 떨자 용이 말했습니다.

"너희들은 혹 ㅇㅇ나라에 가본 적이 있느냐?"

"그곳에 가본 적이 있습니다."

용이 한 개 큰 알을 주었는데 다섯 되 들이 병만 하였습니다.

"너희들은 이 알을 그 나라 서울에서 제일 큰 시장 복판에 있는 큰 나무 밑에 묻어라. 만일 그렇게 하지 않는다면 뒤에 반드시 너희들을 죽일 테다."

그들은 승낙하였고, 뒤에 그 나라를 지나면서 약속을 지켰습니다. 그런 뒤부터 그 나라에 전염병이 창궐하는 재앙이 쉬지 않고 일어나자 그 나라 왕은 주술가를 불러 점을 치게 했습니다.

"큰 뱀의 알이 이 나라 시장 한복판 제일 큰 나무 밑에 묻혀 있기 때문에 재앙과 돌림병이 창궐합니다."

왕은 조사하여 알을 파내어 그것을 곧 태워버렸습니다. 그러자 재앙과 전염병은 씻은 듯이 없어졌습니다. 뒤에 상인들이 바다에 들어가자 용은 그들에게 그 사이의 사정을 물었습니다. 상인들은 말했습니다.

"전에 그대가 부탁한 대로 했더니 그 나라에 전염병이 온 나라에 퍼졌소. 그러자 왕은 주술가를 불러, 그 알을 찾아내어 불에 태워 버렸소. 그리고 나서부터 온 나라가 태평하여졌소."

용이 말했습니다.

"그 종놈들을 죽이지 못한 것이 한스럽다."

"무슨 까닭으로 그러시오?"

"너희들은 ㅇㅇ나라 ㅇㅇ장사壯士의 이름을 들은 적이 있는가?"

"듣고말고, 그러나 그는 이미 죽었소."

"그의 후신이 현재의 나요. 내가 살았을 때, 그 나라에서 내가 사람을 해코지 하는 것을 좋아 했는데도 그들은 조금도 나를 가르치거나 꾸짖지 않고 도리어 나를 칭찬만 하였소. 그 과보로 나는 이 뱀의 무리에 떨어졌소. 그래서 나는 그들을 모두 죽이려고 한 것뿐이오."

그러므로 사람들은 마땅히 서로 충고하여 선행을 따르고, 스스로의 힘만 믿고 남을 업신여기거나 괴롭혀 앉은 채로 그 환란을 부르지 말아야 합니다. 세 가지 나쁜 갈래의 고통은 단지 이름을 듣기만 하고 직접 살 곳은 아닙니다.

빚을 갚아라

옛날에 바라나시 사람들 가운데 오백 명의 시각 장애인이 있었습니다. 그들은 돌아다니며 구걸했는데, 불행하게도 흉년이 들어 얻어먹기가 매우 어렵자, 그들은 모여 의논하였습니다.

"지금 부처님께서 슈라바스티에 계시면서 사람들로 하여금 보시하도록 가르치시니, 우리가 저 나라에 가면 목숨을 부지할 수 있을 것입니다."

"우리는 길잡이를 사서 우리들을 이끌고 저 나라에 가도록 하지."

그들은 각각 은화 한 닢씩을 내어, 안내인을 샀고 안내인은 그들과 약속을 하고 즉시 그들을 이끌고 길을 가다가 말했습니다.

"이 앞에는 길이 험하니, 당신들은 가지고 있는 돈을 나에게 맡기시오. 혹시 도둑을 만난다면 내가 잘 숨기겠소."

장애인들은 가진 돈들을 그에게 맡겼습니다. 그는 그 돈을 받은 즉시 그들을 두고 떠나버렸습니다. 장애인들은 며칠을 돌아 다녔으나 길을 바로 잡지 못해 목마르고 굶주렸습니다. 그들은 모두 부처님께 귀의하며 말했습니다.

"거룩하신 부처님이시여, 저희들을 가엾이 여겨 이 액난을 면하게 하여 주십시오."

부처님께서 문득 그들 앞에 신神의 모습으로 나타나셔서, 손으로 그들의 머리를 어루만져 주셨습니다. 그들은 바로 장애가 없어지고, 갈증이 없어지며 굶주림이 없어졌습니다. 그들은 기뻐서 날뛰며 부처님의 제자가 되기를 소원하였습니다. 부처님께서 허락하시자 그들은 수염과 머리카락이 깎여졌고 가사가 입혀졌으며 바루가 손에 들려졌습니다. 부처님께서 그들을 위해 설법하시니, 그들은 모두 아라한이 된 뒤에 날아서 부처님을 따라 기원정사로 갔습니다.

아난다가 부처님께 여쭈었습니다.

"저 오백 명은 전생에 어떤 죄와 복을 지었습니까?"

부처님께서 말씀하셨습니다.

"지나간 세상에 어떤 장자가 있었다. 그는 날품팔이 오백 사람에게 일을 시키려고 선금을 주었는데 오백 사람은 삯을 받았으나 일을 하지 않고 모두 도망쳐 버렸다. 그 일 때문에 그 이후 여러 생 동안 지금과 같은 재앙을 받았다. 그 때의 장자가 이번에 돈을 떼먹고 도망간 사람이다. 그들은 빚을 갚았고, 마침 나를 만나 마음이 열리고 모두 도를 얻었지만 죄와 복은 이와 같다."

그러므로 사람이 업을 짓는 일은 같지 않습니다. 어떤 경우는 업을 짓는 일이 되고, 어떤 경우는 업을 갚는 경우가 되는 것이니 삼가지 않을 수 없습니다.

선지식이 존재하는 이유

옛날에 어떤 두 사람이 매우 친한 친구가 되어 조금도 서로 어기지 않았습니다. 뒷날 어느 때, 한 친구가 죽을죄를 짓고 곧 도망쳐 친구의 집으로 갔습니다. 소문을 들은 친구는 문을 열지 않고 물었습니다.

"그대는 누구인가?"

"나는 그대 친구 ○○인데 죽을죄를 짓고 피신중이네."

"일이 없을 때는 친구지만 위급할 때는 각기 떨어져야 한다네. 그러므로 받아드릴 수가 없네."

그는 매우 섭섭하게 여기며 '사람들은 무사할 때는 드나들고 오가며 먹고 마시며 떠나지 않다가 위급할 때에는 서로 버리려 할까? 이것을 어찌 두터운 우정이라 하겠는가?' 라고 생각했습니다. 그는 그곳을 떠나 깊은 산속으로 들어가려 했습니다. 길을 떠나 가다가 어떤 선지식의 집에 들려 먹을 것을 빌자 그 사람은 곧 문을 열고 그 사람을 숨겨주며 말했습니다.

"나는 그대와 그렇게 가까운 사이는 아니지만 그대가 편히

살 곳으로 보내 주겠소."

곧 수레에 보물을 싣고 함께 다른 나라로 가서 그 나라의 왕과 여러 장자들에게 소개하고 집을 짓고 농사마지기를 마련하고 약간의 밑천을 마련하여 주고 고국으로 돌아갔습니다.

그 때에 부처님께서 이 사람의 행적을 아시고, 곧 비유로써 말씀하셨습니다.

"죄를 범한 사람은 사람의 정신과 같고, 친했던 벗은 네 가지 요소로써 된 사람의 몸과 같으며, 선지식은 삼보로서 귀의할 데와 다섯 가지 계율과 같으니라."

이것은 사람이 이 몸을 먹여 살릴 때는 맛난 음식 등으로써 네 가지 요소에 하나도 모자람이 없도록 하지만, 죽음이 다가와 나쁜 길에 떨어질 때는 피할 곳을 찾아도 모두 문을 닫고 받아 주지 않는 것에 비유한 것입니다.

뒤에 선지식을 만나 그는 선지식을 따라 다른 나라로 가서 부족한 것 없이 공급을 받은 것은, 보시와 계율로써 몸이 죽는 때에 이르러도 복의 힘이 당기는 바대로, 하늘 세상에 도착하여 칠보궁전에 살며 하늘의 보배 옷을 입고 하늘의 백 가지 맛난 음식을 먹고 자연스럽게 지극한 즐거움이 헤아릴 수 없는 것과 같은데 비유한 것입니다.

이것으로써 생각해 보면 사람이 세상에 태어나서는 자기의 이익에만 탐착하지 말아야 할 것이니, 반드시 지은 복을 까먹기 때문입니다. 그것은 네 가지 요소로 된 몸만 위함이니 어찌 이익됨이 있겠는가? 앎이 있는 이는 반드시 이렇게 실천합니다.

국사가 된 요리사

부처님께서 열반하신 지 백 년 뒤, 어떤 국왕이 하늘 신天神을 섬겼습니다.

제사를 지낼 때 소 · 양 · 돼지 · 개 · 닭 따위를 각각 백 마리씩 주방장에게 주어 잡게 하였습니다. 요리사 가운데 있던 우바사카가 말했습니다.

"저는 부처님의 계율을 지키기 때문에 저 짐승들을 잡을 수 없습니다."

주방장은 매우 화를 내며 왕에게 아뢰어 법으로써 다스리려 하였습니다. 그는 왕 앞에 끌려갔고, 왕은 물었습니다.

"너는 왜 고의로 내 명령을 어기려 하느냐? 너를 죽일 수도 있느니라."

그는 대답하였습니다.

"저는 부처님의 제자로서 다섯 가지 계율을 받아 지킵니다. 차라리 저의 목숨을 버릴지언정 부처님의 가르침에 따라 산 것을 죽이지 않겠습니다. 만일 제가 대왕의 명령을 따라 산

것을 죽이면 저는 죽은 뒤 지옥에 들어가 여러 억만 년 동안을 거기에서 지내야 죄를 마치고 나오며, 나와서도 항상 수명이 짧을 것입니다. 그러나 계율을 확실하게 지키다가 대왕에게 죽으면 죽어서 하늘나라에 올라가서 복을 받을 것이니, 소원이 저절로 이뤄질 것입니다. 가령 지금 죽어도 이 생의 몸을 바꿔 하늘의 몸을 받을 것이니, 죄와 복의 갚음은 그 거리가 아주 방향부터 다릅니다. 저는 이러한 이유 때문에 대왕의 명령을 받을 수 없습니다. 때문에 죽더라도 부처님의 가르침인 계율을 꼭 지키려는 것입니다."

왕이 말했습니다.

"이레의 기한을 줄 테니 그 때에도 마음이 변하지 않는다면, 그 때에는 코끼리를 시켜 너를 밟아 죽이게 하되, 만일 죽지 않는다면 네 말이 진실일 터이다."

이레 뒤 그 우파사카의 몸은 부처님 몸으로 변했고, 얼굴도 부처님 얼굴로 변했습니다. 왕은 시험하려고 오백 마리의 코끼리를 내몰아 그를 밟게 했습니다. 우파사카는 부처님 법대로 곧 오른손을 들자 다섯 개 큰 산이 생겼고, 그 산에서 각각 백 마리씩의 사자가 나와 코끼리를 향하여 포효하자 코끼리들은 모두 두려움에 떨며 땅에 꿇어앉더니 엎드렸습니다.

그것은 부처님께서 세상에 계실 때와 같았습니다.

이 상황을 눈으로 본 임금은 비로소 부처님께서 진실로 계시는 줄 알고, 곧 천신에 대한 믿음을 버리고 제사지내는 것도 버리고, 우파사카에게 부처님의 계율을 받았습니다. 그리고 대신과 관리와 백성들도 모두 왕을 따라 계를 받았으며, 요리사 우파사카는 나라의 스승이 되었습니다.

믿음이 견고한 분들이 계율을 지켜 사람을 제도함이 이와 같습니다.

복과 서원을 한 뜻으로

옛날에 부처님께서 세상에 계실 때였습니다. 어떤 우파사카가 매일 부처님께 나아가 정성을 기울이되 게으름 피우지 않고 공양을 올렸습니다.

부처님께서는 아시면서 일부러 물으셨습니다.

"그대가 소원하는 것이 무엇인가?"

"만약 복으로써 갚음이 있다면 지금 생애에 아들 넷을 두고 싶습니다."

"왜 아들 넷을 소원하는가?"

그는 아뢰었습니다.

"만일 아들 넷이 있어 성장하면 한 아들로 하여금 살림을 살게 하되 장사하여 재물을 모으게 하고, 한 아들로 하여금 농사와 목축을 맡게 하여 여섯 가지 짐승과 곡식을 쌓게 하고, 한 아들로 하여금 벼슬을 하고 녹祿을 받으며 문호를 보호하게 하고, 한 아들로 하여금 출가하여 스님이 되어 도를 성취한 뒤에는 돌아와 부모와 형제자매와 일가친척들을 구제하게 하고 싶습니다. 제가 아들 넷을 두고 싶어 하는 이유입니다."

부처님께서 말씀하셨습니다.

"그대의 소원을 이루게 해주겠다."

우파사카는 매우 기뻐하며 예배하고 떠났습니다.

그 뒤 우파사카는 아들 하나를 낳았습니다. 그는 총명하고 지혜로워 식구들은 세상에 견줄데 없이 그를 사랑하였습니다. 아들이 장성하자 어머니에게 물었습니다.

"어머님 어떻게 저를 이토록 사랑하십니까?"

"원래 아들 넷을 원했으나 오직 너 하나만 얻었다. 그러니 넷에게 쏟을 사랑을 네가 독차지했기 때문이다."

그리고 남편과 자기가 아들 넷에게 바라던 것들을 그에게 말했습니다.

아들은 어머니의 말을 듣고 그 사랑에 감격하여 그대로 다 해드려야겠다고 다짐했습니다.

그는 곧 장사를 시작하여 일 년도 못 되 수 백억의 재산을 모았고, 다음은 농사와 목축업과 개간에 힘을 쏟아 짐승들과 쌀이 헤아릴 수 없었습니다. 그 다음에는 부지런히 공부하더니 벼슬길에 높이 오르고 장가들어 아들 딸을 낳고 드디어 부호 귀족으로 그 문호를 드높였습니다.

아들은 다시 어머니에게 아뢰었습니다.

"네 명의 아들을 바랬던 것은 각기 한 가지 일들을 성취시키려 했던 것이었는데 지금 제가 대신하여 세 가지 일을 성취시켰습니다. 오직 한 가지 일이 모자라니, 이제 집을 떠날까 하옵니다."

"그래 세 가지 소원을 모두 이뤘구나."

어머니는 네 아들에게 각각 한 가지 소원씩을 맡겨도 될까 말까 한 것이라 걱정했는데, 이 아들이 성취한 것은 본래 소원을 훨씬 웃돌았습니다. 아들로 하여금 집을 떠나게 하면 반드시 '도를 얻을 것이다.' 라고 생각하였습니다. 이에 어머니는 아들의 뜻을 들어주었습니다.

아들은 어머니와 가족에게 하직하고 부처님께 나아가 스님이 되었습니다. 열심히 공부하더니 오래지 않아 바로 아라한 도를 이뤘습니다. 그리고 집으로 돌아가 부모와 다른 가족들을 구제하니, 사람들은 복을 얻고 도를 얻었으므로 모두 기뻐했습니다.

그러므로 복을 짓고 원을 세우는 것은 오직 한 뜻에 있는 것이니, 애써서 나아가면 얻지 못할 것이 없습니다.

일곱 번 본처를 괴롭힌 후처의 원한

옛날에 어떤 남자가 두 부인을 데리고 살았습니다. 큰 부인은 아이가 없었고, 작은 부인이 아들 하나를 낳았습니다. 얼굴이 아름답고 사랑스러워 그 남편이 매우 기뻐하였습니다. 큰 부인은 마음속으로 질투가 났지만 겉으로는 자기가 낳은 아이보다 더욱 사랑하는 체하였습니다.

아이의 나이가 한 살쯤 되었을 때 온 집안에서 모두 큰 부인이 그 아이를 사랑하고 소중히 여기는 것을 알고 조금도 의심하는 사람이 없었습니다. 그 때에 큰 부인은 바늘로 아이의 정수리를 찌르되 표나지 않게 찔렀습니다. 아이는 병을 얻은 듯 울기만 하고 젖도 먹지 않았습니다. 그러나 온 집 안 사람들은 아무도 그 까닭을 모르는 사이에 이레만에 죽고 말았습니다. 큰 부인도 슬피 울었지만 작은 부인은 생각을 억누르고 밤낮으로 울되 쉬지 않았고 음식도 거르고 거의 죽게 되었습니다. 그 뒤에 작은 부인은 아이가 큰 부인에게 죽은 줄 알고 원수를 갚으려고 절에 가서 스님에게 여쭈었습니다.

"큰 덕을 가지신 스님, 마음속의 소원을 이루려면 어떤 공덕을 지어야 하옵니까?"

비구들은 대답하였습니다.

"소원을 성취하시려면 팔관재八關齋를 받고 그것을 실천하십시오. 그렇게 하면 원하는 것을 이룰 수 있습니다."

작은 부인은 곧 비구 스님께 일곱 가지 계율과 한 가지 재를 받고 즉시 돌아갔습니다. 돌아 간 뒤 이레 만에 죽었습니다. 그는 몸을 바꿔 와서 큰 부인한테 태어나 딸이 되었고 단정하고 매우 예뻤습니다. 큰 부인은 그를 사랑했으나 나이 한 살이 되자 죽었습니다. 큰 부인은 꼼짝하지 않고 앉아 음식도 먹지 않고 슬피 울며 상심하는 것이 그 전에 작은 부인보다 더 심하였습니다. 이와 같이 일곱 번을 되풀이 했는데, 한·두 살 전후에 죽었습니다. 최후에 낳은 아이는 더욱 예쁘고 단정함이 앞의 아이보다 배나 더 뛰어났습니다.

막내는 나이 열다섯 살까지 살았고, 이미 사위 될 사람을 정하여 다음 날 결혼식을 치르려 했는데, 저녁에 문을 나가다가 머리를 문틀에 들이받고 졸지에 죽었습니다. 큰 부인은 울고 불며 괴로워하는 것은 다시 말할 수도 없었고, 음식도 먹지 않고 밤낮으로 눈물을 흘리며, 시체를 관에 넣고 뚜껑도 덮지 않은 채 그 곁에서 지켜보며 떠나지 않았습니다. 시체의 얼굴은 하루가 다르게 광채가 나며 더욱 아름다워 살았을 때보다 더 예뻤습니다.

이렇게 10여일쯤 지난 어느 날, 아라한 스님 한 분이 그들을 제도하시려고 그 집에 가서 밥을 구걸하였습니다. 부인은 하녀를 시켜 한 그릇의 밥을 가져다주게 하였습니다. 그러나 그 스님은 밥을 받지 않고 서서 하녀에게 말했습니다.

"너의 안주인을 만나고 싶구나."

하녀는 들어가 말했습니다.

"마님을 뵙고 싶답니다."

"나는 지금 근심에 쌓여 죽게 되었다. 어떻게 나가 스님을 뵐 수 있겠느냐? 네가 무엇이든지 물건을 가져다 드리고 가시게 하여라."

하녀는 물건을 가지고 나가서 스님께 드렸습니다. 그러나 스님은 받지도 않고, 여전히 가려고 하지도 않고 말했습니다.

"안주인을 만나고 싶구나."

하녀가 이렇게 몇 번을 갔다 왔다 했으나 스님은 물러나지 않고 끈덕지게 기다렸습니다.

부인은 슬픔에 잠겼고, 스님은 곧추 서서 가지 않고, 사람의 마음을 혼란스럽게 하니 참을 수가 없었습니다. 문득 '불러오라.' 고 말했습니다. 스님은 부인을 만나 부인의 얼굴빛이 초췌하고 부인이 손으로 얼굴을 가렸으나 빗질도 하지 않은 것을 보았습니다.

스님이 말씀하셨습니다.

"어떻게 하여 이 지경이 되었소?"

부인이 말했습니다.

"지금까지 딸을 일곱이나 낳았습니다. 모두 총명하고 예뻤으며 단정했으나 죄다 잃었습니다. 그 가운데 지금 죽은 아이가 제일 오래 살았고, 곧 시집을 보내려 했는데 죽어 저로 하여금 애통하게 하고 있습니다."

"세수를 하시고 빗질을 하십시오. 드릴 말씀이 있습니다."

부인은 여전히 울면서 그치려 하지 않았습니다. 스님은 들릴 듯 말 듯 한 목소리로 부인에게 말했습니다.

"댁의 작은 부인은 지금 어디에 있습니까? 본래 무슨 병으로 죽었습니까?"

부인은 이 말을 듣고 깜짝 놀라며 '이 스님께서 어떤 인연으로 그것을 아실까?' 라고 생각했습니다. 스님이 말씀하셨습니다.

"머리를 빗으십시오. 나는 부인을 위해 할 말이 있습니다."

부인은 즉시 머리를 쓸어 올렸습니다.

"작은 부인의 아들은 무슨 병으로 죽었습니까?"

부인은 이 말을 듣고 말문이 막혔고, 마음속으로 부끄러워 감히 다시 말하지 못했습니다.

"부인은 작은 부인의 아들을 죽여 그 어머니로 하여금 우수와 괴로움으로 죽게 하였기 때문에 일부러 부인에게 와서 일곱 번이나 부인의 딸로 태어났었소. 그 아이들은 바로 부인의 원수로서 부인에게 근심과 고통을 안겨 주게 하려고 했던 것이오. 한 번 더 가서 저 관 안에 죽은 딸을 보시오. 어떠한가를 알 것이오."

부인이 곧 관 가까이 가서 보니 시체는 썩어 문드러졌고 악취가 진동하여 가까이 갈 수가 없었습니다. 스님이 말했습니다.

"그래도 죽은 딸을 생각하겠소?"

부인은 매우 부끄러워하더니, 바로 관을 매장하고, 스님에게 불쌍하게 여겨 주서서 계를 받게 해달라고 하였습니다.

스님이 말씀하셨습니다.

"내일 절에 오십시오."

딸은 죽어 독사가 되어 부인이 반드시 계를 받으러 갈 것을 알고, 길가는 중에 그녀를 기다려 물어 죽이려 했습니다. 이튿날 부인이 길을 가자 독사가 앞에서 막고 지나가지 못하게 했습니다. 정오가 가까울 때까지 부인은 매우 두려워하며 '나는 스님께 가서 계를 받으려 하는데 이 독사가 왜 내 앞에서 막고 가지 못하게 하는가?' 라고 생각하였습니다. 스님은 그 사실을 알고 곧 부인이 뱀과 대치한 곳으로 갔습니다. 부인은 스님을 보고 기뻐서 앞으로 나가 예배했습니다.

스님이 독사에게 말했습니다.

"네가 후세의 세상에서 다시 다른 사람의 작은 부인이 되어 서로 모질게 죽이려 한다면 그 인연은 끝날 수 없다. 지금 현재의 세상에서 큰 부인이 한 번 너의 아이를 죽였다고, 네가 지금 괴롭히기를 일곱 번이나 반복하였다. 너의 앞뒤 허물과 죄악은 모두 제도될 수 있다. 이 부인이 지금 계를 받으러 가는데 네가 그 길을 막으면 너는 세상마다 당연히 지옥에 떨어져 끝날 시기가 없게 된다. 지금 너의 독사 몸과 이 부인의 몸을 비교해 보아라. 어떠냐?"

독사가 스님의 말을 듣고, 스스로 숙명을 알고 번민과 원망으로써 똬리 틀고 머리를 땅에 대고 숨도 쉬지 않고 스님의 말을 생각했습니다.

스님이 축원하였습니다.

"지금 너희 둘은 숙명 때문에 서로 괴롭혔으나 죄악과 허물이 지금 이 시간부터 각각 끝났다. 지금부터는 태어나는 세상마다 나쁜 마음으로 서로 대하지 말아라."

둘이 함께 참회하였습니다. 뱀은 곧 죽어 사람으로 태어났습니다. 부인은 스님의 설법을 듣고 곧 마음이 열리고 뜻을 알고 기뻐하더니 스로타판나의 도를 얻었고, 스님을 따라가 계를 받고 우파사카가 되었습니다.

그러므로 죄업으로써 원수를 대하는 것이 이와 같으니 그것을 삼가 하지 않을 수 없었습니다.

부처님께서 세상에 계실 적이었습니다.

어느 날 아침 슈라바스티에 피 비가 쏟아졌는데 그 넓이가 사방 사십 리에 뻗쳤습니다.

왕과 대신들은 놀라고 이상스럽게 여겨 곧 여러 도술을 가진 이와 점성가를 불러 그 길흉吉凶을 점쳐 알아내게 했습니다.

점쟁이들이 말했습니다.

"옛날의 기록에 의지하면 피 비의 재앙으로써 '반드시 사람 구렁이나 해독을 끼치는 물건이 생긴다.' 고 하였습니다. 온 나라를 조사하여 그 재앙을 반드시 막아야 할 것입니다."

왕이 물었습니다.

"어떻게 그것을 알아 낼 수 있는가?"

점쟁이가 말했습니다.

"그는 사람에게 독이 되니 어렵지만 특별히 알 수 있습니다. 온 나라에 명령을 내려 피 비가 온 날에 태어난 아이들을 모두 다 데리고 오게 하십시오. 그리고 빈 항아리 하나를 두고 아이들의 침을 받아 거기에 넣으면 해독害毒을 줄 아이의 침이 들어가면 곧 화염이 치솟을 테니 그 아이가 바로 사람 구렁이입니다."

왕과 대신들이 그 아이를 골라내었고, 서로 상의하여 그 아이를 사람이 사는 곳에서 머리 떨어진 곳으로 격리시켜 살게 하였습니다. 나라에서 반드시 죽여야 할 사람(사형수: 역자주)을 그에게 보내면 그는 독을 내뿜어 그들을 죽였습니다. 이와 같이 독기를 마시고 죽은 사람이 앞뒤 모두 칠백이십 명이었습니다. 어느 때 사자 한 마리가 나타나 포효하자 그 소리가 사십 리 안의 모든 사람과 동물을 놀라게 하였습니다. 그로 인해 생기는 피해를 어떻게 막을 방법이 없었습니다. 이때 임금이 나라 안에 명령하여 사자를 물리치는 사람이 있으면 천 냥의 금화를 주고 고을 하나를 주겠다고 했으나 하겠다고 나서는 사람이 없었습니다.

여러 신하들이 임금에게 사뢰었습니다.

"오직 사람 구렁이라야 사자를 물리칠 수 있겠습니다."

곧 사신을 보내어 사람 구렁이를 불러 왔습니다. 그는 멀리서 사자를 보고 곧장 가서 사자 앞에 버티고 서서 독기를 뿜으니 사자가 그 자리에서 죽었고 몸뚱이가 녹아 흔적조차 없었습니다. 그리하여 나라는 평상시대로 회복되었습니다. 그 뒤 사람 구렁이는 늙고 병들어 목숨이 곧 끊어지려 했습니다.

부처님께서는 그의 죄업이 무거워 한 번 나쁜 갈래에 떨어지면 벗어날 기약이 없는 것을 불쌍히 여기시고, 샤리푸트라에게 말씀하셨습니다.

"네가 가서 그에게 권하여 그로 하여금 무거운 재앙에서 벗어나게 하여라."

샤리푸트라가 곧 신통력으로써 그의 집에 가서 갑자기 앞에 나타났습니다. 사람 구렁이는 화를 내면서 '내가 아직 죽지 않았는데도 사람들에게 업신여김을 당하는구나. 이 사람은 아무 기별도 없이 와서 내 앞에 버티고 섰구나.'라고 생각하고 문득 독기를 뿜으며 '죽일 수 있다.'고 자신하였습니다. 샤리푸트라가 자비와 지혜로써 독기를 흩뜨리니 빛나는 얼굴은 더욱 빛나고, 털끝 하나도 움직이지 않았습니다. 세 번이나 독기를 내뿜었으나 조금도 해독을 끼칠 수가 없자, 곧 그가 높은 분임을 알고, 마음의 문을 열고 착한 생각이 생겨 공경하는 마음으로 샤리푸트라를 아래위로 일곱 번 훑어보았습니다. 샤리푸트라는 곧 절로 돌아가고 사람 구렁이는 제가 토해낸 독기를 마시고 죽었습니다. 그 날 하늘과 땅이 크게 움직였습니다.

대개 지극한 선행은 하늘과 땅을 움직이게 하지만 지극한 악행도 또한 그렇게 움직이게 합니다. 그 때에 마가다 왕이 부처님 처소에 이르러 머리를 땅에 대어 절하며 부처님께 여쭈었습니다.

"부처님이시여, 사람 구렁이는 죽어서 어디로 갔겠습니까?"

부처님께서 말씀하셨습니다.

"지금 첫째 하늘에 났소."

왕은 부처님의 말씀을 듣고 이상하게 여기더니 다시 사뢰었습니다.

"그렇게 많은 죄를 지은 중생이 어떻게 하늘에 나나이까?"

"그는 공경하는 마음으로 샤리푸트라를 일곱 번이나 아래위로 훑어보았소. 그 공덕으로 지금은 첫째 하늘에 났고, 거기서 복이 다하면 둘째 하늘에 나며, 이렇게 일곱 번을 되풀이하여 태어난 뒤, 이 땅에서 프라테카 부처가 되어 열반에 들 것이오."

왕은 다시 여쭈었습니다.

"부처님이시여, 칠백이십 명을 죽인 죄업을 받아야 하지 않겠습니까?"

"최후로 프라데카 부처가 되었을 때 그의 몸빛은 자마금紫磨金과 같을 것입니다. 그가 길가 나무 밑에 앉아 선정에 들었을 때, 칠백이십 명의 많은 군사가 그곳을 지나면서, 그 프라데카를 금상金像이라 생각하고 칼로 나누어 각각 몫을 받아 손에 쥐고 그것이 살점임을 알고 모두 한 곳에 모아 두고 떠날 것이다. 프라데카 부처는 열반에 들었기 때문에 이 세상의 죄업이 모두 엷어져 그 갚음이 아주 끝납니다."

부처님께서는 계속 왕에게 말씀하셨습니다.

"선지식을 만나면 산처럼 쌓인 죄업도 죄다 사라질 뿐 아니라 또한 도를 얻게 되느니라."

부처님께서 이러한 말씀을 하셨을 때, 왕과 대중들은 모두 매우 기뻐하며 예배드렸습니다.

임종 때

어떤 스님이 나무 밑에 앉아 경전을 외우고 있을 때, 새 한 마리가 나무 위에 앉아 경전 읽는 소리를 듣고 있었습니다. 잡념 없이 경전을 듣느라 사방을 경계하지 못했습니다. 그 때에 사냥꾼이 쏜 화살에 맞아 죽었습니다. 새는 죽을 때 마음이 흩어 지지 않은 공덕으로써 곧 하늘에 태어났습니다. 그곳에서 전생에 무엇이었던가를 생각하다가, 독경 소리를 듣다가 죽은 사실을 알았습니다. 그는 즉시 하늘에서 내려와 나무 밑에 앉아서 경을 외우는 스님의 주위에 꽃을 뿌리고 스님에게 말씀드렸습니다.

"스님께서 외우는 경전을 들은 인연으로써 저는 새의 몸을 벗고 하늘 사람이 되었습니다."

스님은 하늘 사람의 말을 듣고 곧 도의 자취를 얻었고, 하늘 사람은 잠깐 사이에 자취를 감춰 하늘로 돌아갔습니다.

부처님께서 말씀하셨습니다.

"도를 공부하는 사람이 목숨을 마치려 할 때, 마음이 흩어지지 않으면, 다음 생에 태어나되 나쁜 갈래에 떨어지거나 고통 받는 곳에 떨어지지 않으며, 곧 숙명을 알아 어디에서 이곳에 와서 태어났는가를 아느니라."

이러한 까닭으로 경을 제작하여 뒤에 중생들이 보게 합니다.

성냥한 개비

부처님께서 세상에 계실 때였습니다.

기원정사에서 칠 리쯤 떨어진 곳에, 술을 좋아하는 노인 한 사람이 있었습니다.

아난다가 그 노인에게 가서 말했습니다.

"지금 부처님께서 기원정사에 계십니다. 꼭 가서 뵈십시오."

노인이 말했습니다.

"저도 부처님께서 이곳에 계신다는 말을 듣고 가서 뵙고 싶습니다. 그러나 부처님께서는 사람들에게 다섯 가지 계율을 주시되 술을 마시지 못하게 하셨습니다. 제가 술을 마시지 않는 것은 어린애가 젖을 먹지 못하는 것과 같아서 저는 곧 죽고 말 것입니다. 저는 그것을 견디지 못하기 때문에 가지 못합니다."

그 노인은 다시 가서 술을 마시고 어둡사리가 내릴 때에 술에 취하여 집으로 가던 도중에 다리가 나무 그루터기에 걸려 넘어졌습니다. 그 소리가 마치 큰 산이 무너지듯 하였고, 온 몸이 아팠습니다.

그는 곧 혼자 지껄였습니다.

"이 아픔, 얼마나 통쾌한가."

'아! 아난다가 항상 '가서 부처님을 뵈라.' 고 했으나 말을 듣지 않았더니, 지금 이 아픔은 말로 할 수 없구나.'

그는 집에 도착하자 식구들에게 말했습니다.

"나는 지금 기원정사에 가서 부처님을 뵙고 싶다."

집 안 사람들은 그 말을 듣고 모두 놀랐으며, 부인이 말했습니다.

"당신은 애시 당초 부처님께서 계신 곳에 가려고 하지 않았는데, 지금 무슨 까닭으로 가시려 합니까?"

말을 뒤로 들으며 그는 기원정사 문밖에 가서 서 있었습니다. 때에 아난다가 그 노인이 온 것을 보고 기뻐하며 부처님께 말씀드렸습니다.

"기원정사 밖 칠 리쯤에 사는 술을 좋아하는 노인이 와서 문 밖에 서 있습니다."

부처님께서 말씀하셨습니다.

"그 노인은 혼자 올 수 없다. 오백 마리의 코끼리가 애써서 끌고 왔느니라."

아난다가 말씀드렸습니다.

"오백 마리 코끼리는 없고 혼자 왔습니다."

"오백 마리 코끼리는 그의 몸속에 있느니라."

아난다는 문간에 나가 그 노인을 불렀습니다. 부처님 앞에 당도한 그는 부처님께 절하고 사뢰었습니다.

"저는 오래 전부터 부처님께서 여기 계신다는 말을 들었습니다. 그러나 어리석었던 까닭으로 일찍 와서 뵙지 못했습니다. 부처님께서는 저를 용서하시옵고 저의 죄를 없애 주시옵소서."

부처님께서 물으셨다.

"오백 대 수레에 실을 만큼의 섶나무를 땅에 쌓고 모두 태워 버리려고 하는데, 불이 몇 수레나 필요한가?

"많은 불이 필요 없습니다. 성냥 한 개비면 잠깐 사이에 다 태울 수 있습니다."

부처님께서 또 물으셨습니다.

"노인장, 노인장이 입은 옷은 얼마 동안 입은 옷인가?"

"이 옷을 입은 지는 약 일 년이 되었습니다."

"그래, 노인장 그 옷을 빨자면 몇 달이나 걸리는가?"

"좋은 비누로 빨면 잠깐 동안에 깨끗이 빨 수 있습니다."

부처님께서 말씀하셨습니다.

"노인장이 지은 죄업은 오백 대 수레에 실을 수 있는 나무와 같이 많고, 일 년 입은 옷에 낀 때보다 진하다고 해도, 나의 가르침을 따라 다섯 가지 계율을 받아 지키면 나무를 태우듯 옷을 빨듯 하느니라."

이에 부처님께서 몇 백 가지의 경전을 말씀하시니, 그는 확연히 뜻의 문이 열리고 곧 물러나지 않는 위치까지 도를 깨달았다.

향 공양의 공덕

부처님께서 열반하신 지 백 년 뒤에 아쇼카라는 임금이 있었습니다.

그는 교만하고 사치했으며 부처님의 가르침도 몰랐습니다. 그는 궁전을 가로 세로가 십리나 되게 거창하게 짓고, 여러 작은 나라의 유명한 화가를 불러 벽에 그림을 그리게 했습니다. 가까운 나라의 화가들은 와서 각각 자기의 뜻대로 좋은 위치의 벽에 갖가지 그림을 그렸습니다.

캐슈밀 지역에 있던 어떤 작은 나라에서는 화가 한 사람을 보냈고, 길이 멀어 맨 뒤에 왔습니다. 그가 벽을 살펴보니 그림이 그려지지 아니 한 곳은 문 가장자리에서 다섯 자 높이가 되는 벽 뿐 모두 훌륭한 그림이 그려져 있었습니다.

그 여러 가지 그림을 죄다 보고는 '무엇을 그릴까? 내가 처음 이곳으로 올 때에 어떤 성을 지나 왔지. 그 성 곁에는 못이 있었고, 못에는 연꽃이 만발했으며, 거기에서 어떤 처녀가 빨래를 하고 있었는데 그 처녀는 단정하고 아름다웠으며, 덕성

스러움이 온 세상의 어머니가 될 만한 관상이라고 보았다.'

이 생각을 하고 곧 벽에 정성을 다해 성과 못과 연꽃과 처녀를 그렸습니다.

마침 왕이 지나다가 이 그림을 보고 물었습니다.

"누가 이 그림을 그렸는가?"

모시던 신하가 말했습니다.

"제일 마지막으로 온 화가가 그렸습니다."

왕은 곧 그를 불러 물었습니다.

"너의 이 그림이 사실화냐? 상상화냐?

"사실화입니다."

왕은 빨래하는 여자의 관상이 온 세상의 어머니가 될 상임을 알아보고, 곧 사자를 보내어 맞아들여 왕후를 삼으려 했습니다.

사자는 왕의 명령을 받고 그 나라에 가서 여자의 부모에게 말했습니다.

"저의 나라 왕께서 당신의 따님을 맞이하여 왕후를 삼으려 합니다."

여자의 아버지가 말했습니다.

"비록 그러하오나 이미 시집을 갔습니다."

사자는 그 여자의 남편을 찾아 가서 말했습니다.

"우리 임금님께서 저로 하여금 당신의 아내를 찾아오게 하였소. 길이 멀어 오래 걸렸소. 이미 그대의 아내가 되었구려. 하지만, 임금은 지극히 존귀한 분이요. 그대는 기가 막히겠지만 아내를 왕에게 양보하는 것이 좋겠소."

남편은 우파사카로서 '재물과 여자는 사람의 몸을 위태롭게 한다.' 라고 하신 부처님의 말씀을 생각하였다. 만일 양보하지 않으면 '큰 벌을 내릴지도 모른다.' 라고 생각하고, 곧 그의 아내를 사자에게 맡겼습니다.

사자는 돌아가 왕에게 다녀온 사실을 말씀드렸습니다. 왕은 그 여자를 보고 매우 기뻐하며 왕후를 삼았습니다. 어느 때 왕후는 좋은 꽃에서 나는 향기를 맡고 슬픔에 잠겨 눈물을 흘렸습니다. 이것을 본 왕이 물었습니다.

"왜 우는가?"

왕후가 대답하였습니다.

"만일 대왕께서 저에게 죄를 주시지 않겠다고 하시면 저는 진실을 말씀드리겠습니다."

"말해보시오."

"이 꽃에서 나는 향기가 예전 남편의 몸에서 나는 향기와 같습니다. 그래서 울었습니다."

왕은 화를 내었습니다.

"왕후는 온 세상의 어머니가 되고서도 아직 비천한 사람을 생각하시오. 만일 왕후가 늙은 할멈처럼 함부로 말한다면 곧 국법으로써 다스리겠소."

한편 왕은 곧 사자를 보내며 말했습니다.

"왕후의 전 남편 몸에서 향내가 나거든 데리고 올 것이며, 그렇지 않거든 그곳에서 국법에 따라 다스려라."

사자가 그 집에 가서 그를 찾자, 그 집 안 사람이 말했습니다.

"그 분은 부인을 보낸 뒤에 부모에게 말씀드리고, 집을 떠나 스님이 되시더니 아라한과를 얻었습니다."

사자가 부처님을 믿는 나라에 가서 스님을 보고 말씀드렸습니다.

"대왕께서 스님의 공양을 받으려 하십니다."

스님이 말씀하였습니다.

"나는 가지고 있는 것이 아무것도 없는데, 나를 보고 무엇을 공양물로 내라 하시오."

사자가 말했습니다.

"제가 실수를 했습니다. 대왕께서 스님에게 공양을 올리려

합니다."

스님은 사자를 따라 아쇼카 대왕에게 갔습니다. 왕이 스님을 만나 보니 스님의 몸에서 나는 향기가 꽃보다 훨씬 진하자, 신하들에게 말했습니다.

"이 스님은 몸에 향을 발랐다. 더운 물에 깨끗이 목욕을 시켜라."

목욕을 시키자 향기는 더욱 진하여 사방으로 퍼졌습니다. 왕은 또 비단으로써 몸을 싸게 했으나 향기는 여전하였습니다.

왕은 비로소 왕후의 말을 믿었고, 스님에게 물었습니다.

"스님께서는 무슨 인연으로써 그러한 향기를 풍기게 되었습니까? 가르쳐 주십시오."

"저는 전생에 바라문으로 길을 가다가 멀리서 어떤 스님이 설법하시는 것을 보고 합장하고 기뻐하고 그 스님을 찬양했으며 향을 사루어 공양을 올렸습니다. 그 인연으로써 복을 얻고 아라한과까지 얻었습니다."

방법을 알아라

옛날에 부자父子가 같이 살면서 산에 들어가 나무를 하였습니다. 어느 날 그 아들은 샘물에 황금이 있는 것을 보았습니다. 그는 집에 돌아와 아버지에게 집 재산 가운데 자기 몫을 나누어 주기를 간청했습니다.

"아버님 저는 다른 물건은 필요가 없습니다. 저에게 오직 소 한 마리와 수레 한 대와 쌀 두 섬과 호미 하나만 주십시오."

아버지는 허락하지 않았습니다. 자식이 계속 졸라대자 할 수 없이 요청한 물건을 주고 말했습니다.

"너는 다시 집에 돌아올 생각을 하지 말라."

아들은 산에 들어가 그 샘물 속에 있는 금을 팠습니다. 그러나 날마다 파도 금이 나오지 않았습니다. 아버지가 아들에게 가보았습니다. 우물에 어른거리는 금을 보고 산꼭대기를 쳐다보니 꼭대기 낭떠러지에 금이 있는데 바위와 같았고, 그림자가 샘물에 비췄습니다. 즉시 산에 올라가 긴 나무 막대기로 금을 땅에 떨어뜨렸습니다.

아버지가 아들에게 말했습니다.

"금을 캐는 법이 어떠하냐? 계속 샘만 파면 어느 때에 금을 얻겠느냐?"

이것은 비유입니다. 아들이 금을 캐는 법을 몰랐던 것은 마치 사람이 다섯 가지 계율을 지키지 않고 빛깔과 소리만을 좇아다닌다면 사람의 몸으로써 어찌 도를 얻을 수 있겠는가? 그 아버지는 지혜로써 금을 캐는 사람에게 비유한 것이니, 그 근본과 결말을 잘 보아 부처님의 다섯 가지 계율을 잘 지키고, 거기에 열 가지 선행을 실천하여야 천상에 태어납니다. 이러한 사람은 세세생생에 사람의 몸을 잃지 않고 끝에는 반드시 부처님의 도에서 과위를 얻습니다.

분반좌分半座의 인연

제석천왕과 일곱째의 범천왕과는 친교가 매우 두터웠습니다.

어느 때 범천왕이 아래로 내려와 도리천에서 제석천왕과 함께 있었는데 제석천왕이 즐거워하지 않는 것을 보고 물었습니다.

"왜 즐거워하지 않습니까?"

"범천왕님, 우리 하늘 사람이 계속 줄고 있는 것을 보시지 않습니까? 하늘 아래 사람들이 착한 일을 하지 않으므로 모두 나쁜 길에 들어가 하늘에 와서 태어나는 이가 적고, 하늘 사람도 인간 세계에 내려갔다가 다시 돌아오지 않습니다. 그래서 저는 근심하고 있습니다."

범천왕이 말했습니다.

"그대는 아주 사납고 큰 사자로 변화하고, 나는 스님이 되어 함께 잠부드비파로 내려가 온 세상 사람들을 가르쳐 착한 일을 실천하게 합시다. 착한 일을 실천하다 죽으면 모두 하늘에 태어날 것이오."

그들은 교화할 만한 곳을 찾아 어떤 나라로 내려갔습니다.

사자가 된 제석이 성문에서 크게 말했습니다.

"나는 사람을 잡아먹고 싶다."

그 나라 사람들은 사자를 보고 모두 두려워 밖에 나오지도 못하고 잡혀먹지 않기를 소원했습니다. 그러나 사자는 그 곳을 떠나지 않았습니다.

스님이 된 범천왕은 그 성의 사람들에게 말했습니다.

"이 사자는 영악하여 죽게 된 죄인 서른 사람을 먹이로 주어야 스스로 떠날 것입니다."

왕은 사형선고를 내린 죄수 서른 사람을 옥에서 내보내 사자에게 가게 하였습니다. 사자는 사람들을 몰고 어떤 깊은 산중에 이르렀다. 사자가 아직 잡아먹기 전에 스님이 서른 사람에게 말씀하였습니다.

"그대들은 다섯 가지 계율을 지키고, 열 가지 좋은 일을 실천하고, 몸과 입과 뜻으로 행하는 일이 부처님의 가르침에 조금도 어긋나지 않게 한다면 이 사자는 너희들을 잡아먹지 못할 것이다."

서른 사람들은 이구동성으로 말하였습니다.

"저희들은 죽을 수밖에 없는 것들이온데, 어찌 계율을 지킬 수 없다고 말할 수 있겠습니까."

그들이 스님한테 계율을 받자 사자에 대한 공포가 없어졌고, 사자도 그들을 건드리지 않고 말했습니다.

"너희들을 우선 놓아 보낸다. 그러나 나는 너희들의 마음을 안다. 만일 부처님의 다섯 가지 계율을 지키지 않거나 열 가지 착한 행동을 실천하지 않으면, 너희들이 어디에 있던 찾아서 잡아먹을 것이다."

그들은 모두 본국으로 돌아갔고 백성들은 깜짝 놀라며 물었습니다.

"그대들이 사자를 죽였는가?"

"어떤 스님 한 분이 부처님의 다섯 가지 계율을 받게 하시고 지키게 하시자, 사자는 우리를 잡아먹지 못하고 놓아 주어 이렇게 돌아왔소."

사자는 다시 그 나라 성문으로 나아갔습니다. 그 나라 사람들은 매우 두려워하며 서른 사람을 초청하여 다섯 가지 계율을 받았습니다. 그러자 사자는 또 다른 성문으로 갔고, 또 다른 나라로, 또 다른 나라로 갔습니다. 이렇게 팔만 나라를 두루 돌면서 모두 착한 일을 실천하게 하자 죽은 사람들은 모두 하늘에 가서 태어났습니다. 하늘은 다시 즐겁고 풍성하며 사람이 많아졌습니다.

보살이 방편으로써 사람을 구제함이 이와 같아야 스스로 부처가 되기에 이릅니다.

부처님께서 아난다에게 말씀하셨습니다.

"사자로 변화했던 것은 나의 전신이고, 스님으로 변화한 범천왕은 지금의 카샤파이니라. 카샤파는 그 때에 나를 도와 온 세상 사람을 교화하며 구제하였고, 나를 부처가 되게 하였기 때문에 나는 그와 나란히 앉아 그 때의 은혜에 보답하였느니라."

이 나라를 떠나거라

카샤파 부처님이 계실 때 구순이라는 임금이 있었습니다. 그는 부처님을 위하여 절을 세우고, 또 정성껏 받들었습니다. 그러자 왕의 일곱째 공주가 처음에 이교도를 섬기다가 뒤에 부처님을 믿고 섬겼습니다.

이교도들은 그를 미워해 '스님의 종년' 이라고 불렀습니다.

왕은 열 가지 꿈을 꾸고 이상하게 생각하며, 이교도를 불러 물었습니다. 이교도는 꿈을 해몽하다가 그 공주를 해코지하기로 마음먹고 왕에게 말했습니다.

"대왕께서 가장 사랑하는 여자를 불에 구워 하늘에 제사해야 나쁜 일들이 없어지겠습니다."

왕이 수심에 잠겨 있자, 그 공주가 물었습니다.

"아바마마, 무엇 때문에 근심하십니까?"

왕이 사실대로 말하자, 공주가 대답했습니다.

"아버님, 그런 제사를 지내야 아버님께서 건강하게 오래 사신다면 제가 기꺼이 그 제물이 되겠습니다. 며칠 뒤에 제사를 지냅니까?"

"이레 뒤이니라."

공주가 왕에게 아뢰었습니다.

"비록 죽을 몸이지만 부처님을 뵈러 가는 것을 허락해 주시고, 성 남쪽 사람들이 모두 저와 함께 가도록 해 주십시오."

왕은 명령을 내려 모두 같이 가게 했습니다.

공주는 그들을 데리고 부처님께 나아갔습니다. 부처님께서는 설법하셔서 그들이 모두 법을 알게 하셨습니다. 이렇게 날마다 한쪽 사람들을 데리고 나가 부처님의 법문을 듣게 해 온 사방 사람들 모두가 도를 알게 되었고, 이어서 성안 사람들도 이와 같이 하였습니다.

여섯째 날에는 왕에게 간청하여 왕과 궁중의 관리들도 가게 하였습니다.

부처님께서 설법하셔서 그들도 모두 도를 보게 하셨습니다.

도를 본 왕은 그제야 범지의 속임수를 알고 범지를 불러 말했습니다.

"너는 일부러 나의 공주를 죽이려 하였다. 네가 만일 부처님께 나아가 스님이 되지 않겠다면, 이 나라를 떠나 다시는 오지 말라."

이교도는 마지못해 부처님께 나아가 스님이 되었고 오래지 않아 아라한 과위를 얻었습니다.

어려운 말 풀이

ㄱ

감로법【甘露法】 : 불법을 서정적으로 나타낸 말. 부처님의 가르침이 몸과 마음을 안락하게 하는 것이 감로라는 하늘이 내리는 단물과 같다는 뜻.

강가【恒伽】 : 갠지스강의 옛이름. 항하의 다른표기 → 항하수.

거사【居士】 : 범어 gṛhapati의 한자 역어. 세속에 살면서 부처님께 귀의하여 부처님의 가르침대로 사는 남자를 말함.

겁【劫】 : 범어 kalpa의 음사. 긴 시간이라 번역함. 사방 40리의 창고에 개자를 가득 채워 두고, 백년 마다 한 알갱이를 집어내어 개자를 다 집어내는 시간을 한 작은 겁이라 하고, 작은 겁 20겁을 한 중간겁이라 하고, 중간 겁 4겁을 한 큰 겁이라 한다. 영겁(永劫), 광겁(曠劫) 이라고도 한다.

결가부좌【結跏趺坐】 : 부처님과 제자들의 앉음새. 두 다리를 교차하여 앉는다. 먼저 오른쪽 발등이 왼쪽 허벅지를 누르게 하고, 다음 왼쪽 발등이 오른쪽 허벅지를 누르게 한다. 오른손을 가부좌한 단전에 대고, 왼손 등을 오른손 손바닥에 대고, 왼손엄지가 오른손 엄지를 누르게 하면서 배꼽아래 단전에 대는 듯하며, 눈길은 코끝을 응시하며 앉는 법이다. 전가부좌, 본가부좌 라고도 한다.

경행【經行】 : 수행하다가 심신의 밸런스를 유지하기 위하여 일정한 장소를 조용히 걷는 운동.

계빈국【罽賓國】 : 범어 Kapiśa. 가습미라에 있던 나라이름. 지금의 카슈미르 지방. 아쇼카왕이 스님들과 불경을 이곳에 보내어 포교를 처음으로 하게 하였다.

계율【戒律】 : 범어 śīla와 vinaya의 합성어. '계'는 윤리성을 나타내고, '율'은 규칙성을 나타낸다. '계'는 자율성이 강하고, '율'은 강제성을 지녔다.

계행【戒行】 : 금지 시킨 내용을 행동으로 실천하여 나타내는 행위.

고다냐【拘睒尼】 : 지명인데 확실히 어느 곳인지 모름.

고타마 : 범어 Gotama의 음사. 한자로 구담(瞿曇), 교답마(喬答摩) 등으로 표기 했다. 부처님의 종족의 성(姓)이다.

공【空】 : 범어 śūnya의 역어. 이 세상 물체는 인연을 따라 생겨났기 때문에 인연이 다하면 인연을 따라 생긴 물체도 다 없어진다. 즉 인연이 없어지면 물체가 없어지니 모든 것은 결국에 공이란 뜻이다.

공양【供養】: 범어 pūjanā의 한자어 번역. 먹는 음식에서부터 필요한 물건 또는 장엄구 등으로 삼보에게 바치는 모든 물건을 말한다. 흔히 '부처님을 공양하다' 번역을 하는데 잘못인 듯. '부처님께 공양을 올린다' 라고 번역하는 것이 옳다.

관법【觀法】: 마음으로 법이나 진리를 관찰하는 방법.

관일【觀一】: 한국스님(1941~). 동국역경원 역경 위원으로서 법집경(法集經) 등 6부. 73권을 한글로 번역함.

교단【教團】: 한 교주를 신봉하는 단체. 여기서는 부처님의 가르침을 따라 삶을 영위하는 제자들을 일컬음.

구마라집【鳩摩羅什】: 343~413년 人名. 범어 Kumārajīva의 음사. 인도 스님으로 중국에 와서 경전 74부 380권을 번역한 최고의 번역가.

그리드라쿠타산: 범어 Gṛdhrakūṭa. 한자로 기사굴산(耆闍崛山). 지금의 차타(chata)산. 경전에는 영축산(靈鷲山)으로 나온다. 중인도 마갈타국에 있는 산.

금강석【金剛石】: 가장 단단하여 어떤 것으로도 깨뜨릴 수 없다는 뜻이 원 관념임.

금시조【金翅鳥】: 범어 Garuḍa의 역어. 인도인이 신격화 한 상상의 새로서 용을 잡아먹는다고 함.

기바【耆域】: 부처님 당시의 의사로서 당시에 뇌수술을 했던 유명한 인도의 허준.

기수급고독원【祇樹給孤獨園】: Jetavānānāthapiṇḍadasyārāma의 역어. 사위성 남쪽에 있었던 부처님. 당시 2대 가람의 하나.

기역【嗜域】: '기바' 의 다른 표기.

ㄴ

나그로다【尼拘類樹】: 범어 nyagrodha의 한자 음사. 나무이름. 키가 큰 교목(喬木)으로 가지와 잎이 무성함.

나무불【南無佛】: "부처님께 귀의합니다"

나찰【羅刹】: 범어 rākṣasa의 한자 음사. 두려운 존재. 보호하는 이. 재빠른 귀신. 사람을 먹는 귀신 등의 우리말로 번역한다. 부처님 이전에는 나쁜 귀신이 있었으나 부처님께 귀의한 뒤부터 불법을 옹호하는 귀신이 되었다.

난다【難陀】: 범어 Nanda의 음사. 부

처님 배다른 동생인 듯. 불 오백제자 자설본기경 난타품을 보십시오.

냐그로다 : 한자로 니구율타(尼俱律陀)로 음사. 마하가섭의 아버지 이름.

네 가지 공정【四空定】 : 범어 catasra-ārūpya-samapattaya의 한자어 번역
1. 물질의 속박을 벗어나기 위해 물질이란 생각을 버리고, 끝없이 허공을 관찰하는 공무변처정(空無邊處定)
2. 본질을 관찰하는 앎이 넓고 커 끝이 없다라고 관찰하는 식무변처정(識無邊處定)
3. 앎의 인식을 버리고 마음은 소유가 없다라고 관찰하는 무소유처정(無所有處定)
4. 마음은 소유가 없다고 관찰하여 도달하는 비상비비상처전(非想非非想處定)

네 가지 마구니【四魔】 :
1. 오온(색 • 수 • 상 • 행 • 식)이 모든 고통을 유발하므로 음마(陰魔) • 중마(衆魔)라고 함.
2. 번뇌마(煩惱魔) 탐욕을 위시하여 여러 가지 번뇌는 중생의 몸과 마음을 시끄럽게 하므로 '번뇌마'라 함.
3. 사마(死魔) 죽음은 중생의 생명을 빼앗으므로 사마라 함.
4. 천자마(天子魔) 욕제 제 6천의 왕은 선(善)을 방해하므로 천자마라 함.

네 가지 선정【四禪】 : 범어 catvāri-dhyānāni의 역어. 사정려(四靜慮)라고도 한다. 색계 18층 하늘에서 닦는 선정 네 가지.
1. 초선천 : 세 하늘에서 닦는 깨달음과 관함이 있는 선정.
2. 2선천 : 세 하늘에서 닦는 깨달음은 없고 관함만 있는 선정.
3. 3선천 : 세 하늘에서 닦는 깨달음과 관함이 모두 없는 선정.
4. 4선천 : 아홉 하늘에서 닦는 움직이지 않는 선정.

네 가지 요소【四大】 : 범어 mahā-bhūta. 물체의 기본요소인 흙 • 물 • 불 • 바람(地水火風). 불교에서 사람 몸을 구성하는 네 가지 요소가 위의 네 가지라 함.

네 가지 은혜【四恩】 : 부모에게 입은 은혜, 중생에게 입은 은혜, 국가에게 입은 은혜, 삼보에게 입은 은혜.

네 가지 진리 : 범어 catvārisatyāni의 우리말 번역. 한자어는 사제(四諦) 또는 사성제(四聖諦)라고 한다.
1. 현실의 삶은 고통이다. 고제(苦諦)
2. 고통의 이유. 또는 근거니 갈애(渴愛)가 그 바탕이다. 집제(集諦)
3. 깨달을 목표니 곧 이상(理想)이다. 멸제(滅諦)
4. 실천 수행의 수단으로서 열반에 이르는 방법이다. 도제(道諦)

위의 내용을 부연하면 인간(중생)의 생

존은 괴로움이라는 것이 불변의 진리며, 그것의 원인은 갈애에서 시작되었다는 것이 불변의 진리며, 위의 두 사실을 알고 벗어나야 열반 즉 이상에 도달하는데 그 길은 여덟 가지 바른 길을 걸어야 된다는 내용이다.

네 가지 평등한 마음 : 범어 apramāṇa. 사무량심(四無量心)을 말함. → 네 가지 헤아릴 수 없는 마음.

네 가지 헤아릴 수 없는 마음【四無量心】 : 자(慈) • 비(悲) • 희(喜) • 사(捨)의 네 가지 마음이 헤아릴 수 없음을 말함.

네 부류의 대중 : 불교 교단을 구성하고 있는 四部大衆의 우리말. 비구 • 비구니 • 우바새 • 우바이를 말함.

니르그란타 : 음사하여 니건(尼揵). 부처님 당시 옷을 벗고 수행하던 외도의 한 종류.

ㄷ

다섯 가지 계율 : 불교인이 지켜야 하는 기본 계율 다섯 가지.
1 살아있는 동물을 죽이지 말라.
2 주지 않는 것을 가지지 말라.
3 혼인 관계가 아닌 상대와 섹스는 하지 말라.
4 거짓말 하지 말라.
5 정신을 가누지 못할 만큼 술 먹지 말라.

다섯 가지 뿌리 범어 : pañcendriyāṇi 한글 번역어. 한자語로 오근(五根). 눈 • 귀 • 코 • 혀 • 몸

다섯 가지 쌓임【五蘊】 : 범어 pañca-skandha의 한글 번역어. 한자어로 '오온'. 우리말로 '다섯 가지 쌓임' 이라 함. 다섯 가지가 화합하여 모인 것을 말함. 중생의 육신이 생멸 변화하는 것을 5종류로 분류하였다.
1 색온(色蘊) : 가시적인 물체로서 변화생멸하며, 다른 것을 장애하는 물질.
2 수온(受溫) : 괴로움 • 즐거움 • 괴로움도 아니고 즐거움도 아닌 것을 느끼는 마음의 작용.
3 상온(想蘊) : 외계의 사물을 마음속에 받아들이고, 그것을 상상(想像)하는 마음.
4 행온(行蘊) : 일체를 조작하는 것이니 나고 죽은 이 있는 법을 말한다. 속성은 인연으로서 생겨나 신간적으로 천류 변화함.
5 식온(識蘊) : 의식하고 분별함이니, 즉 경계를 대하여 인식하는 마음의 작용이다.
위의 다섯 종류를 한자어로 '오온'. 우리말로 '다섯 가지 쌓임' 이라 함.

다섯 가지 쾌락【五欲樂】 : 빛깔 • 소리 향기 • 맛 • 감촉에 대해 욕망을 일으켜 집착함.

다섯 가지 힘 : 범어 pañca-balāni의 한글 번역어. 한자어 오력(五力).

1 信力 : 믿음의 힘
2 動力 : 부지런히 정진하는 힘
3 念力 : 골똘히 생각하는 힘
4 定力 : 골똘한 생각이 하나에 집중된 힘
5 慧力 : 슬기의 힘

단월【檀越】 : 범어 dānapati의 음사. 물건, 또는 재화를 삼보에게 보시하는 사람을 이름.

당【幢】 : 범어 dhvaja의 역어. 우리말로는 깃대.

대승【大承】 : 범어 mahāyanā의 역어. 부처님의 가르침은 크게 소승과 대승으로 변별할 수 있다. 수행자가 자기의 이익만을 위하면 소승이라 하고, 수행자가 다른 이의 이익만을 위하면 대승이라 한다.

도략【道略】 : 스님이름. 중국스님인 듯한데 생몰이 묘연하나 부처님의 경전중에서 비유의 성격이 있는 것만 골라 雜比喩經 1권과 衆經撰集譬喩 2권이 있다

도리천【忉利天】 : 범어 Trāyastriṃśa의 음사. 불교의 세계관에 의하면 하늘나라를 욕계와 색계와 무색계로 나누고, 욕계는 인간이 사는 세계와 하늘 여섯 층이 있으며, 도리천은 하늘 여섯 층 세계 가운데 2층에 있다. 인간 세계의 100년이 하루며 위의 시간에 의해 1,000년을 산다. 우리 우주에서 팔만 유순(1 유순 약 30리) 거리에 있고, 평면의 하늘나라인데 선견성(善見城)을 중심하여 4방에 여덟 개의 하늘이 있어 33천이라고도 부른다.

도솔천【兜率天】 : 범어 Tuṣita-deva의 한자 음사. 욕계 여섯 하늘 가운데 네 번째 하늘. 특히 미륵보살이 사바세계에 탄생하시기 위해 기다리는 내원궁(內院宮)이 있다.

두타【頭陀】 : 범어 dhūta의 음사. 닦고 다스림 • 깨끗이 씻음 • 삼독을 버림 • 필요 없는 것은 저절로 없어짐 등으로 번역. 의식주에 탐착하지 않고 청정하게 수행한다는 뜻의 말로 쓰임. 스님들이 필요한 물건 18 가지를 넣어두는 부대를 두타부대라 함.

둘째하늘 : 욕계 6천 가운데 두 번째에 있는 도리천을 말함.

ㄹ

라자그리하 : 범어 Rājagṛha. 한자어로 王舍城이라 번역함. 마갈타국의 수도, 한자 라열기(羅閱祇)로도 표기하였음.

ㅁ

마가다 : 범어 Magadha의 음사. 부처

님 성도하신 곳의 고대 인도의 나라이름. 마갈제 · 마갈타라고도 함.

마갈어【摩竭魚】: 범어 makara의 음사와 번역한 글자를 융합한 말. 배를 삼키는 큰 고기의 이름. 실제어가 아닌 상상의 말.

마니【摩尼】 → 마니주

마니주【摩尼珠】: 범어 cintāmaṇi의 음사와 한자어의 융합어임. 여의보주(如意寶珠)의 다른 이름.

마우드갈야야나:
범어 Maudgalyāyana의 음사. 부처님의 열 분 위대한 제자 가운데 신통이 가장 뛰어났던 분. 한자어로 '목건련' 이라고 함.

마음의 말【心馬】: 마음이 말처럼 가만히 있지 못하고 움직인다는 뜻.

마하살【摩訶薩】: 범어 mahāsattva의 음사. 신역에서 대유정(大有情)이라 번역. 구역에서 대심(大心) • 중생심(衆生心)이라 하였음. 지금은 보살(菩薩)의 미칭으로 쓰임.

마하카샤파: 범어 Mahākāśyapa. 한자로 마하가섭(摩訶迦葉)으로 음차함. 부처님의 제일 큰 제자로서 원래 불을 섬기는 외도였다. 형제 셋이 함께 귀의하여 불교 교단을 형성하는 중심역할을 하였다. 불교의 제2대 교조로 두타(頭陀) 제일이며 흔히 전불심인(傳佛心印: 부처님의 마음을 전수한) '가섭존자' 로 불린다.

마하카챠야나: 범어 kātyāyna의 한자 음사. 부처님 10대 제자 가운데 논의(論議). 제일의 가전연(迦旃延)을 말함. 한자어로 불공(不空) 또는 문식(文飾)이라고 번역함.

매어 부림【煩惱】: 중생이 번뇌에 매여 부려진다고 번뇌를 매어 부림으로 번역함.

몸속의 네 마리 독사: 몸을 구성하고 있는 흙의 성질 • 물의 성질 • 바람의 성질 • 불의 성질을 비유로 한 말.

무명【無明】: 범어 avidyā의 한자 번역어. 우리말로 표현할 단어는 어둡다 • 흐리멍덩하다 • 어리석다 등등이다. 사물의 이치와 인간다운 삶을 모른다는 뜻이다.

무상【無常】: 범어 anitya 한자 번역어. 사물이나 사람의 인식작용(마음의 작용)이 조금도 가만히 있지 않고 변화되어, 나서 존재하다가 변화하여 없어진다. 따라서 국어로는 '뜻함이 없다' • '항상함이 없다' 로 해석된다.

무색계【無色界】: 범어 ārūpya- dhātu의 한자 번역어. 불교에서 이 세계를 셋으로 나눈다.

1 욕계(欲界) : 인간이 사는 세계와 하늘 세계 6층까지를 말함.

2 색계(色界) : 관능적인 감각을 여읜 상태의 선정을 익힌 이들만 태어나는 하늘 7층부터 24층까지를 말함.

3 무색계(無色界) : 물질을 여의고 순정신적 조재만 있는 세계로 색계보다 고차원적인 선정을 익힌 이가 태어나 더 차원 높은 선정을 익히는 네 층의 하늘이다. 공무변처천(空無邊處天) • 식목변처천(識邊處天) • 무소유처천(无所有處天) · 비상비비상처천(非想非非想處天)

무위【無爲】: 범어 asaṁskṛta의 역어. 무위법이 같은 말이다. 인연에 의해 조작되는 것이 아니고, 나고 죽음을 떠난 상주불멸의 영원한 적멸의 세계를 뜻함. ↔ 유위.

문수보살【文殊菩薩】: 범어 Mañjuśri의 한자 음사. 한자어로 묘길상(妙吉詳)이라고 번역하나 묘덕 • 묘수 • 보수(妙德 · 妙首 · 寶首) 등등 여섯 가지 번역이 있기 때문에 범어의 음을 사용함.

미륵부처님【彌勒佛】: 석가모니 부처님께서 입멸 후 56억 7천 만 년 뒤에 오실 부처님. 지금 욕계 4천인 토솔천 내원궁에서 하늘 사람들을 교화하신다.

ㅂ

바라나시【波羅奈】: 범어 Vārāṇasī. 갠지스 유역에 있던 나라이름. 특히 초전법륜(初轉法輪 : 처음 설교하신) 녹야원(鹿野園)이 있다.

바라문【婆羅門】: 범어 brāhmaṇa의 한자 음사. 인도의 네 계급 가운데 하나. 깨끗한 행동 • 깨끗한 마음 • 깨끗한 조상의 후예 • 밝고 맑은 뜻을 지녔다는 등의 뜻으로 쓰임. 따라서 번역하기에 부적절함. 가장 높은 계급으로 가장 상류층 사회인 제례와 국민의 스승격으로 군림한 부류들.

바루: 범어 pātra. 발우(鉢盂), 바리, 바릿대로 쓰기도 함. 스님들이 공양을 담아 자시는 그릇.

바이슈라마나: 범어 Vaiśravaṇa. 사천왕 가운데 한 천왕. 한자로 비사문(毘沙門)이라 음사함. 부처님의 도량을 수호하여 법문을 많이 들었다 하여 다문(多聞)이라 번역함.

반야 → 반야경

반야경【般若經】: 구체적인 경명은 마하반야바라밀다경(摩訶般若波羅蜜多經). 범어 Mahāprajñāpārmitā-sūtra의 한자 음사. ① 마하 : 크다 ② 반야 : 지혜 ③ 바라밀다 : 완성하다로 해석한다. 말을 만들면 '큰 지혜의 완성'. 반야경은 모두 8부로 나누어 말하지만 모두가 600권 대반야경에 들어있다. 위의 마하반야바라밀다경은 600권 가운데 421권부터 447권까지 '구마라집'이 번역하여 독립시킨 부분이다.

발우 : 범어 pātra. 바릿대, 바리라고도 함. 스님들이 밥을 담아 먹는 밥그릇. →바루

번【幡】 : 범어 patāka의 한자 번역. 우리말로 '깃발' 임

범도【梵道】 : 청정한 선정에 들어 음욕을 끊음.

범어【梵語】 : 옛날 인도어 중에 표준어에 해당하던 말.

범지【梵志】 : 범어 Brahmacārin의 한자 번역어. 범사(士)라고도 하고 정예(淨裔: 청정한 이의 자손이란 뜻)·정행(淨行: 청정하게 행동하라는 뜻)이라고도 한다.

범천왕【梵天王】 : 범어 brahmad의 한자 번역어. 범왕(梵王)·대범천왕(大梵天王)이라고 함. 색계초선천을 다스리는 임금으로서 부처님이 출생하시면 제일 먼저 설법을 청하는 하늘 임금.

법복【法服】 : 스님들이 입는 가사를 다르게 일컫는 말.

법신【法身】 : dharma-kāya의 한자 번역어. 불타의 진실한 본체. 영원불멸·불변하는 본질.

벽지불【辟支佛】 : 범어 pratyekabudda의 음사. 한자어로 연각(緣覺)·독각(獨覺)이라 번역함. 즉 12인연을 관찰하여 깨달았다는 뜻. 누구의 가르침 없이 스스로 자연의 변화를 보고 스승 없이 깨달았음을 뜻한다.

보살【菩薩】 : 범어 bodhi-sattva. 보리살타의 준말. 한자어로 대사(大士)·고사(高士)·개사(開士)·시사(始士)·각유정(覺有情)이라 번역함. 부처님이 되기 위하여 수행하는 분들.

보시【布施】 : 범어 dāna. 다른 사람에게 내가 내 것으로서 베푸는 것을 말함.

본제【本第】 : 진제(眞際)·실제(實際)·진여(眞如)·열반(涅槃) 등으로 쓰이고, 가끔 과거라는 뜻으로도 쓰임.

분반좌【分半座】 : 부처님께 앉으신 자리를 약간 비켜 앉으시면서 마하가섭에게 앉게 하였다는 뜻. 선종에서 말한 다자탑전분반좌(多子塔前分半座)는 아닌 듯 함.

불환과【不還果】 : 범어 anāgāmin의 한

자 번역어. 소승 4과 중 제3과 → 아나가민 색계나 무색계에 태어나서는 번뇌가 모두 없어져 다시 범부의 지위로 돌아가지 않는다.

브라흐마【梵】 : 범어 Brahman의 음사. 인도의 정통 바라문의 사상에서 우주 최고의 원리이자 만유의 근본을 '브라흐마'라 함.

비구【比丘】 : bhikṣu의 음사. 부처님의 네 부류 제자 가운데 남자로서 출가하여 250가지 계율을 받아 지키며 수행하는 스님.

비구니【比丘尼】 : 범어 bhikṣuṇi의 음사와 번역 글자를 융합한 말. 즉 비구 bhiksu 음사에 ni를 번역한 니(尼:여자)를 합한말. 여자가 출가하여 348계를 받아 스님이 된 분들을 말함.

비상비비상처천【非想非非想處天】 : 非想非非想處의 다른 이름으로 무색계의 제 4天. 이 하늘은 3界의 가장 높은 곳에 있으므로 有頂天이라고도 한다. 이 하늘에 사는 이는 下地와 같은 거칠은 생각이 없으므로 非想 또는 非有想이다. 그러나 자세한 생각이 없지 아니한 非非想 또는 非無想이라 한다. 非有이므로 外道들은 眞涅槃處라 하고, 非無想이므로 불교에서는 이것도 生死하는 곳이라 한다.(→ 天)

비수갈마 : 범어 Viśvakarman. 제석천왕의 신하로 예술품을 만드는 탁월한 기술을 가지고 있는 하늘 사람.

비파시인【毘婆尸】 : 범어 Vipaśyin. 과거 일곱 분 부처님 가운데 제일 처음 출현하신 부처님 이름.

빈래과【頻來果】 : 범어 sakṛdāgāmin의 한자 번역어. 소승 4과 가운데 두 번째 과위로 천상에 한 번만 갔다오면 앞 과위로 오르게 된다.

ㅅ

사념처【四念處】 : 사념주(四念住)라고도 번역함. 범어 smṛty-upasthāna 한자 번역어. 몸(身) • 수(受) • 심(心) • 법(法)에 대하여 몸은 부정하고, 수는 괴로움이며, 마음은 무상하고, 법은 내 것이라 할 것이 없다고 생각하여 몸은 깨끗하고, 수는 즐겁고, 마음은 항상하고, 법은 내 것이라고 하는 잘못을 없애는 공부 방법.

사리【舍利】 : 범어 śarīra의 한자 음사. 몸 • 몸의 뼈 • 유골이라고 번역함. 부처님을 화장하였을 때 여덟 섬 네 말의 영롱한 구슬이 나왔다. 그래서 '신령스런 뼈', 즉 영골(靈骨)이라고 했다.

사문【沙門】 : 범어 śramaṇā의 음사. 부처님 당시에는 출가하여 도를 구하여 수도하는 사람에 대한 총칭으로 쓰임.

여기서는 스님이란 뜻.

사미【沙彌】: 범어 śrāmaṇeraka의 한자 음사. 7세에서 20세까지 불교에 귀의하여 10계를 받고 공부하는 스님들.

사선정【四禪定】: 범어 catur-dhyāna의 한자 번역어. 사정려(四靜慮)라고도 한다.
1 유심유사정(有尋有伺定)
2 무심유사정(無尋有伺定)
3 무심무사정(無尋無伺定)
4 사념법사정(捨念法事定)
색계의 사선천(四禪天)에 태어나기 위해 닦는 삼매를 말함. → 네 가지 선정

사왕천【四王天】: 욕심세계에 있는 하늘의 제일 첫 하늘로 해발 4만 유순이 되는 수미산 중턱에 있는 하늘세계. 이 하늘의 동 • 서 • 남 • 북에 임금이 있어 부처님 법을 보호한다. 이 하늘 사람의 하루는 인간의 50년, 즉 이 하늘의 1년은 인간세계의 17,250년이다. 이렇게 500년을 산다.

살운야【薩云若】: 범어 Sarvajn-a의 음사. 살바야 · 살운이라고도 함. 모든 지혜란 뜻. 여기서는 부처님의 법이란 뜻.

삼계【三界】 → 세 세계

삼매【三昧】: 범어 samādhi의 한자 음사. '바른 마음으로서 실천하다', '평등하게 유지하다', '안정되다', '바르게 안정되다', '뜻을 결정하다', '조화롭고 올곧고 안정되다' 등으로 번역한다. 부연하면 마음을 외골수로 옳고 바른 방향으로 다잡아 부처님의 가르침대로 공부함을 말함.

삼보【三寶】: 범어 triratna의 한자 역어. 부처님을 '불보', 가르침을 '법보', 가르침에 따라 출가하여 스님이 되어 공부하는 분들 '승보'. 위의 셋은 세상에서 가장 소중하여 중생에게 '복 밭'이기 때문에 보(寶)자를 붙임.

삼악도【三惡道】: 삼악취(三惡趣)라고도 한다. 지옥(地獄) • 아귀(餓鬼) • 축생(畜生) 등 세 갈래 나쁜 데를 말함.

삼장스님【三藏】: 범어 piṭaka. 불경을 경장(經藏) • 율장(律藏) • 논장(論藏)으로 나누는데 이 세 가지에 능통한 스님을 일컫는 말.

삼천대천세계【三千大千世界】: 간단히 삼천세계라고 함. 고대 인도인의 세계관. 수메루산을 중심으로 주위에 네 개의 큰 바다가 있고, 그 둘레에 아홉 개의 산과 여덟 개의 바다가 있는데 이것을 한 세계라 한다. 이 한 세계는 색계의 초선천으로부터 아래로 풍륜(風輪)까지를 말하고, 여기에는 해 • 달 • 수메루산이 하나씩이고, 네 개의 천하

와 육욕천이 네 개씩 있는데 이것 천개를 小千世界라 함. 이러한 소천세계 1,000개를 中千世界라 하며, 중천세계 천 개를 합하여 三千大千世界라 한다. 즉 삼천대천세계라는 말은 1,000이 세 개라는 말이 아니고, 1,000을 3제곱한 세계를 말하니, 한 부처님께서 교화하시는 범위를 말한다.

상【相】 : 범어 lakṣaṇa의 한자 번역어. 상태 • 형상 • 모양 등의 뜻.

상좌【上坐】스님 : 범어 sthavira. 많은 스님들이 함께 계시는 곳에서 법랍이 오래고 도력이 높아 제일 첫 자리를 차지하고 후배를 가르치시는 큰 스님.

상호【相好】 : 범어 Lakṣaṇa-vyañjana의 역어. 용모 또는 형상이란 뜻인데 대인의 생김새인 삼십이상(三十二相)과 팔십종호(八十種好)의 합성어.

색계【色界】 → 도리천

색 • 수 • 상 • 행 • 식【色 • 受 • 想 • 行 • 識】 → 오온(五蘊)

사리푸트라 : 범어 Sāriputra 음사. 사리불. 부처님의 10대 제자 가운데 지혜가 가장 뛰어났던 제자.

서른일곱 가지 도품【三十七助道品】 : 범어 bodhi-pākṣika. 불교의 지고한 깨달음의 경지에 도달하기 위해 실천해야 하는 서른 일곱 가지 내용. 즉 사념처(四念處) • 사정근(四正勤) • 사여의족(四如意足) • 오근(五根) • 오력(五力) • 칠각지(七覺支) • 팔정도(八正道) 등 서른 일곱 가지를 말함.

선정【禪定】 : 범어 dhyāna의 한자음사인 선나(禪那)의 다른 표현. 한자어로 사유수(思維修:생각하여 공부함), 또는 정려(靜慮:고요히 생각함)라 번역함. 마음을 한군데 모아 움직이지 않게 하고 자세히 생각하는 공부 방법.

선지식【善知識】 : 올바른 도리를 가르치는 분을 말함.

설산【雪山】 : 범어 Himālaya의 번역. 히말리아산을 한자어로 번역한 말.

성문【聲聞】 : 범어 śrāvaka의 번역 한자어. 부처님의 말씀을 듣고 도를 깨달은 출가제자들을 일컫는 말.

세 가지 나쁜 갈래【三惡道】 : 중생들이 사는 세계를 여섯 갈래로 나누고, 그 가운데 나쁜 곳인 지옥 • 아귀 • 축생을 삼악도 즉 세 가지 나쁜 갈래라고 함.

세 가지 독【三毒】 : 탐욕 • 성냄 • 어리석음은 중생들을 나쁜 갈래로 가게하기 때문에 독이라 한다.

세 가지 밝음【三明】: 부처님과 아라한이 얻는 세 가지 신통.
❶ 모든 중생의 과거를 그 모습이나 심리의 변화상황까지 아는 지혜.
❷ 모든 중생의 미래를 훤히 아는 지혜.
❸ 모든 번뇌를 다 없애 버리고 모든 진리를 확실히 아는 지혜.

세간【俗】: 불교에서 출가한 분들을 출세간에서 산다고 한다. 따라서 인간들이 사는 세상을 세간이라고 한다. 즉 세속.

세 갈래 나쁜 길【三惡道】: 불교에서 중생의 갈래를 지옥 • 아귀 • 축생 • 아수라 • 인도 • 천도 여섯으로 누는데, 업이 무거워 고통이 많은 지옥 • 아귀 • 축생을 말함.

세 갈래 중생: 지옥 • 아귀 • 축생 셋을 말함. 불교에서 중생 모두를 여섯 갈래 중생이라고 하는데, 여기서는 업이 무거운 셋만을 뜻함.

세 세계【三世界】: 중생들이 업에 따라 살아가는 세계를 세 종류로 구분하는 불교의 세계관.
❶ 욕계(欲界): 지옥에서 하늘의 6층까지. 여기에 태어나는 중생은 온갖 탐욕에 탐착하므로 욕계라 함.
❷ 색계(色界): 욕계 위에 위치하는 18층까지 하늘 세계. 여기에 태어나는 중생은 형상은 있으나 욕계처럼 탐욕이 치성하지 않고 선정을 익혀 그 선정의 얕고 깊음에 따라 태어나는 층수가 달라진다.
❸ 무색계(無色界): 색계 위에 있는 4층의 하늘로 형상은 없고 정신세계만 있는 세계.

세존【世尊】: 범어 Bhagavat의 한자 번역어. 부처님 이름 열 가지 가운데 하나. 세상에서 가장 높은 분이란 뜻.

수달다【須達多】 → 수닷타

수닷타: 범어 Sudatta. 부처님 당시 남자 신도 이름. 기타 숲 외로운 이 돕는 절을 지어 부처님께 바친 대부호로 언제나 어려운 사람을 도왔기 때문에 한자어로 給孤獨이라 번역함.

수미산【須彌山】: 범어 sumeru-parvata. 고대 인도의 세계관에 나오는 우주의 중심에 있다는 산 이름. 바다 가운데 높이 솟아 물 밖으로 8만 유순의 높이라 하며, 1 유순에 대한 정확한 계산은 없고 여러 가지 말이 있는 데, 덩치가 무지하게 크고 무지하게 높다는 뜻임. (1 유순 : 약 30리)

수식관【數息觀】: 범어 ānāpāna. 내쉬는 숨 들이쉬는 숨을 헤아려 산란한 마음을 방지하는 공부법.

숙명【宿命】: 육신통의 하나인 숙명통

(宿命通)을 줄여서 쓴 말. 즉 숙명명(宿命明)을 말함인데 지나온 과거의 일을 모두 아는 것을 말함. → 육신통

수메루산 : 범어 Smeru-parvata. 須彌山으로 음사. 불교의 우주관에 의하면 우리가 사는 세계를 사바세계(괴로움이 많기 때문에 참으며 사는 세계)라 하고, 사바세계를 동・서・남・북으로 나눌 때 중앙에 우뚝 솟은 산을 수메루산 이라고 한다. → 수미산

슈라바스티 : 나라이름. 범어 Śrāvasti로 고대 중인도에 있던 나라의 성(城) 이름이었으나 뒤에 나라이름이 되었다. 기타 숲 절이 있고, 부처님과 동갑이었던 절대적후원자 '프라세나짓' 왕이 다스렸던 나라. 한자로는 실라벌(室羅筏)이라 음사함.

스로타판나 : 범어 srota-āpanna. 한자어로 수다원(須陀洹). 성문 4과의 첫 과로서 성인의 경지에 처음 들어간 경지.

스물 여덟 하늘【二十八天】 : 욕계 6천, 색계 18천, 무색계 4천 등을 합하여 하늘 세계를 28천으로 나눈 불교에서 하늘을 보는 세계관. → 삼천 대천 세계

식【識】 : 범어 vijñāna의 한자역어. 바깥 대상을 식별하는 인식작용. 즉 마음이 현상을 상대하여 일어나는 앎의 작용임.

식신【識神】 : 마음, 영혼의 다른 이름.

신바리비구 : 지금 막 비구계를 받은 비구스님.

신족통【神足通】 : 여섯 가지 신통의 하나. 마음만 먹으면 어느 곳이든지 시간과 공간에 구속받지 않고 갈 수 있는 능력.

신지【神紙】 : 사람에게 손해를 끼치지 않는 귀신.

실상법【實相法】 : 모든 것이 있는 그대로의 참모습의 규칙 또는 그 법칙.

십주【十住】 : 보살이 부처님이 되기위해 수행하는 52계위 가운데 11위에서 20위까지를 말함.

⑪ 마음을 내어 머뭄
⑫ 묘한 마음을 가지고 실천 수행하는 지위
⑬ 수행주(修行住) 수행에 머뭄
⑭ 생귀주(生貴住) 좋은 가문에 태어나 머뭄
⑮ 구족방편주(俱足方便住) 일을 잘 함에 머뭄
⑯ 정심주(正心住) 바른 마음으로 머뭄
⑰ 불퇴주(不退住) 물러나지 않음에 머뭄
⑱ 동진주(童眞住) 여자를 모름에 머뭄
⑲ 법왕자주(法王子住) 부처님의 제자에

⑳ 관정주(灌頂住) 십주의 최고에 머뭄

ㅇ

아귀【餓鬼】 : 범어 preta의 한자 번역어. 세 가지 나쁜 갈래의 하나. 언제나 굶주려 고통 받는 갈래. 배는 산보다 크고, 목구멍은 바늘만하여 음식이 있어도 먹기가 어렵다고 함.

아나가민 → 아나함과

아나함과【阿那含果】 : 범어 anāgāmin의 한자 음사. 성문 4과위 가운데 제3위. 한자어로 번역하여 불환(不還) • 불래(不來)라 한다. '욕계에서 공부를 마치고 색계와 무색계에 나서 아라한이 되어 다시는 범부로 돌아오지 않는다'는 뜻.

아난다【阿難陀】 : 부처님 10대 제자 중 한 분. 범어 Ānanda 음사. 부처님 사촌 동생으로서 부처님 성도 뒤 20년부터 열반에 드실 때까지 시봉을 했고, 불교의 3대 교조가 되었으며, 다문(多聞) 제일로서 불경의 결집에 가장 큰 역할을 한 스님. 너무 미남이어서 여난이 많았다고 함.

아니룻다【阿那律】 : 범어 Aniruddha의 한자어 음사. 부처님 4촌 동생으로서 출가하여 아라한이 되었다. 10대 제자 가운데 천안(天眼) 되었음.

아라한【阿羅漢】 : 범어 Arhan. 소승불교의 수행으로 도달 할 수 있는 최고 경지의 이름. 보살의 7 • 8지로 생사를 벗어난 불퇴전하는 이상적인 경지.

아래 세 가지 과위 : 소승의 네 가지 과위 가운데 앞의 세 가지. 수다원 • 사다함 • 아나함.

아비다르마【阿毘達磨】 : 범어 abhidharma의 한자 음사. 한자로 법(法)이라 번역함. 불전(佛典)을 경전 • 계율 • 논리로 나누는 데 논리[論藏]를 뜻하지만 학술적이 아닐 때는 법이라고 보는 것이 일반적 견해임.

아쇼카【阿育王】 : 범어 Aśoka의 한자 음사. 고대 인도 마우리아 왕조의 임금. B · C 3세기 중엽에서 4세기 초 말엽 인도를 거의 통일함. 초기에는 살상을 좋아하고 난폭했으나 뒤에 스님의 교화를 받아 독실한 불교인이 되어 부처님의 바른법을 지키고 널리 전파한 임금. 아육왕경(阿育王經) • 아육왕전(阿育王傳)이 있으며 지금 인도에 현존하는 불교 유적은 아쇼카가 남긴 것들이 전체라고 할 수 있다.

아수라【阿修羅】 : 범어 asura의 한자음사. 사바세계의 여섯 갈래 중 하나. 언제나 무고한 중생에게 시비를 걸어 싸움박질을 하는 무리들. 부처님께 귀의하여 팔부신장이 됨. 싸움을 좋아하다

(好鬪) • 하늘 무리가 아니다(非天) • 단정하지 않다(不端正) 라고 한자로 번역함.

아승기【阿僧祇】 : 범어 asaṁkhya 한자 음사. 한자어 무앙수(無央數)라 번역함. 국어로 '다함없는 수' 라는 뜻. 불교의 큰 숫자 124 가운데 105에 해당함.

아유삼불【阿維三佛】 : 부처님의 깨달음을 말함.

아자타사투루 : 범어 Ajātaśatru의 음사. 빈바사라 왕의 둘째 왕자로 간신의 꼬임에 빠져 부왕과 형인 태자를 죽인 왕. 데바닷타와 공모하여 부처님을 배척했던 부처님. 당시의 악독한 왕. 석가족을 멸족시킨 왕.

아흔 여섯 부류 외도【九十六種外道】 : 인도에 있었던 불교 이외의 바라문교의 유파 96종.

악지식【惡知識】 : 선지식의 반대. 바른 법이 아닌 나쁜 법으로 사람들을 잘못된 길로 삶을 이끄는 사람.

야차【夜叉】 : 범어 yakṣa의 한자 음사. 포악하고 힘이 센 귀신이었으나 부처님께 귀의하여 외호신장이 되었음.

업【業】 : 범어 Karman의 한자 번역어. 한자로 행위(行爲) • 소작(所作) • 조작(造作)으로 번역함. '인간이나 동물이 의지에 따라 몸과 마음으로 하는 짓' 을 뜻함.

업연【業緣】 : '개인이 한 짓의 세력이 간접적인 원인임' 을 말함.

여덟 가지 바른 길【八正道】 :
범어 āryāṣṭāṅga-mārga에 대한 역어.
1 정견(正見) : 바른 견해, 특히 중생에게는 바른 믿음
2 정사유(正思維) : 바른 의사(義思)
3 정어(正語) : 바른 말
4 정업(正業) : 올바른 행위
5 정명(正命) : 바른 생활
6 정정진(正精進) : 바른 노력
7 정념(正念) : 바른 의식
8 정정(正定) : 마음이 하나에 매여 딴 생각을 하지 않음

여덟 가지 사유 → 여덟 가지 바른 길

여덟 가지 재계 → 팔관재

여덟 가지 해탈【八解脫】 : 여덟 가지 생사를 벗어나기 위하여 닦는 선정.
1 마음으로 여자를 탐하면 손상된 여자의 몸이나 시체가 퍼렇게 멍든 것을 관하여 여자를 좋아하는 마음이 일어나지 않게 함.
2 위 1의 수행을 더 깊게 하여, 여자를 탐하는 마음이 다시 일어나지 않게 함.

❸ 이성을 생각하는 마음을 여의고, 스스로 깨끗함을 구족하는 삼매에 듦.
❹ 물질인 육신을 싫어하고 가없는 허공의 자재함을 기뻐하며, 공의 이치를 알고 수행함.
❺ 공이 무변함을 싫어하고 식(識)과 상응하며 마음이 고정되어 움직이지 않는 정신 상태.
❻ 식이 세 세상에 걸쳐 끝이 없는 것을 싫어하고, 인연하는 것이 모두 가지고 있을 것이 없다고 관하는 삼매에 듦.
❼ 이 경지에서는 거친 생각이 없으므로 비상(非想), 또는 비유상(非有想)이지만 세밀한 생각이 없지 않기 때문에 비비상(非非想) 또는 비무상(非無想)이라 하는 삼매.
❽ 멸진정(滅盡定)에 들어 수(受)와 상(想) 등을 싫어하여 무심(無心)에 머물러 해탈을 하려는 삼매에 듦.

여래【如來】: 범어 Tathāgata의 역어. '진리에 따라 왔다'는 뜻. 부처님 열 가지 이름 가운데 하나.

여섯 가지 경계【六入】: 눈·귀·코·혀·몸·뜻의 여섯 뿌리와 빛깔·소리·냄새·맛·닿임·법의 여섯에 대상하는 물체. 여섯 가지로써 여섯 가지를 거두어 들인다는 뜻. 한문으로써 불경을 처음 번역할 때 여섯 뿌리를 여섯 가지 바깥에서 거두어 들임이라 함. 여섯 대상물체를 여섯 가지 안에서 거두어 들임이라 한다.

여섯 가지 바라밀【六波羅蜜】: 범어 ṣaṭ-pāramitā의 번역 및 음사. 보살이 부처가 되기 위해 공부해야 하는 필수적인 수행방법 여섯 가지.
❶ 다른 이가 필요로 하는 것은 무엇이든지 베푼다.
❷ 계율로 제정한 것을 어기지 않는다.
❸ 어떤 상황에서도 참는다.
❹ 위 과를 얻기 위하여 노력한다.
❺ 선정을 익힌다.
❻ 모든 진리를 밝게 알기 위한 슬기를 기른다.

여섯 가지 쇠함: '경계가 눈·귀·코·혀·몸·뜻을 통하여 사람의 참됨을 쇠퇴시킨다'는 뜻.

여섯 가지 신통【六神通】: 부처님의 가르침을 공부하여 아라한 이상이 되면 생기는 불가사의한 힘 여섯 가지.
❶ 어디든지 시간과 공간에 구애되지 않고 간다.
❷ 어디든지 시간과 공간에 구애되지 않고 본다.
❸ 어디든지 시간과 공간에 구애되지 않고 듣는다.
❹ 중생들의 마음에 움직임을 다 안다.
❺ 중생들의 과거를 모두 다 안다.
❻ 모든 번뇌가 다 없는 상태 등임.

여섯 가지 욕심【六欲】: 눈·귀·코·혀·몸·뜻이 경계를 대하여 생기는 여섯 가지 욕망.

여섯 하늘 : 욕계 6천(欲界六天)을 말함.

열 가지 계율【十戒】 : 사미가 되기 위하여 받는 열 가지 계율.
1 산 것을 죽이지 말라.
2 남의 것을 훔치지 말라.
3 음행하지 말라.
4 거짓말을 하지 말라.
5 술을 먹지 말라.
6 꽃으로 치장하거나, 향을 바르지 말라.
7 노래하고 춤추고 풍류를 즐기지 말라.
8 높고 넓고 크고 화려한 침대를 사용하지 말라.
9 때 아닌 때에 먹지 말라.
10 금 • 은 • 보석으로 몸을 꾸미지 말라.

열 가지 선행【十善】 : 불자가 지켜야 하는 열 가지 기본 계율.
1 살아 있는 중생을 죽이지 않는다.
2 주지 않는 물건을 내 것으로 만들지 않는다.
3 혼인하지 않은 이성과 섹스하지 않는다.
4 거짓말하지 않는다.
5 비단같이 번드레한 말 하지 않는다.
6 이간질하는 말을 하지 않는다.
7 꾸짖는 말이나 악담을 하지 않는다.
8 탐욕을 부리지 않는다.
9 성내지 않는다.
10 삿된 견해를 가지지 않는다.
위의 열 가지를 저지르면 열 가지 악한 행실이 된다.

열 가지 악행【十惡】 :
1 몸으로 짓는 세 가지 나쁜 짓. 생명을 끊는 殺生 • 남의 물건을 훔치는 도둑질 • 혼인관계가 아닌 이성과 섹스하는 행위.
2 입으로서 짓는 나쁜말 • 거짓말 • 겉이 다르고 속이 다른 말 • 두 말 • 악담.
3 뜻으로서 짓는 세 가지 나쁜 짓. 탐욕심 • 성냄 • 어리석음.

열 두 가지 인연 :
범어 dvādaśāṅga-pratītya-samutpāda. 십이인연법 • 십이연지기 • 십이연문이라고도 한다. 열두 가지 인연이 일어나는 순서를 밝힘. 장아함경 10권에 자세히 설명되어 있다. 무명(無明) • 행(行) • 식(識) • 명색(名色) • 육처(六處: 처를 입(入)이라고도 함) • 촉(觸) • 수(受) • 애(愛) • 취(取) • 유(有) • 생(生) • 노사(老死). 무명을 반연하여 행이 생기고 행을 반연하여 식이 생기고…. 생을 반연하여 노사가 생긴다.

열반【涅槃】 : Nirvāṇa의 음사. 나고 죽음의 법을 체득한 불교인 최고 경지.

예순두 가지 소견【六十二見】 : 이교도의 여러 가지 주장을 예순두 가지로 분류함. 자기 및 세계에 관하여 불교의 정도에서 빗나간 삿된 견해의 총칭. 근본은 부처님 살아계시는 동안에 주장한 이교도의 사상을 모은 것.

오욕【五欲】 :
❶ 재물에 대한 욕심.
❷ 이성에 대한 욕심.
❸ 음식에 대한 욕심.
❹ 명예에 대한 욕심.
❺ 수면에 대한 욕심.

오음【五陰】 : 범어 pañca-skandha. 오온(五蘊)의 옛날 번역어. 다섯 가지 쌓임.
❶ 색(色) : 스스로 변화하고, 또 다른 것을 장애하는 물질.
❷ 수(受) : 괴로움 • 즐거움, 괴롭지도 않고 즐겁지도 않음을 느끼는 마음작용.
❸ 상(想) : 외계의 사물을 보고 듣고 받아들여서, 그것을 想像하는 마음의 작용.
❹ 행(行) : 인연에 따라 생겨났다가 시간에 따라 변천하여 없어짐.
❺ 식(識) : 의식하고 분별하는 작용.

오천축삼장【吳天竺三藏】 : 강승회(康僧會). 오나라에 온 인도의 불교학자로서 경 • 율 • 론에 통달하여 많은 번역을 하였음.

왕사성【王舍城】 → 범어 Rāja-gṛha. 라자그리하

외도【外道】 : 범어 tīrthaka의 역어. 부처님 당시 인도에서 부처님의 가르침 이외의 종교적 성격을 띤 다른 교리를 믿고 공부하는 사람을 일컫는 말.

요진삼장【姚秦三藏】 : 중국의 요홍(姚興)에 수도를 삼은 진나라 때의 삼장법사. 여기서 구마라집을 말함.

욕계 → 무색계

우바새【優婆塞】 : 범어 upāsaka의 한자 음사. 출가하지 않고 부처님께 귀의하여 부처님의 가르침을 따라서 바르게 사는 남자. 여자를 우바이(優婆夷)라고 한다. 범어로 upāsikā로 표기함.

우바이【優婆夷】 : 범어 upāsikā의 한자 음사. 출가하지 않고 부처님께 귀의하여 부처님의 가르침을 따라 바르게 사는 여자. 한자어로 청신녀(淸信女)라 번역함.

우파시카 → 우바새

위 두과 : 소승으로서 수행하여 얻는 아나함과와 아라한과를 말함.

유나【維那】 : 범어 karmadāna의 한자 역어. 유(維)와 한자 음사 나(那)의 혼용. 절에서 대중을 이끌며 사무를 보는 세 분 가운데 한 분. 흔히 선방에서나 강원에서 입승(立繩)이라 한다.

유마힐【維摩詰】 : 범어 Vimalakīrti의 한자 음사. 한자로 정명(淨名) • 무구칭(無垢稱)이라 번역함. 부처님 생존시대 재가 남자 불자의 대표적 인물.

육신통【六神通】 : 인간의 생각으로 해낼 수 없는 일들을 해내는 여섯 가지 신통.

1. 천안통 : 육안으로 볼 수 없는 것을 본다.
2. 천이통 : 어디서 나는 소리든지 장소와 시간에 구애없이 듣는다.
3. 타심통 : 다른 사람의 생각을 확실히 안다.
4. 숙명통 : 지금 사는 모양이 아닌 전생이나 후생을 훤히 통달한다.
5. 신족통 : 어디든지 마음만 내키면 갈 수 있다.
6. 누진통 : 모든 번뇌를 떨쳐 버렸다.

응진【應眞】 : 아라한의 한자어.

일산【日傘】 : 양산. 일종의 장엄구로 햇빛을 가리는 파라솔이다.

입으로 짓는 네 가지 말【口四】

1. 거짓말 하지 말라.
2. 꾸미는 말 하지 말라.
3. 두 가지 말 하지 말라.
4. 악한 말 하지 말라.

ㅈ

자마금【紫磨金】 : 부처님 몸에서 뻗치는 빛이 붉은색을 띤 것을 표현할 때, '자마금 빛' 이라고 한다.

잠부드비파【南閻浮提】: 남섬부주(南贍浮洲)라고도 한다. 범어 Jambudvīpa의 한자 음사. 불교의 세계관에서 수미산을 중심으로 동서남북에 세계가 있는데 지구가 소속한 곳을 남섬부주라고 한다.

장로【長老】 : 범어 āyuṣmant의 한자 번역어. 한자 번역어로 상좌(上座) • 상수(上首) • 수좌(首座) • 기숙(耆宿) • 노숙(老宿)이라 한다. 학식과 덕망이 뛰어나고 법랍이 오랜 큰 스님을 말한다.

장자【長者】 : 범어 śreṣṭha의 한자 번역어. 문벌이 높고 부귀하며 덕망이 뛰어나고 나이 많은 재가 남자 신도를 일컫는 말.

재【齋】 : 범어 upoṣadha의 역어. 몸과 마음을 청결히 하고, 생각과 행위를 부처님의 가르침 대로 하는 것이 큰 의미의 재임. 재계(齋戒)에서 분리한 말. 즉 '일곱 가지 계율을 지키며 정해진 때에만 밥을 먹는다' 는 八재계에서 온 말.

재계【齋戒】 : 七戒一齋. 殺 • 盜 • 妄 • 酒 다섯에 꽃다발 쓰거나, 여섯에 향바르고 노래하고 놀이판 벌리지 말고 가서 구경 하지도 말라. 일곱에 높고 넓고 잘꾸민 평상에 앉지말라. 등은 七戒, 때 아닌 때 먹지 말라는 齋임.

전단향【栴檀香】: 범어 candan의 음사에 한자 향(香)을 붙인 말. 향기가 좋은 나무로서 상록수. 불교에서 제일 좋은 향을 전단향이라 함.

전륜성왕【轉輪聖王】: 범어 Cakra-varti-rājan의 번역 한자어. 날아다니는 황제로 불리우는 제왕중의 제왕으로서 서른두 가지 잘생긴 모습에 최고의 신심으로 불법을 옹호하고 포교하던 왕. 불교에서는 Osoka왕이 이에 해당한다.

전륜왕 → 전륜성왕

정【定】: 범어 samādhi의 한자 번역어. 마음이 안정되어 한 곳에 집중하여 움직이지 않는 상태. 흔히 '정에 든다' 라고 한다.

정각【正覺】: 정등각(正等覺) • 등정각(等正覺) • 정진각(正盡覺)이라고도 한다. 부처님이 되신 분을 정각이라 함.

정진【精進】 → 여섯가지 바라밀 가운데 하나.

제석천【帝釋天】: 범어 Śakrá-devānām. 욕계 두 번째 하늘의 왕을 말함.

제석천궁【帝釋天宮】: 도리천의 임금을 제석천왕이라 하고, 그의 궁을 제석천궁이라 한다. 도리천은 28층의 하늘 가운데 2층임.

제석천왕【帝釋天王】 → 제석천

종성【種性】: 범어 gotra의 한자 번역어.
1 출가나 재가를 따지지 않고 불법에 귀의하여 수행하여 도달했거나, 수행하는 종자의 성(姓)을 말한다. 성문성(聲聞姓) • 연각성(緣覺姓) • 보살성(菩薩姓)을 뜻함.
2 출신성분. 부처님 당시 있었던 네 가지 신분. ① 바라문 ② 찰제리 ③ 비사 ④ 수타라

좌선【坐禪】: 좌는 '앉다', 선은 범어 '선나' 의 줄임말의 복합어. 즉 앉아서 고요히 생각한다는 뜻. 지금 우리나라 선방에서 하는 좌선과는 큰 차이가 있다.

주문【呪文】: 비밀스런 글. 즉 다라니인 진언을 일컫는 글을 말함.

죽림정사【竹林精舍】: 범어 Veṇuvana의 역어. 부처님께서 성도하신 뒤 곧바로 귀의한 가란타 거사가 대숲을 기증하자, 마갈타 국왕 빔비사라 임금이 절을 지어 부처님께 시주한 불교 최초의 사원(寺院)으로 2대 가람의 하나.

중생【衆生】: 범어 sattva의 한문 번역어. 생존하는 모든 감정을 지닌 유(類)

들을 말함. 부처님이 아닌 아직 부처가 되지 못한 보살까지 포함됨.

중음【中陰】 : 범어 antarā-bhava의 역어. 중유(中有) 또는 중온(中蘊)이라고도 한다. 중생이 지금 몸을 버리고 다음 몸을 받는 중간에 존재하는 영혼의 몸.

증득【證得】 : 바른 지혜로서 진리를 깨달음. 부처님의 가르침에 따라 부처님이 되는 데 필요한 모든 내용을 다 앎.

지루가참【支婁迦懺】 : 중국 후한 때 중국에 와서 반주삼매경(般舟三昧經) 등 23부 67권을 번역한 월지국(月支國) 스님. 지참(支懺)으로 표기하기도 했고, 참(懺)을 참(讖)로 표기한 예도 있다.

진인【眞人】 : 아라한의 한자어 번역. 소승에서는 부처님도 아라한이라고 했다.

ㅊ

청신녀【淸信女】 → 범어 upāsikā. 우파사카

청신사【淸信士】 : 범어 upāsaka. 세속에 살면서 부처님의 가르침을 따르는 남자. 즉 우바새를 이르는 한자어.

출세간【道】 : 세속(世俗)의 반대. 일체 나고 죽음의 법을 세간 법이라 하고, 열반을 성취하는 법을 출세간 법이라 한다.

친견【親見】 : '찾아뵙는다'는 뜻. 즉 중생이 '불 · 보살을 찾아뵙는다'는 말인데, 절에 모신 부처님이나 절에 계신 스님을 찾아뵙는 것입니다.

칠주【七住】 : 대승(大乘)의 마음을 낸 이가 공부하여 부처가 되는 과정 52계층 가운데 13번째 계위.

ㅋ

캐슈밀 : 범어 Kapisa. 한자로 계빈(賓)이라 음사함. 북인도에 있던 나라이름.

ㅌ

타화자재천【他化自在天】 : 범어 Paranirmitavśavarti deva의 한자 음사. 욕계 6층의 하늘. 참조 → 욕계

ㅍ

파피야스【波旬】 : 범어 pāpīyas의 한자 음사. 번역하여 마군(魔軍)이라 함. 욕계 6천의 마왕.

팔관재【八關齋】 : 구체적으로 팔관재계(八關齋戒)라 함. 범어 aṣṭāṅgaśīla의 역어. 출가인이 아닌 불자가, 8일 • 15일 • 24일 • 30일(그믐날)에 24시간 동안 지키는 일곱 가지 계율과 한 가지 재법.

8만 번뇌 : 중생의 번뇌를 불교에서는 8만 4천 가지라 함.

패다라【貝多羅】 : 범어 pattra의 음사. 종이가 발명되기 전에 서남아시아에서 글을 썼던 나뭇잎. 초기의 불경이 대부분 패다라 잎에 썼었기 때문에 불경을 패엽이라고도 함.

프라데카 : pratyekabudda 한자어로 음사하여 벽지불(僻支佛) • 연각(緣覺) • 독각(獨覺)이라 번역함. 자연의 변화를 보고 무상함을 느껴 공부하여 깨달은 이.

프라세나지트 : 범어 Prasenajit. 파사닉(波斯匿)은 음사. 부처님께서 세상에 계실 때 중인도 사위국의 임금으로서 부처님과 동갑이었다.

ㅎ

하리륵【訶梨勒】 : 범어 harītakī의 한문 음사. 열매를 약재로 사용하는 나무.

항하수【恒水】 : 범어 Gaṅgā의 한자어 번역. 히말라야에서 발원하여 뱅골만으로 흘러들어가는 강. 지금의 갠지스 강을 말함. 한자로 항가(恒伽) • 강가(强伽) • 긍가(兢伽)라고 표기하였음.

화상【和尙】 : 범어 upādhyāya 한자 음사. 스님들을 일컫는 말.

오종비유경

경전시리즈 4

1판 1쇄 인쇄 2008년 8월
1판 1쇄 발행 2008년 8월

저 자 몽산(夢山) 관일(觀一)
펴낸곳 (주)두배의느낌 | 등록번호_제317-2007-46호 |
서울 송파구 방이동 22-5 잠실리시온 624호
전화02-2272-0252 팩스02-2272-0251

제 작 (주)은성프린터스

ISBN 978-89-92948-16-6 03220